U0521883

本书为国家社科基金项目"网络时代我国马克思主义意思形态被边缘化的风险及对策研究"(11CKS027)成果

郑州大学马克思主义理论研究丛书

固本强基
——互联网时代坚持马克思主义主导地位研究

杨静娴 • 著

中国社会科学出版社

图书在版编目（CIP）数据

固本强基：互联网时代坚持马克思主义主导地位研究／杨静娴著．—北京：中国社会科学出版社，2019.9

ISBN 978-7-5203-5341-0

Ⅰ.①固… Ⅱ.①杨… Ⅲ.①互联网络—应用—马克思主义—发展—研究—中国 Ⅳ.①D61

中国版本图书馆 CIP 数据核字（2019）第 219196 号

出 版 人	赵剑英
责任编辑	陈雅慧
责任校对	王 斐
责任印制	戴 宽

出　　版	中国社会科学出版社
社　　址	北京鼓楼西大街甲 158 号
邮　　编	100720
网　　址	http://www.csspw.cn
发 行 部	010-84083685
门 市 部	010-84029450
经　　销	新华书店及其他书店

印　　刷	北京明恒达印务有限公司
装　　订	廊坊市广阳区广增装订厂
版　　次	2019 年 9 月第 1 版
印　　次	2019 年 9 月第 1 次印刷

开　　本	710×1000　1/16
印　　张	16
插　　页	2
字　　数	275 千字
定　　价	96.00 元

凡购买中国社会科学出版社图书，如有质量问题请与本社营销中心联系调换
电话：010-84083683
版权所有　侵权必究

目　　录

第一章　导论 …………………………………………………………（1）
　　第一节　研究价值 ……………………………………………………（1）
　　第二节　研究综述 ……………………………………………………（5）
　　第三节　研究内容、方法和创新之处 ………………………………（14）

第二章　马克思主义意识形态及其与网络的关联性 ………………（17）
　　第一节　意识形态与马克思主义意识形态 …………………………（17）
　　第二节　互联网改变了马克思主义意识形态传播的环境 …………（24）
　　第三节　确保互联网时代我国马克思主义意识形态主导
　　　　　　地位的意义 …………………………………………………（28）

第三章　当代中国坚持马克思主义意识形态主导地位之考察 ………（32）
　　第一节　改革开放前坚持马克思主义意识形态的主导地位 ………（32）
　　第二节　改革开放后巩固马克思主义意识形态的主导地位 ………（38）
　　第三节　互联网的出现为坚持马克思主义意识形态的
　　　　　　主导地位提出了新要求 ……………………………………（44）

第四章　我国坚持马克思主义意识形态主导地位的实证分析 ………（49）
　　第一节　总体分析 ……………………………………………………（50）
　　第二节　比较分析 ……………………………………………………（64）
　　第三节　结论 …………………………………………………………（86）

第五章　互联网时代坚持马克思主义意识形态主导地位面临的问题 …………………………………………（88）

- 第一节　西方强势而又隐蔽的网络意识形态进攻 ……………（88）
- 第二节　我国的马克思主义意识形态网络阵地需巩固 ………（97）
- 第三节　警惕互联网传播被曲解的马克思主义 ………………（105）
- 第四节　警惕互联网放大的负面信息冲击网民的马克思主义信仰 ……………………………………………………（112）
- 第五节　互联网时代坚持马克思主义意识形态面临的挑战 ……（127）

第六章　互联网时代坚持和巩固我国马克思主义意识形态主导地位 ……………………………………………（141）

- 第一节　加强马克思主义意识形态网络阵地建设 ……………（142）
- 第二节　强化网络舆论导向 ……………………………………（158）
- 第三节　健全网络法规 …………………………………………（175）
- 第四节　创新与发展马克思主义意识形态整合功能的实现机制与方式 …………………………………………（194）
- 第五节　兑现马克思主义的信念承诺 …………………………（211）

结　语 …………………………………………………………（232）

参考文献 ………………………………………………………（234）

附录　关于当前我国马克思主义意识形态认同状况的问卷调查 ……………………………………………（247）

后　记 …………………………………………………………（250）

第一章

导　论

第一节　研究价值

20世纪90年代以来，互联网在全球范围内迅猛发展。1994年，中国也加入了国际互联网。截至2016年12月，中国网民人数达到了7.31亿，互联网普及率为53.2%，其中，手机网民数量达到了6.95亿，比2015年底增加7550万人，网民中使用手机上网人数占比为95.1%。① 中国网民规模扩大和互联网普及速度之快、态势之猛，引发了人们对于网络时代国家意识形态安全的担忧，而"移动终端已取代报纸、广播、电视和台式电脑等成为第一媒体"②，更加剧了这种担忧。

如今，我们已经进入了一个以信息为核心资源的新时代，原有的政治、经济、军事、文化和人民的生产生活方式都在互联网世界发生了很大的变化，甚至传统的地缘政治、地缘经济、地缘文化也因此而改变。互联网变成了人们的第二生存空间，它所具有的浏览、传输、购物等强大功能，已渗入人们生活的方方面面，成为人类传播活动的"万能武器"。2013年6月的"棱镜门"事件，足以向我们说明这个"万能武器"的"杀伤力"。棱镜计划（PRISM）是美国国家安全局（NSA）自2007年起就已经开始实施的绝密监听计划。通过这个监控项目，美国联邦调查局（FBI）和美国国家安全局直接进入许多国际网络中心的服务器以采集数据，其中不乏我们耳熟能详的几大网络巨头：微软、雅虎、苹果、You-

---

① 《第39次中国互联网络发展状况统计报告（全文）》，中共中央网络安全和信息化委员会办公室，http://www.cac.gov.cn/2017-01/22/c_1120352022.htm，2017年1月22日。

② 宋丽丹：《维护移动网络时代国家意识形态安全》，《红旗文稿》2015年第6期。

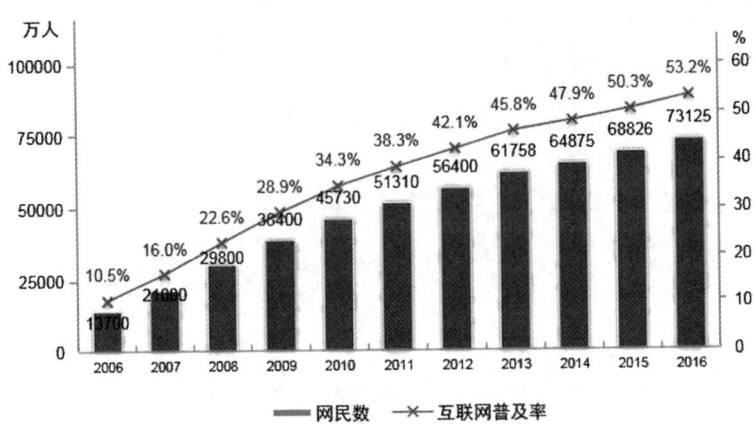

图1—1 中国网民规模和互联网普及率

资料来源：CNNIC 中国互联网络发展状况统计调查。

Tube、谷歌等。FBI 和 NSA 通过棱镜计划，不仅监听了民众的通话记录，还监视了民众的网络行动。值得警惕的是，这项计划不仅仅在美国本土实施，它还涉及世界上包含中国在内的很多国家。就棱镜计划的揭秘者斯诺登公布的证据来看，美国政府一直都有针对中国的网络攻击行为，其中针对目标既有中国电信公司、香港中文大学、清华大学及政府公务员，还包括一些企业和个人。① 还有这样一组数据：移动市场98%的市场份额几乎都由谷歌和苹果公司占领②，也就是说，我国移动市场绝大部分的信息被美国政府掌握；《京华时报》2015 年 4 月 13 日发表的《间谍搞策反　高校师生等成重点》一文中提道，"计算机网络泄密事件已占泄密总数70%以上"。③ 这样的事例比比皆是。显然，互联网已经成为反对势力对我国进行意识形态渗透的重要工具，他们通过技术优势、发展优势对我国进行污蔑造谣，不遗余力地生产、扩散对华不利舆论，妄图瓦解中国人民的精神支柱，消解中国人民的凝聚力，从而威胁我国国家安全。

---

① 《斯诺登揭露美国监听项目》，凤凰网，http://news.ifeng.com/world/special/sndxiemi/，2013 年 7 月 12 日。

② 《2012 年苹果谷歌将占移动市场98%的份额》，搜狐网，http://it.sohu.com/20120915/n353215952.shtml，2012 年 9 月 15 日。

③ 《间谍搞策反　高校师生等成重点》，《京华时报》2015 年 4 月 13 日。

从国内来看，自改革开放以来，自由主义、民主社会主义、历史虚无主义等思潮的影响力逐渐增强。在互联网时代，这些思潮利用自媒体的便利性传播更加迅速，使我国控制国内舆论的难度不断加大。另外，我国网民整体素质参差不齐等问题的存在，也为马克思主义意识形态主导地位的维护增加了障碍。正如习近平总书记强调的，中国在坚持经济建设为中心的同时，还要不断巩固马克思主义主导意识形态的地位，因为这是我国人民共同的思想基础，是一项"极端重要的工作"[①]；要推动中国特色社会主义事业顺利发展，就必须兼顾中国人民的物质生活和精神生活，只有"两手抓两手硬"，才有望实现中华民族伟大复兴的中国梦。因此，本书具有重要的理论和现实意义。

一 理论意义

第一，拓展了马克思主义理论研究的范围。自马克思主义传入中国以来，关于马克思主义理论的研究成果层出不穷。但是我国进入网络时代的时间并不长，关于网络时代马克思主义意识形态维护的研究依然存在很大的学术空间。马克思主义具有与时俱进的品质，必须随着时代和实践的发展而发展。本书聚焦网络时代马克思主义意识形态建设问题，将网络发展与巩固马克思主义的指导地位联系起来，把马克思主义意识形态放在网络背景中进行考察，深入剖析网络影响马克思主义意识形态的内在机理，突破"就意识形态谈意识形态"的研究路径，有助于拓展马克思主义理论研究的范围。

第二，有益于形成本土化的马克思主义理论研究成果。马克思主义基本原理与中国实际和实践相结合，是永葆马克思主义生机和活力的要求，也是马克思主义中国化的要求。本书用马克思主义的立场、观点和方法分析我国社会存在的问题，并认为这些问题的存在为西方的强势网络进攻提供了可乘之机。内因是事物变化的根本，外因是事物变化的条件。本书坚持马克思主义这一基本观点，紧密结合中国的实际，详细分析了当代中国人对马克思主义意识形态的认同现状及其根源，有助于马克思主义理论研究与我国国情相结合，有助于促进马克思主义理论研究中国化。

---

① 《习近平总书记系列重要讲话读本》，学习出版社、人民出版社2014年版，第105页。

二 现实意义

第一，有助于维护我国马克思主义意识形态的主导地位。互联网既可以作为一种信息传播工具，为马克思主义意识形态提供一个宣传平台，又容易为敌所用，成为资本主义意识形态对抗马克思主义意识形态的新战场。深入研究这一课题，能够更好地把握意识形态在网络传播中的规律，堵塞我国意识形态管理体制的漏洞，从而更加有效地维护马克思主义意识形态的主导地位。

第二，有助于增强国家凝聚力。当前中国正处于社会转型发展的重要时期，而互联网为国内外各种思潮的传播提供了更便利的渠道，处于转型社会的民众，在网络中被各种思潮所影响，其认知也呈现出"碎片化"趋势，这就分散了国家的凝聚力。只有把握互联网特征，牢牢把握马克思主义意识形态的主导地位，才能增强国家凝聚力。本书对网络时代我国马克思主义意识形态面临的挑战进行了全方位透视，并提出了应对挑战的具体思路，有利于用马克思主义引领多样化社会思潮，最大限度地形成思想共识，筑牢国家凝聚力的思想基础。

第三，有助于巩固社会主义制度的意识形态基础。社会主义国家的性质必然要求马克思主义意识形态居于主导地位。苏联社会主义制度崩溃的主要原因之一就是马克思主义意识形态基础的动摇和瓦解。我们必须以苏为镜，保持清醒认识，从关乎党的生死存亡的高度、从关乎社会主义事业兴衰成败的高度、从关乎民族复兴的高度来应对网络对我国意识形态的冲击。本书以网络时代的马克思主义意识形态建设为主题，提出将网络发展对马克思主义意识形态建设的消极影响降至最小化的对策建议，有助于巩固中国特色社会主义制度的意识形态基础。

第四，有助于落实党和政府关于做好网络意识形态工作的战略部署。党和政府高度重视网络意识形态工作，早在2000年时，胡锦涛就指出要"打好网上宣传教育的主动仗"[①]。党的十八大之后，习近平多次重申了意

[①] 《胡锦涛同志在共青团十四届四中全会上的讲话》，中国共产党新闻网，http://cpc.people.com.cn/GB/64162/124333/124349/17730336.html，2000年12月20日。

识形态工作的极端重要性，他强调要"牢牢掌握意识形态工作领导权"①，要克服"本领恐慌"，成为掌握新传媒的"行家里手"，"要深入开展网上舆论斗争，严密防范和抑制网上攻击渗透行为"②。本书顺应了党和政府的要求，有利于将党和政府关于意识形态建设的战略决策落到实处。

第二节 研究综述

随着网络技术的发展，网络相关理论的研究日益成为国内外社会科学界研究的重点与热点。美国是最早对网络相关理论进行研究的国家，而中国的网络研究起步较晚。20世纪90年代以来，随着中国网络的大发展和中国网民数量的激增，哲学社会科学工作者对网络环境下的意识形态建设的研究逐渐重视起来。尤其是近年来，随着网络技术发展给我国马克思主义意识形态带来的挑战日益增多，关于意识形态安全问题的研究也更加丰富和深入。

一 国外研究现状

在国外，关于意识形态及网络对意识形态影响的研究受到了学者们的关注，但据笔者目力所及，国外鲜少出现研究"网络时代中国马克思主义意识形态主导地位维护"的相关成果。

1. 关于意识形态概念问题的研究。自法国学者德斯蒂·德·特拉西1796年在《意识形态原理》中首次提出意识形态的概念起，各国学者开始了对这一问题的研究。其中，马克思、恩格斯的《德意志意识形态》掀起了研究的高潮。马克思、恩格斯分别从社会意识形态、国家意识形态、德意志意识形态三方面运用了这一概念，引领了后来学者的研究方向。如德国哲学家卡尔·曼海姆，他在《意识形态与乌托邦》③中阐述了意识形态与乌托邦理论的异同，从知识社会学角度分析了意识形态的概念含义及类别；匈牙利的格奥尔格·卢卡奇和意大利的安东尼奥·葛兰西也

---

① 习近平：《决胜全面建成小康社会 夺取新时代中国特色社会主义伟大胜利》，人民出版社2017年版，第41页。
② 《习近平关于全面深化改革论述摘编》，中央文献出版社2014年版，第83—84页。
③ [德]卡尔·曼海姆：《意识形态与乌托邦》，黎鸣、李书崇译，商务印书馆2002年版。

对这一概念分别进行了定义。此外,美国的弗雷德里克·詹明信和弗朗克·费德勒等人的研究也很值得关注。

2. 从历史实践中揭示意识形态理论建设的经验和教训的研究。例如美国弗拉季斯拉夫·祖博克的《失败的帝国:从斯大林到戈尔巴乔夫》①、俄罗斯罗伊·麦德维杰夫的《苏联的最后一年》②、俄罗斯尼古拉·伊万诺维奇·雷日科夫的《大国悲剧:苏联解体的前因后果》③、俄罗斯瓦列里·博尔金的《震撼世界的十年:苏联解体与戈尔巴乔夫》④、德国尤尔根·哈贝马斯(又译为哈伯玛斯)的《合法化危机》⑤等。一些学者从无产阶级革命实践中吸取经验和教训,例如意大利安东尼奥·葛兰西的《狱中札记》⑥、匈牙利卢卡奇的《历史与阶级意识》⑦,还有来自德国卡尔·柯尔施的《马克思主义与哲学》⑧,以及法国路易·阿尔都塞的《保卫马克思》⑨,等等。此外,还有一些资本主义学者利用研究成果宣扬"社会主义失败论",如美国弗朗西斯·福山的《历史的终结与最后的人》⑩。

3. 关于互联网对民主的影响、对意识形态的冲击与应对方面的研究。美国弥尔顿·L.穆勒的《网络与国家:互联网治理的全球政

---

① [美]弗拉季斯拉夫·祖博克:《失败的帝国:从斯大林到戈尔巴乔夫》,李晓江译,社会科学文献出版社2014年版。
② [俄]罗伊·麦德维杰夫:《苏联的最后一年》,王晓玉、姚强译,社会科学文献出版社2013年版。
③ [俄]尼古拉·伊万诺维奇·雷日科夫:《大国悲剧:苏联解体的前因后果》,徐昌翰等译,新华出版社2013年版。
④ [俄]瓦列里·博尔金:《震撼世界的十年:苏联解体与戈尔巴乔夫》,甄西等译,昆仑出版社1998年版。
⑤ [德]尤尔根·哈伯玛斯:《合法化危机》,刘北成、曹卫东译,上海人民出版社2000年版。
⑥ [意]安东尼奥·葛兰西:《狱中札记》,曹雷雨、姜丽、张跣译,中国社会科学出版社2000年版。
⑦ [匈]卢卡奇:《历史与阶级意识》,杜章智等译,商务印书馆1999年版。
⑧ [德]卡尔·柯尔施:《马克思主义与哲学》,王南湜、荣新海译,重庆出版社1989年版。
⑨ [法]路易·阿尔都塞:《保卫马克思》,顾良译,商务印书馆2006年版。
⑩ [美]弗朗西斯·福山:《历史的终结与最后的人》,陈高华译,广西师范大学出版社2014年版。

治学》①、荷兰简·梵·迪克的《网络社会：新媒体的社会层面》（第二版）②、美国爱德华·赫尔曼与罗伯特·麦克切斯尼合著的《全球媒体：全球资本主义的新传教士》③、美国奥托·纽曼的《信息时代的美国梦》④、美国曼纽尔·卡斯特的《信息时代三部曲：经济、社会与文化》（包括《网络时代的崛起》《认同的力量》《千年终结》）⑤、美国埃瑟·戴森的《2.0版：数字时代的生活设计》⑥、英国安德鲁·查德威克的《互联网政治学：国家、公民与新传播技术》⑦、美国托马斯·弗里德曼的《世界是平的：21世纪简史》⑧、美国理查德·斯皮内罗的《铁笼，还是乌托邦（第二版）——网络空间的道德与法律》⑨、美国詹姆斯·E. 凯茨与罗纳德·E. 莱斯合著的《互联网使用的社会影响》⑩、加拿大文森特·莫斯可的《数字化崇拜：迷思、权力与赛博空间》⑪、英国维克托·迈尔·舍恩伯格与肯尼斯·库克耶合著的《大数据时代：生活、工作与思维的大变革》⑫、美国P. W. 辛格与艾伦·弗里德曼合著的《网络安全：

---

① ［美］弥尔顿·L. 穆勒：《网络与国家：互联网治理的全球政治学》，周程等译，上海交通大学出版社2015年版。

② ［荷］简·梵·迪克：《网络社会：新媒体的社会层面》（第二版），蔡静译，清华大学出版社2014年版。

③ ［美］爱德华·赫尔曼、罗伯特·麦克切斯尼：《全球媒体：全球资本主义的新传教士》，甄春亮等译，天津人民出版社2001年版。

④ ［美］奥托·纽曼：《信息时代的美国梦》，凯万等译，社会科学文献出版社2002年版。

⑤ ［美］曼纽尔·卡斯特：《信息时代三部曲：经济、社会与文化》（包括《网络时代的崛起》《认同的力量》《千年终结》），夏铸九等译，社会科学文献出版社2003年版。

⑥ ［美］埃瑟·戴森：《2.0版：数字化时代的生活设计》，胡泳、范海燕译，海南出版社1998年版。

⑦ ［英］安德鲁·查德威克：《互联网政治学：国家、公民与新传播技术》，任孟山译，华夏出版社2010年版。

⑧ ［美］托马斯·弗里德曼：《世界是平的：21世纪简史》，何帆、肖莹莹、郝正非译，湖南科学技术出版社2006年版。

⑨ ［美］理查德·斯皮内罗：《铁笼，还是乌托邦（第二版）——网络空间的道德与法律》，李伦等译，北京大学出版社2007年版。

⑩ ［美］詹姆斯·E. 凯茨、罗纳德·E. 莱斯：《互联网使用的社会影响》，郝芳、刘长江译，商务印书馆2007年版。

⑪ ［加］文森特·莫斯可：《数字化崇拜：迷思、权力与赛博空间》，黄典林译，北京大学出版社2010年版。

⑫ ［英］维克托·迈尔·舍恩伯格、肯尼斯·库克耶：《大数据时代：生活、工作与思维的大变革》，周涛等译，浙江人民出版社2013年版。

输不起的互联网战争》① 等,从不同学科和领域涉及了对这一问题的探讨。英国的巴雷特、美国的麦克奎、阿尔文·托夫勒、罗文·吉布森等人也从不同角度分析了网络对意识形态的影响,他们大多对网络在意识形态实践层面的影响持谨慎态度。俄罗斯 B. A. 利西奇金和 J. I. A. 谢列平在其著作《第三次世界大战——信息心理战》② 中,则把西方国家凭借发达的信息技术对其他国家进行意识形态渗透和思想控制看做当前国家间最重要的战争形式。总体来说,国外学者对意识形态的研究拓展了这一研究领域的研究方法和视角。

二 国内研究现状

在网络大发展的时代,意识形态安全逐渐成为我国理论界研究的热点问题。国内学术界的相关研究主要包括意识形态安全定义的研究、对网络时代我国意识形态安全所面临的机遇和挑战的分析、对相应对策的探讨等。

1. 关于意识形态安全定义的研究。刘跃进在《国家安全学》③ 中指出,意识形态安全就是国家的主导思想和政治意识不受侵害,并能稳定存在、健康发展;冯宏良在《国家意识形态安全与马克思主义大众化》④ 中指出,意识形态安全就是巩固国家主流意识形态的合法性,即人们对其内在价值的高度认同和自觉践行。郑珠仙等著的《国家意识形态安全与大学生社会主义核心价值观教育研究》⑤、李忠军的《意识形态安全与大学生政治价值观研究》⑥、刘慧与李艳合著的《当代中国意识形态安全现状与路径选择》⑦、杨永志、吴佩芬等著的《互联网条件下维护我国意识形

---

① [美] P. W. 辛格、艾伦·弗里德曼:《网络安全:输不起的互联网战争》,中国信息通信研究院译,电子工业出版社 2015 年版。
② [俄] B. A. 利西奇金、J. I. A. 谢列平:《第三次世界大战——信息心理战》,徐昌翰等译,社会科学文献出版社 2003 年版。
③ 刘跃进主编:《国家安全学》,中国政法大学出版社 2004 年版。
④ 冯宏良:《国家意识形态安全与马克思主义大众化》,天津人民出版社 2017 年版。
⑤ 郑珠仙等:《国家意识形态安全与大学生社会主义核心价值观教育研究》,人民出版社 2014 年版。
⑥ 李忠军:《意识形态安全与大学生政治价值观研究》,东北师范大学出版社 2015 年版。
⑦ 刘慧、李艳:《当代中国意识形态安全现状与路径选择》,中国社会科学出版社 2015 年版。

态安全研究》①、何林的《论全球化背景下我国社会主义意识形态安全》②、莫岳云的《抵御境外宗教渗透与构建我国意识形态安全战略》③等都对意识形态安全下了类似的定义。郭明飞在《网络发展与我国意识形态安全》④中认为意识形态安全涵盖了国家指导思想安全、政治制度安全、政治信仰安全、民族精神安全和社会道德秩序安全。诸学者对意识形态安全理论的深化研究，使人们对这一问题有了更加深刻的理解。

2. 关于网络时代我国意识形态安全所面临的机遇方面的研究。谢海光等人在《互联网与思想政治工作概论》⑤中指出，网络为思想政治工作提供了重要渠道和技术条件，应善于利用网络弘扬主旋律，巩固马克思主义的指导地位，打赢意识形态领域的战争。与该书持相似观点的有李才俊与唐文武主编的《网络视角下的思想政治教育方法新探》⑥、宋元林的《网络思想政治教育》⑦、赵惜群主编的《网络思想政治教育理论与实践研究》⑧、元林的《思想政治教育体系中的网络传播研究》⑨、姜国峰的《网络思想政治教育理想模式的构建研究》⑩、张再兴等的《网络思想政治教育研究》⑪，等等。吴玉荣在其博士学位论文《互联网与社会主义意识形态建设研究》⑫中指出，网络有利于加强文明之间的交流合作，能够促进社会主义意识形态的创新与发展，为其增添新内容或新体现，增强它的认同感，提高它的吸引力、辐射力和影响力。高建华在其博士学位论文

---

① 杨永志、吴佩芬等：《互联网条件下维护我国意识形态安全研究》，南开大学出版社 2015 年版。

② 何林：《论全球化背景下我国社会主义意识形态安全》，《玉林师范学院学报》2007 年第 1 期。

③ 莫岳云：《抵御境外宗教渗透与构建我国意识形态安全战略》，《湖湘论坛》2010 年第 4 期。

④ 郭明飞：《网络发展与我国意识形态安全》，中国社会科学出版社 2009 年版。

⑤ 谢海光主编：《互联网与思想政治工作概论》，复旦大学出版社 2001 年版。

⑥ 李才俊、唐文武主编：《网络视角下的思想政治教育方法新探》，西南交通大学出版社 2014 年版。

⑦ 宋元林：《网络思想政治教育》，人民出版社 2012 年版。

⑧ 赵惜群主编：《网络思想政治教育理论与实践研究》，湖南大学出版社 2012 年版。

⑨ 元林：《思想政治教育体系中的网络传播研究》，光明日报出版社 2011 年版。

⑩ 姜国峰：《网络思想政治教育理想模式的构建研究》，云南大学出版社 2009 年版。

⑪ 张再兴等：《网络思想政治教育研究》，经济科学出版社 2009 年版。

⑫ 吴玉荣：《互联网与社会主义意识形态建设研究》，博士学位论文，中共中央党校，2004 年。

《互联网时代我国意识形态面临的机遇与挑战研究》① 中指出，互联网为社会主义意识形态建设搭建了新平台、提供了新的传播途径，并且创新了意识形态工作的形式与方法。杨立英、曾盛聪在《全球化、网络化境遇与社会主义意识形态建设研究》② 中指出，网络化为社会主义意识形态的创新和发展提供了条件，赋予其更大的机遇和生命力。郭明飞在《网络发展与我国意识形态安全》③ 中指出，网络发展加强了文化融合、为创新社会主义意识形态提供了技术支持、提升了社会主义意识形态的认同度、增强了它的辐射力和影响力。刘基、苏星鸿在《网络境遇中当代中国马克思主义大众化传播问题研究》④ 中指出，网络为当代中国马克思主义大众化提供了新的信息资源、新的传播载体、新的传播生态，并且提升了传播者的主体性。多数学者认为，网络的有效利用有助于增强马克思主义意识形态的吸引力和号召力。

3. 关于网络时代我国意识形态安全所面临的挑战方面的研究。早在1998年，严耕等已经在《网络伦理》⑤ 中，从伦理学角度分析了网络对我国意识形态和社会道德的冲击。李伦在《鼠标下的德性》⑥ 中探讨了网络文化的帝国主义、信任危机等问题。王永贵等的《马克思主义意识形态理论与当代中国实践研究》⑦，立足时代的变化和社会实践的变化，指出网络对主流意识形态建设提出了新要求和新挑战。杨昕在其博士学位论文《中国共产党意识形态话语权研究》⑧ 中分析了信息网络化对中国共产党意识形态话语权的挑战。王玉荣的《意识形态领导权面临网络文化革命挑战及其回应》⑨、杨文华的《网络挑战意识形态领导权》⑩ 及《意识

---

① 高建华：《互联网时代我国意识形态面临的机遇与挑战研究》，博士学位论文，南开大学，2012年。
② 杨立英、曾盛聪：《全球化、网络化境遇与社会主义意识形态建设研究》，人民出版社2007年版。
③ 郭明飞：《网络发展与我国意识形态安全》，中国社会科学出版社2009年版。
④ 刘基、苏星鸿：《网络境遇中当代中国马克思主义大众化传播问题研究》，中国文史出版社2014年版。
⑤ 严耕、陆俊、孙伟平：《网络伦理》，北京出版社1998年版。
⑥ 李伦：《鼠标下的德性》，江西人民出版社2002年版。
⑦ 王永贵等：《马克思主义意识形态理论与当代中国实践研究》，人民出版社2013年版。
⑧ 杨昕：《中国共产党意识形态话语权研究》，博士学位论文，天津师范大学，2013年。
⑨ 王玉荣：《意识形态领导权面临网络文化革命挑战及其回应》，《前沿》2011年第22期。
⑩ 杨文华：《网络挑战意识形态领导权》，《党政论坛》2011年第2期。

形态领导权面临的网络挑战》①，主要从意识形态领导权角度分析了网络带来的挑战。陈少平主编的《高校网络思想政治教育研究》②、张瑜等著的《高校网络思想政治教育发展与创新研究》③、魏进平等著的《高校网络思想政治教育研究》④、谭仁杰主编的《网络时代的高校思想政治教育——地方院校德育研究》（第6辑）⑤、杨庆山与史瑞杰主编的《大学生网络思想政治工作研究与实践》⑥、黄超的《高校网络思想政治教育研究》⑦、方文与黄荣华合著的《网络环境下高校思想政治教育研究》⑧、徐建军的《大学生网络思想政治教育理论与方法》⑨、檀江林的《高校网络思想政治教育研究》⑩、夏晓红主编的《高校网络思想政治教育》⑪ 等，从高校思想政治教育的视角，分析了传统思想政治教育面临的网络挑战。谢海光、杨立英、曾盛聪、郭明飞、吴玉荣、高建华、李才俊、唐文武、王嘉、宋元林、赵惜群、姜国峰、元林、张再兴等人也在其著作中，分析了网络对于我国意识形态安全的潜在危机和显性危害。学者们普遍认为：网络已经成为敌对势力加紧对我国进行意识形态渗透的重要工具；网络意识形态的多元化对马克思主义意识形态的主导地位构成了严峻挑战；网络使意识形态的控制过程复杂化。

4. 关于网络时代维护我国意识形态安全的对策方面的研究。学者们从不同角度对这一问题进行了论述，提出了"二途径说""三途径说""四途径说""五途径说"等。第一，"二途径说"。刘静静在《浅析网络舆情对我国主流意识形态的影响》⑫ 中从两个方面提出了利用网络舆情加

---

① 杨文华：《意识形态领导权面临的网络挑战》，《理论导刊》2011年第3期。
② 陈少平主编：《高校网络思想政治教育研究》，中国书籍出版社2015年版。
③ 张瑜等：《高校网络思想政治教育发展与创新研究》，人民出版社2014年版。
④ 魏进平等：《高校网络思想政治教育研究》，中国书籍出版社2015年版。
⑤ 谭仁杰主编：《网络时代的高校思想政治教育——地方院校德育研究》（第6辑），武汉大学出版社2014年版。
⑥ 杨庆山、史瑞杰主编：《大学生网络思想政治工作研究与实践》，中国书籍出版社2015年版。
⑦ 黄超：《高校网络思想政治教育研究》，世界图书出版广东有限公司2012年版。
⑧ 方文、黄荣华：《网络环境下高校思想政治教育研究》，中国水利水电出版社2013年版。
⑨ 徐建军：《大学生网络思想政治教育理论与方法》，人民出版社2010年版。
⑩ 檀江林等：《高校网络思想政治教育研究》，合肥工业大学出版社2007年版。
⑪ 夏晓红主编：《高校网络思想政治教育》，泰山出版社2010年版。
⑫ 刘静静：《浅析网络舆情对我国主流意识形态的影响》，硕士学位论文，中北大学，2014年。

强主流意识形态建设的对策：建立并完善网络舆情监测、研判、引导机制；因势利导地放大网络舆情对主流意识形态的积极影响并降低其负面影响。宋丽丹在《维护移动网络时代国家意识形态安全》①中从两个方面分析了移动网络时代维护我国意识形态安全的对策：加强网络监管；重视对重大意识形态问题的正面宣传。

第二，"三途径说"。王永贵等在《马克思主义意识形态理论与当代中国实践研究》②中从推行"实名制"、保障言论自由、加强官方信息引导三个方面提出了应对信息化挑战的策略。王彦在《互联网环境下我国意识形态安全问题研究》③中从传播内容、传播手段和传播载体三个层面提出了加强我国意识形态安全的对策分析。张蕊在《网络时代坚持马克思主义意识形态领导权的研究》④中提出了以理论研究、文化发展、制度建设加强马克思主义意识形态领导权的对策思考。

第三，"四途径说"。吴玉荣在其博士学位论文《互联网与社会主义意识形态建设研究》⑤中指出，应加强互联网上的马克思主义理论阵地建设；把握互联网上的舆论导向；提高网上思想政治工作的实效；发展健康先进的网络文化。高建华在其博士学位论文《互联网时代我国意识形态面临的机遇与挑战研究》⑥中指出，应理论联系实际地建设网络理论阵地；构建现代化的意识形态建设理念；加强社会舆论引导能力；加强意识形态安全教育并完善网络法律法规。李才俊与唐文武在其主编的《网络视角下的思想政治教育方法新探》⑦中指出，应构建网络思想政治教育的协调机制、互动机制、引导机制、约束机制、监督机制；充分利用网络思

---

① 宋丽丹：《维护移动网络时代国家意识形态安全》，《红旗文稿》2015 年第 6 期。
② 王永贵等：《马克思主义意识形态理论与当代中国实践研究》，人民出版社 2013 年版。
③ 王彦：《互联网环境下我国意识形态安全问题研究》，硕士学位论文，内蒙古大学，2012 年。
④ 张蕊：《网络时代坚持马克思主义意识形态领导权的研究》，硕士学位论文，燕山大学，2012 年。
⑤ 吴玉荣：《互联网与社会主义意识形态建设研究》，博士学位论文，中共中央党校，2004 年。
⑥ 高建华：《互联网时代我国意识形态面临的机遇与挑战研究》，博士学位论文，南开大学，2012 年。
⑦ 李才俊、唐文武主编：《网络视角下的思想政治教育方法新探》，西南交通大学出版社 2014 年版。

想政治教育的新手段；掌握、引导网络舆论；加强网络道德和法治教育。杨永志、吴佩芬等在《互联网条件下维护我国意识形态安全研究》① 中指出，应加强对网络推手的管理；注重网络言论监管；营造有助于意识形态安全的社会环境；提高社会主义核心价值观的认同度。

第四，"五途径说"。郭明飞在《网络发展与我国意识形态安全》② 中指出，应对信息网络化挑战，需要加强互联网上的马克思主义阵地建设；促进网络道德的规范有序；掌握网上舆论导向；改进网上思想政治教育；发展积极健康的网络文化。周国平在《网络信息化时代的意识形态安全》③ 中指出，维护意识形态安全需要确立网络疆界意识、网络信息安全意识、网络危机意识；建立统一开放的意识形态安全宣传网络；加强信息网络的监控和管理；发展自主的网络安全高科技；培养具有网络素质并掌握意识形态工作艺术的新型政工队伍。孙明杰在《网络条件下我国主流意识形态认同面临的挑战及对策研究》④ 中指出，应从理论构建、主体构建、方法构建、制度构建、反馈构建方面强化网络条件下的主流意识形态认同。此外，谢海光等人在《互联网与思想政治工作概论》⑤ 中探讨了网络时代思想政治教育的原则、内容、方法、途径、环境，提出了主动利用网络弘扬主旋律、依法治网并有效掌握制网权、创建主题网站、建设网络新闻宣传国家队的建议。王嘉在《网络意见领袖研究：基于思想政治教育视域》⑥ 中从区别对待、识别引导、重点培育、技术跟进、依法治理五个方面提出了维护意识形态安全视角下的网络意见领袖整体应对方略。杨蓉的《加强马克思主义意识形态在网络领域中的指导地位研究》⑦ 更是从九个方面提出了加强马克思主义意识形态指导地位的对策建议。学者们

---

① 杨永志、吴佩芬等：《互联网条件下维护我国意识形态安全研究》，南开大学出版社2015年版。
② 郭明飞：《网络发展与我国意识形态安全》，中国社会科学出版社2009年版。
③ 周国平：《网络信息化时代的意识形态安全》，爱思想网，http://www.aisixiang.com/data/29836.html，2009年8月31日。
④ 孙明杰：《网络条件下我国主流意识形态认同面临的挑战及对策研究》，硕士学位论文，兰州大学，2013年。
⑤ 谢海光主编：《互联网与思想政治工作概论》，复旦大学出版社2001年版。
⑥ 王嘉：《网络意见领袖研究：基于思想政治教育视域》，中国文史出版社2014年版。
⑦ 杨蓉：《加强马克思主义意识形态在网络领域中的指导地位研究》，硕士学位论文，安徽工业大学，2012年。

普遍认为：网络背景下维护我国意识形态安全需要加强主流意识形态网络阵地建设；建立专业人才队伍；完善网络法规；掌握网络舆论导向；发展先进文化。

现有的研究为我们提供了有价值的启示，它提醒我们：网络对我国的意识形态安全产生了重要的影响，为了避免马克思主义意识形态被边缘化的风险就必须要积极应对网络带来的挑战。同时，由于中国网络普及的时间较为短暂，智能手机和平板电脑的应用更是最近几年才发生的事情，所以学术界对网络时代（尤其是移动网络时代）马克思主义意识形态主导地位维护方面的研究还比较薄弱，研究内容还比较粗浅，对一些核心问题缺乏系统性的论证；对于在网络时代怎样巩固马克思主义意识形态的主导地位还缺乏建设性和可行性的意见。现有研究的不足为本书提供了研究的空间。本书力图在借鉴有关经验的基础上，探究网络时代我国马克思主义意识形态被边缘化的风险，为巩固马克思主义在我国意识形态领域的主导地位提供有针对性的对策建议。

第三节 研究内容、方法和创新之处

一 研究内容

本书从分析网络（包括移动网络）发展给我国意识形态领域带来的机遇和冲击入手，考察我国马克思主义意识形态所受到的来自互联网络的挑战，为我国在当前信息时代中应对来自互联网络的挑战、巩固马克思主义意识形态的主导地位寻求对策和解决办法。

本书除结语外，共分为六章。

第一章是导论。一是本书的研究价值。二是国内外研究综述。三是研究内容、方法和创新之处。

第二章分析了马克思主义意识形态及其与网络的关联性。一是意识形态与马克思主义意识形态。主要阐释了意识形态和马克思主义意识形态的含义，分析了马克思主义意识形态的本质和功能。二是网络改变了马克思主义意识形态的生存环境。三是确保网络时代我国马克思主义意识形态主导地位的意义。

第三章梳理了当代中国马克思主义意识形态的认同状况。一是改革开放前马克思主义意识形态的认同状况。二是改革开放后马克思主义意识形

态认同的变化。三是网络为马克思主义意识形态认同提供了新契机。

第四章是对我国马克思主义意识形态认同状况的实证分析。主要分析关于网络时代我国马克思主义意识形态认同状况问卷调查和访谈的结果。

第五章强调了网络时代我国马克思主义意识形态存在被边缘化的风险。一是西方强势而又隐蔽的网络意识形态进攻；二是我国马克思主义意识形态网络阵地比较薄弱；三是被曲解的马克思主义的网络传播玷污了马克思主义的名声；四是网络聚焦的各种社会负面问题消解了网民的马克思主义信仰；五是网络的诸多特性增加了马克思主义意识形态被边缘化的风险。

第六章提出了网络时代维护我国马克思主义意识形态主导地位的对策建议。一是加强马克思主义意识形态网络阵地建设；二是强化网络舆论导向；三是健全网络法规；四是创新与发展马克思主义意识形态整合功能的实现机制与方式；五是兑现马克思主义的信念承诺。

二 研究方法

本书采取规范研究和实证研究相结合，案例分析和问卷调查相结合，定性分析和定量分析相结合的方法进行研究。

1. 文献研究法。通过电子检索中国知网、万方数据资源系统、人大复印资料数据库、超星电子图书数据库、读秀学术搜索等数据资源和手工检索未上网的书籍、报刊、文件、研究报告等，了解和梳理关于网络时代我国意识形态安全问题研究的相关文献。

2. 问卷调查法。根据课题研究需要，就我国当前的马克思主义意识形态认同状况，在全国范围内发放了 13000 份调查问卷（回收有效问卷 4647 份）。对于搜集的数据资料，利用 Excel 进行计量分析。

3. 访谈。选取有典型意义的大学生、教师和各行各业人士进行访谈。对于访谈资料进行编码，运用定性技术进行分析。

三 创新之处

1. 切入点较新。本书以近年来搜索量较高的若干典型案例（"棱镜门"事件等）为切入点，针对网络（包括移动网络）带来的社会大调整大变革，在如何维护马克思主义意识形态主导地位的研究中寻找深度研究的着力点，对之进行详细分析，以求以小见大。

2. 从新的角度提出了网络时代维护马克思主义意识形态主导地位的对策。本书认为，网络时代维护马克思主义意识形态主导地位不能过分倚重强制性的"灌""堵""惩"的方法，更应当标本兼治，兑现马克思主义的信念承诺，并及时澄清网络负面消息，使真理越辩越明，这样才能使人们对马克思主义意识形态的内在价值主张高度认同并自觉践行。

3. 提出了新的观点。以往的研究者在讨论马克思主义网站建设问题的时候，大多把政府应加大资金投入作为至关重要的应对策略，而本书在对一些热门网站进行相关分析的过程中却发现很多浏览量高、影响大的网站是个人创建的，这些网站完全依靠创建者个人维持运转，并没有从政府那里得到资金支持。如果人们的马克思主义信仰坚定，自然也会出现个人创建马克思主义网站的热潮。所以，本书认为巩固网络阵地的关键不在于加大政府财政投入去建设"形象"网站，而在于通过全心全意为人民服务的实践坚定人们的马克思主义信仰，夯实网络阵地的民心基础。

第二章

马克思主义意识形态及其与网络的关联性

马克思主义意识形态是我国的主导意识形态。随着互联网的发展与普及，中国已经进入了名副其实的网络时代。网络不仅影响着人们生活的方方面面，而且影响着人们思维方式的转变。在这种背景下，马克思主义意识形态如果不想被边缘化，就必须重视网络发展对我国意识形态安全的影响，而不是对网络的作用视而不见。

第一节 意识形态与马克思主义意识形态

意识形态伴随着人类文明的发展而发展，与人们的生活密切相关。什么是意识形态？什么是马克思主义意识形态？马克思主义意识形态又是怎样在当今中国处于主导地位的？这些问题人们各有见解，众说不一。

一 意识形态

意识形态一词最早出自法国哲学家德斯蒂·德·特拉西，他在1796年用"意识形态"来描述他的一门新学科，这门学科关乎观念和感知。他认为我们无法认识事物本身，只能认识对事物的感知所形成的观念，他称这一新兴事业叫Ideology。后拿破仑·波拿马采用了特拉西的一些观念制定了一个新的宪法，但是他又畏惧Ideology对他的独裁统治带来的威胁，就将法国所遭受的"病患"归罪于Ideology。之后马克思赋予了Ideology新的含义，他接过拿破仑给予这个词的负面和对抗的意义，通过把它结合到启蒙运动的理论框架和政治纲领中，使之获得了新的地位，成为批判手段和新的理论体系中的重要组成部分。① 但是，马克思从未给意识形态下过一个明确的定义，他只是通过描述"一般意识形态"和"德意志意识形态"的特征，揭示了意识形态的本质。

究竟什么是意识形态呢？国内外的各种文献都各有阐述。在苏联《哲学百科全书》第二卷中，关于"意识形态"有这样的表述：在一定理论形势下，"反映人对周围现实界的关系和人与人的相互关系，并为社会关系的巩固或变革、发展而服务的思想和观点的总和"，"一定的社会利益是意识形态反映现实的基础"，且"意识形态总是带有阶级性质，……以政治、法律、宗教、伦理、美学和哲学等观点的各种形式出现"②。法国政治家莫里斯·迪韦尔热在他的《政治社会学》中说，"自由主义、马克思主义以及一切重要的政治和社会学说都构成意识形态"。③ 德国的卡尔·曼海姆从知识社会学角度将意识形态分为"特殊含义"和"总体含义"的意识形态④。前者即他人（或论敌）为自己利益而扭曲真相的观点和陈述；后者是某个时代或某个社会集团的总体世界观，或者对某种生活方式的信奉。

在国内学界，学者们也各有观点。朱兆中在《中国社会主义意识形态建设纵论》一书中将意识形态定义为："以一定社会集团的利益和要求为出发点，以一定哲学（或宗教）为基础，以一定价值观为核心，以一定政治目标或社会理想为标识，以一定的话语系统表达出来并通过一定的组织程序确立起来的系统的思想信念。"他认为现代的意识形态"不是指具体的某一种理论学说，而是指贯穿于这些理论学说之中的观点、信念、理想"，等等。⑤ 郑永廷认为，意识形态既属于哲学范畴，又属于政治范畴，还属于社会学范畴，是"一种自觉地反映一定社会集团经济政治利益的系统化、理论化的思想观念体系"⑥。宋惠昌认为"意识形态是以一

---

① ［英］约翰·B. 汤普森：《意识形态与现代文化》，高铦等译，译林出版社2012年版，第31—36页。
② 转引自宋惠昌《当代意识形态研究》，中共中央党校出版社1993年版，第7页。
③ ［法］莫里斯·迪韦尔热：《政治社会学——政治学要素》，杨祖功、王大东译，东方出版社2007年版，第8页。
④ ［德］卡尔·曼海姆：《意识形态与乌托邦》，黎鸣、李书崇译，商务印书馆2002年版，第56页。
⑤ 朱兆中：《中国社会主义意识形态建设纵论》，上海人民出版社2003年版，第5页。
⑥ 郑永廷：《社会主义意识形态研究》，中山大学出版社1999年版，第4页。

定哲学世界观为基础的社会政治范畴",而"作为社会哲学基本范畴的意识形态,也就是思想体系",他定义意识形态"是社会的思想上层建筑,是一定社会或一定社会阶级、集团基于自身根本利益对现存社会关系自觉反映而形成的理论体系;这种理论体系包括一定的政治、法律、哲学、道德、艺术、宗教等社会学说、观点;意识形态是该阶级、该社会集团政治纲领、行为准则、价值取向、社会理想的思想理论依据"①。在《意识形态论》中,俞吾金将意识形态定义为:"在阶级社会中,适合一定的经济基础以及树立在这一基础之上的法律的和政治的上层建筑而形成起来的,代表统治阶级根本利益的情感、表象和观念的综合,其根本的特征自觉地或不自觉地用幻想的联系来取代并掩蔽现实的联系。"②

在此基础上,笔者认为意识形态是以一定的社会利益为基础的,带有阶级性的,以一定的政治目标、社会理想为标识的思想观念体系,整个思想观念体系包含政治、法律、道德、伦理、宗教、美学等。

二 马克思主义意识形态

"马克思的意识形态理论与马克思主义作为一种意识形态的理论是逻辑同构的关系"③。马克思的意识形态理论的产生发展过程与唯物史观的产生发展过程是一致的。虽然从青年马克思的文稿中就可以找出关于意识形态的若干论述,但学界普遍认为,马克思、恩格斯于1845—1946年完成的《德意志意识形态》才是马克思意识形态理论创立的标志。在这一文献中,马克思、恩格斯第一次系统地阐述了唯物史观,也首次使用了意识形态和上层建筑的概念,他从社会存在决定社会意识形态的原理出发,对意识形态的基本概念、观点作出本质的规定,他认为,意识只是"被意识到了的存在",而人的存在也只是"他们现实生活的过程"。④随后,马克思、恩格斯在《共产党宣言》等文献中又进一步丰富了意识形态理论。在这些经典著述中,意识形态被冠以虚情假意和观念上层建筑的双重含义。尽管马克思和恩格斯都从来没有明确地给"意识形态"下过定义,

---

① 宋惠昌:《当代意识形态研究》,中共中央党校出版社1993年版,第9—10页。
② 俞吾金:《意识形态论》,人民出版社2009年版,第131页。
③ 杨立英、曾盛聪:《全球化、网络化境遇与社会主义意识形态建设研究》,人民出版社2007年版,第2页。
④ 《马克思恩格斯选集》第1卷,人民出版社1995年版,第81页。

但是他们主要从三个层面上使用过"意识形态"概念：从"否定"的意义上批判与唯物史观对立的唯心史观的意识形态，强调唯心史观不从实际出发，颠倒了意识与存在的关系；揭露资产阶级为了自身的目的和要求而运用"意识形态"；把"意识形态"概念用在历史唯物主义范畴，并作为社会结构基本要素出现。自欧洲大革命失败后到19世纪60年代末，马克思意识形态理论随着马克思经济学研究的发展进入深化阶段，马克思通过对以商品拜物教为核心的意识形态的考察和批判，揭露出这种意识形态掩盖下的资本主义的本质。到了晚年，马克思对意识形态的研究不仅拓展到了资本主义以前的社会形态，还展望和探讨了部分共产主义问题，使马克思意识形态理论更加丰满。马克思逝世之后，恩格斯对唯物史观和意识形态又作出了进一步的研究，特别对意识形态的相对独立性和对经济基础的反作用加以论述，进一步完善了马克思意识形态理论。随着社会主义由空想变为现实，马克思主义成为社会主义国家的主流意识形态，马克思意识形态理论与马克思主义作为一种意识形态的理论日趋统一起来。

马克思主义是一种意识形态，它是反映无产阶级根本利益的、以实现共产主义和解放全人类为目标的思想观念体系。马克思主义是无产阶级的意识形态，是无产阶级及其政党认识世界、改造世界的强大思想武器。马克思主义不是教条，它是开放的思想体系，是发展着的理论。列宁在继承马克思主义基本思想和基本方法的前提下，将马克思主义与俄国实际情况相联系，在理论斗争和实践斗争中完善和发展了马克思主义。列宁不仅阐述了无产阶级意识形态的相关理论及其阶级性、党性，还第一次把马克思主义称为意识形态，他认为马克思主义思想系统"赢得了世界历史性的意义"，因为马克思主义不仅没有"抛弃资产阶级时代最宝贵的成就"，反而吸收并改造了含资本主义在内的两千多年人类思想和文明中"一切有价值的东西"。[①] 列宁认为，没有超越阶级的意识形态，而马克思主义意识形态则是社会主义意识形态。

以毛泽东为代表的中国共产党人依据中国革命和社会主义建设初期的实践经验创立并发展了毛泽东思想，实现了马克思主义中国化的首次理论飞跃。毛泽东思想开创性地解答了怎样在半殖民地半封建的旧中国领导全国人民进行新民主主义革命，怎样创建和巩固社会主义制度的问题。值得

---

① 《列宁选集》第4卷，人民出版社1995年版，第299页。

一提的是，毛泽东进一步推动了马克思主义意识形态理论的发展。毛泽东认为，需要谨记马克思关于意识和存在的关系的"科学的规定"和列宁的"能动的革命的反映论"，他认为共产主义思想体系是区别于其他思想体系和社会制度的，是"最完全最进步最革命最合理的"。① 《新民主主义论》是毛泽东关于意识形态的代表性作品之一，在这部著作中，毛泽东指出"人民民主专政的国家制度和法律"和"以马克思列宁主义为指导的社会主义意识形态"，都是社会主义"上层建筑"。② 毛泽东对于马克思主义意识形态的认识和发展可以从以下角度来看：（1）毛泽东对意识形态概念的使用更多的是"文化"，他在其著作中对"意识形态"的使用并不多，但是他所说的"文化"，特别是"新文化"，主要是社会主义意识形态，也就是马克思主义意识形态。（2）毛泽东认为意识形态是与经济、政治相并列的一个独立领域，认为意识形态（文化）是对政治和经济的反映。（3）毛泽东明确认为，意识形态与法律和国家制度一样，同属上层建筑行列。在毛泽东时代，马克思主义意识形态成为我国的主流意识形态，其主导地位也经由历史验证，得到人民群众的广泛支持。

继毛泽东之后，以邓小平、江泽民、胡锦涛、习近平为代表的中国共产党人，态度鲜明地坚持马克思主义的指导地位，并结合中国国情和实践对其进行了更进一步的完善和发展，创立了中国特色社会主义理论体系，实现了马克思主义中国化的第二次飞跃。邓小平理论以战略的眼光和魄力初步回答了"什么是社会主义""怎样建设社会主义"的问题，开辟了中国特色社会主义的道路。"三个代表"重要思想从推进社会主义制度自我完善的高度进一步回答了"什么是社会主义""怎样建设社会主义"的问题，并创造性地回答了"建设什么样的党""怎样建设党"的问题。科学发展观以对人民群众高度负责的态度科学回答了"实现什么样的发展""怎样发展"的问题。中国特色社会主义理论体系与马克思列宁主义、毛泽东思想是一脉相承的，在当代中国，巩固马克思主义意识形态的主导地位必须高扬中国特色社会主义的大旗，"坚持中国特色社会主义理论体

---

① 《毛泽东选集》第 2 卷，人民出版社 1991 年版，第 686 页。
② 《毛泽东文集》第 7 卷，人民出版社 1999 年版，第 215 页。

系，就是真正坚持马克思主义"①。

三 马克思主义意识形态的本质与功能

1. 马克思主义意识形态的本质

马克思恩格斯认为生产物质生活本身是历史的绝对前提，社会存在决定着社会意识，而经济基础也决定着上层建筑。这是马克思主义意识形态理论体系的重要基石。但马克思恩格斯并不否定意识形态的能动作用，他们认为意识形态是一种能对现实生活产生重大影响的、独立存在的力量。阶级性是意识形态本质的固有的属性。"每一个企图取代旧统治阶级的新阶级，为了达到自己的目的不得不把自己的利益说成是社会全体成员的共同利益，就是说，这在观念上的表达就是：赋予自己的思想以普遍性的形式，把它们描绘成唯一合乎理性的、有普遍意义的思想。"② 每一个想要达到统治地位的阶级，也势必会在主流意识形态中融进自己阶级的属性。意识形态可以被统治阶级利用，同样也可以为革命服务。马克思主义意识形态是为无产阶级革命服务的，它以建立自由人的联合体为最终目标，为全人类的自由全面发展而奋斗——这也是马克思主义意识形态能够得到广大无产阶级支持的根本原因。马克思主义意识形态具有阶级性、科学性、批判性、革命性、实践性、开放性的特征。总之，马克思主义意识形态是以科学理论为基础、以实践发展为导向、与资产阶级意识形态相对立的意识形态，它不仅在我国以往的历史当中指挥人民取得了胜利，还会在更久的未来体现出先进性和优越性。

2. 马克思主义意识形态的功能

当代互联网技术的发展正在促进意识形态自上而下的传输渠道发生改变，越来越多的人能够通过网络媒介参与到意识形态的传播当中，使马克思主义意识形态的功能变得更加丰富。无论是为政权合法性进行辩护的功能、批判异己意识形态的功能、整合利益矛盾的功能，还是维护社会稳定的功能、教化群众的功能、凝聚民心的功能等，概括起来都无外乎三大类，即政治功能、社会功能、文化功能。

---

① 胡锦涛：《高举中国特色社会主义伟大旗帜　为夺取全面建设小康社会新胜利而奋斗——在中国共产党第十七次全国代表大会上的报告》，《人民日报》2007年10月25日。

② 《马克思恩格斯选集》第1卷，人民出版社1995年版，第100页。

(1) 政治功能

"统治阶级的思想在每一时代都是占统治地位的思想"。① 人类文明史表明，要维系人类共同体的存在与发展，就必须掌握行政领导权和意识形态权。马克思主义意识形态在我国的政治功能主要表现在三方面：一是政权合法性辩护功能。我国是共产党执政的、以马克思主义为指导的社会主义国家。马克思主义意识形态体现了全体人民的意志，其强烈的实践性和人民性与共产党全心全意为人民服务的宗旨高度契合，为政权合法性提供了辩护。二是批判异己意识形态的功能。马克思主义意识形态不仅履行着论证、宣传社会主义合理性和优越性的义务，也承担着批判异己意识形态尤其是资本主义意识形态的责任，以维护政权的稳定。三是指导制度建设的功能。新中国成立之初，正是由于马克思主义意识形态的指导，我国的社会主义制度才得以确立，使人民获得了当家做主的权利；改革开放之后，恰恰是由于坚持了马克思主义意识形态，中国的社会主义市场经济体制才逐步建立并完善起来，而没有重蹈苏联社会主义制度崩溃的覆辙。

(2) 社会功能

马克思主义意识形态还具有重要的社会功能。一是维护社会稳定的功能。意识形态是主体与客体的媒介，媒介作用发挥得好，主体与客体之间就能畅通无阻；媒介作用若发挥不好，主体与客体之间就会形成一道屏障。马克思主义能够引导我国社会舆论，帮助人民群众形成社会共识，有利于社会稳定。二是整合社会利益矛盾的功能。改革开放过程中，社会利益出现分化，而马克思主义意识形态所倡导的集体主义原则和奉献精神，有利于整合利益矛盾，进而使社会成员之间相互协调共同推进社会文明发展。三是引导社会实践方向的功能。社会在一定的时期总会存在趋向特定目标的群体性行为，而意识形态恰可以通过发挥自身的影响力引导社会实践活动，这一导向过程未必是强制性的，一般情况下是被受众主动感知和支持的。

(3) 文化功能

马克思主义意识形态的文化功能主要包括三个部分：一是教化群众的功能。马克思主义意识形态捍卫的是无产阶级人民大众的利益，很容易与大众进行心理沟通，具有强大的教化功能。马克思主义意识形态的教化功

---

① 《马克思恩格斯选集》第 1 卷，人民出版社 1995 年版，第 98 页。

能主要体现在"四有新人"("有理想""有道德""有文化""有纪律")的培养上。二是凝聚民心的功能。马克思主义意识形态能够贯穿于文化产品中,化身为文化产品所阐释的理念,把党的政策普遍化为整个社会的目标,以此动员、汇聚全国人民的力量为实现该目标而努力奋斗。三是构筑时代精神的功能。马克思主义意识形态为社会发展提供了精神动力,既能协调社会生产,又完善了社会机制,还可以提炼时代精神。而这种时代精神的表达,不仅需要经典的文化产品做代言,还需要旺盛的民间心理相配合,即,只有马克思主义意识形态与民间心理相结合,才能全景式构筑出时代的精神。

第二节 互联网改变了马克思主义意识形态传播的环境

随着网络的迅猛发展,当今中国已经进入了名副其实的大众网络时代:"网络走入千家万户,网民数量世界第一"①。网络时代的主要特征包括:第一,网络政治成为现代政治的重要形式;第二,网络文化成为现代文化中的新形态;第三,网络经济成为现代经济的重要形式;第四,网络社会成为现代社会的新形态;第五,网络信息成为重要的社会财富。网络深刻地改变了人们的思维方式和生活方式,也改变了我国马克思主义意识形态的政治环境、价值环境和文化环境,对我国的意识形态安全产生了复杂的影响。

一 互联网改变了马克思主义意识形态传播的政治环境

网络在中国兴起之后,为公民的政治参与提供了便利,"改变了政府和社会的互动模式"②,对政治制度、政治稳定和政府管理产生了不容轻视的影响,使马克思主义意识形态不仅面临着传统的现实政治环境,也面临着日益凸显出重要性的网络政治环境。

网络为大众发表意见、影响政府决策和高层思考提供了技术手段。因此,人们已经不甘心像以往那样被动地成为政府信息的"接收器"了。现在的网络投票日益频繁,参与度也越来越高,比如 2011 年第十一届全

---

① 《习近平谈治国理政》,外文出版社 2014 年版,第 197 页。
② 刘文富:《网络政治——网络社会与国家治理》,商务印书馆 2004 年版,第 404 页。

国人大四次会议和全国政协四次会议期间发起的关于"你是否赞成国家放开二胎政策"的网络投票，获得了网民近乎一边倒的赞成票①，对于国家计划生育政策的调整产生了不可忽略的影响；2015年6月17日某微信公众号发布的关于"建议国家改变贩卖儿童的法律条款，拐卖儿童判死刑！买孩子的判无期"的信息当天就刷爆了朋友圈，在17—18日短短的两天时间里就获得了超过54万名网友的支持②，在一定程度上推动了相关部门将"买孩子"入罪写入了刑法修正案（九）。当某件事情引起网民广泛关注的时候，就会产生巨大的舆论压力，倒逼政治体系和权力机构作出回应，这样的事情近年来层见叠出。在这种背景下，公民的政治参与热情高涨，独立自主意识增强，而传统的依靠政府权力推行的马克思主义意识形态灌输式教育由此受到了巨大的冲击。

网络为电子政务的发展提供了平台，有利于实现公民的知情权和监督权，有利于提高政府的透明度和廉洁度，有利于提升政府的管理水平和服务能力。所以，恰当运用网络，有利于提升政府形象，从而有利于政府倡导的主导意识形态的弘扬。电子政务对于消除谣言、捍卫政府形象的作用是有目共睹的。例如，2014年11月22日，一条关于"香格里拉政府强拆压死儿童"的消息在网上引起了轩然大波，事实上"网帖所配图片系外地一次地震中遇难儿童的照片"，③当地政府经过调查发现此事为谣传，并通过网络及时对大众进行了澄清，挽回了政府形象。维护共产党执政下的中国政府的良好形象，对于巩固马克思主义在意识形态领域的主导地位具有非常重要的意义。

从一定意义上讲，网络政治的发展在意识形态领域引发了一场革命，如果不能有效地控制网络政治，将会使我国的意识形态安全遭遇巨大风险。网络已经改变了马克思主义意识形态的政治环境，使之必须直接面对网络政治的考验。新时期、新阶段，马克思主义意识形态只有切切实实地服务群众、顺应民心、适应网络时代的发展才能够保持其主导地位。

---

① 《两会微辩论》，腾讯网，http://z.t.qq.com/weibozt/lianghui/weibianlun3.htm?pgv_ref=aio，2011年3月11日。

② 《【投票】你觉得人贩子是否应该被判死刑》，网易网，http://lady.163.com/15/0618/10/ASCS0P5500264OFI.html，2015年6月18日。

③ 《迪庆辟谣"强拆压死儿童"》，《京华时报》2014年11月25日。

二 互联网改变了马克思主义意识形态传播的价值环境

马克思指出:"人们的社会存在决定人们的意识"。① 价值观念是由社会存在决定的,会随着社会存在的改变而发生变化。当今中国,网络已经融进了社会生活的方方面面,不仅改变着人们的生活方式、交往方式,也变革了社会生产方式,进而改变了马克思主义意识形态的传统价值环境。

网络为西方所谓"普世价值观"的广泛传播创造了条件。尽管近些年来中国网民数量无论是增长速度,还是总数上都达到惊人的数值,但互联网在核心技术上高度依赖西方,如电脑的CPU、微软操作系统都是西方生产的。"数字化通讯、卫星、传真机和计算机网络使国家已经不可能对信息媒介发放许可证并进行控制了,这不仅削弱了意识形态上的独裁,而且破坏了国家用强力保存文化同质性的一切企图。"② 西方国家正是依靠他们在技术上的优势、在信息发送上的主动权,将他们的价值观念进行精心包装,并将之标榜为"普世价值",通过互联网在中国广泛传播,从而削弱了马克思主义意识形态的说服力和辐射力。

网络为平等、自由、民主、无政府主义、极端个人主义等价值观念的泛滥提供了丰厚的土壤。网络赋予了当代中国人尽可能展示自己的平台,使人们能够运用微信、微博、博客、E-mail、QQ、MSN等表达自己的观点,宣泄丰富的情感,绽放鲜活的个性。"在互联网上,没人知道你是一条狗",这句网络流行语形象地表明,人们能够利用网络马甲掩盖在现实生活中存在的贫富、地位、学历等方面的差异,自由、平等地享有在网络上查询信息、发表见解、择友交流的权利。网络的虚拟性、非中心性为人们提供了自由、平等参与的机会,强化了人们自由、民主、平等、独立的自主意识;同时,网络的匿名性和非中心建构也助推了极端个人主义、无政府主义等价值观念的发展,弱化了马克思主义意识形态的影响力。

网络上各种价值观鱼龙混杂,积极、先进的价值观与落后、腐朽的价值观相互交织,使人们眼花缭乱,以至于价值取向和价值判定标准也呈现出了多样化的态势,干扰了马克思主义意识形态的主导力。例如,曾经被

---

① 《马克思恩格斯选集》第2卷,人民出版社1995年版,第32页。
② [英]保罗·赫斯特、格雷厄姆·汤普森:《质疑全球化——国际经济与治理的可能性》,张文成等译,社会科学文献出版社2002年版,第333页。

中国人广泛接受的集体主义价值观，在网络上受到的评价褒贬不一，有人认为，集体主义精神值得提倡，实现中华民族伟大复兴"还是要多讲一点爱国主义和集体主义"①；有人认为，集体主义"是一部分人在以国家的、以道德的名义侵害他人的利益"。② 这种价值观的冲突在网络上随处可见，甚至有人以嘲弄主流价值观来标榜自由，以解构主流价值观来彰显个性，以追捧西方价值观为时尚，以弘扬社会主义价值观为迂腐。马克思主义意识形态的主导地位也由此受到了严重的冲击。

三 互联网改变了马克思主义意识形态传播的文化环境

网络为文化的大发展、大繁荣提供了前所未有的机遇和空间，但网络为社会主义文化的弘扬提供条件的同时，也为落后文化、低俗文化、西方文化等的传播提供了便利，改变了我国意识形态建设的文化环境。马克思主义意识形态必须直面纷繁复杂的网络文化环境，积极应对非主流甚至反主流文化的合围之势。

网络文化大行其道。随着互联网络的广泛应用，"以计算机和因特网应用为基本技术支撑的，以体现网络时代的新生产方式、新生活方式、新行为方式、新决策管理方式、新思维方式为主要特征的，融物质文化、行为文化、意识文化为一体"③ 的网络文化已然成为大众文化，对人们的思维方式和观念体系产生了非常重要的影响。网络文化鱼目混珠，既有弘扬主旋律、传递正能量的"红色文化"、优秀传统文化等，也有传播不良思想的庸俗文化、低俗文化等。"红色文化"、优秀传统文化等能够提升民族凝聚力，有利于实现中华民族的伟大复兴，有利于实现国泰民安，有利于巩固马克思主义意识形态主导地位；庸俗文化、低俗文化等却能够腐蚀人们的思想，使人精神空虚、萎靡不振、意志消沉，甚至催生一些危害社会的案件，从而影响社会安定和谐，不利于"中国梦"的实现，也不利于马克思主义意识形态主导地位的维护。

打着"张扬个性"旗号的非主流恶搞文化、高喊"国际接轨"口号

---

① 崔文佳：《还是要多讲一点爱国主义和集体主义》，人民网，http://cpc.people.com.cn/pinglun/n/2015/0710/c78779 - 27282331.html，2015 年 7 月 10 日。

② 莫天：《集体主义危害与个人主义"解毒"》，凤凰网，http://culture.ifeng.com/a/20150205/43105913_0.shtml，2015 年 2 月 5 日。

③ 莫茜：《大众文化与网络文化》，北京邮电大学出版社 2009 年版，第 121 页。

的媚外文化等在网络上袍笏登场,再加上某些集团或个人出于种种目的地推波助澜,更进一步扰乱了人们的思想,淡化了人们的政治认同,侵蚀着马克思主义意识形态的领导权。比如,时下影响巨大的微信朋友圈频频出现带有媚外文化色彩的抨击中国国民劣根性的文章,"将国人素质低归因于'体制',认为西方国家国民素质高源于'几百年宪政民主,养成文明素质',用'骆家辉坐经济舱是体制胜利'、'美国为什么没有腐败'等文章影射中国体制不如西方,迫切想用资本主义宪政取代社会主义制度"[①]。这种文化在 PC 网络和移动网络的病毒式传播,消解了马克思主义在思想文化领域的主导作用。

　　净化网络文化环境不能单纯依靠"堵"的办法,而应该在人民群众物质文化需求不断增长的情况下,加强网络文化建设,用以马克思主义为指导的、健康、积极向上的先进文化占领网络文化主阵地,用高品质、多样化的网络文化充实网络空间,"以人为本"地满足广大群众健康的文化需求,不给不良文化以可乘之机。

第三节　确保互联网时代我国马克思主义意识形态主导地位的意义

　　判断一种意识形态是否居于主导地位,主要取决于它的社会认可度和接受度。意识形态居于主导地位,就是被社会成员中的大多数所接受,能够形成强大的社会舆论和心理倾向。由政府倡导、宣传,并以制度化方式设定其地位的官方意识形态,并不必然成为社会的主导意识形态。在我国,马克思主义意识形态不仅是仰仗政府的权力,更重要的是依靠自身对劳动人民的深切关怀才占据了主导地位。

　　党的十八大报告中明确指出,要"牢牢掌握意识形态工作领导权和主导权,坚持正确导向,提高引导能力,壮大主流思想舆论"[②]。众所周知,马克思主义意识形态是现行政治制度的辩护体系,负责对现行制度进行合理化论证,并受到当前政治制度的保护,一旦马克思主义意识形态被

[①] 宋丽丹:《维护移动网络时代国家意识形态安全》,《红旗文稿》2015 年第 6 期。
[②] 胡锦涛:《坚定不移沿着中国特色社会主义道路前进　为全面建成小康社会而奋斗——在中国共产党十八次全国代表大会上的报告》,人民出版社 2012 年版,第 32 页。

边缘化,那么现行的政治制度势必被怀疑,党和政府的权威会直接受到挑战。所以确保网络时代我国马克思主义意识形态的主导地位具有重要的现实意义。

一 政权建设的理论基础

马克思主义是经过历史和实践验证的,是科学的世界观和方法论。习近平指出,"党性和人民性从来都是一致的、统一的","坚持党性,核心就是坚持正确政治方向,站稳政治立场,坚定宣传党的理论和路线方针政策,坚定宣传中央重大工作部署,坚定宣传中央关于形势的重大分析判断,坚决同党中央保持高度一致,坚决维护中央权威"[①]。坚持马克思主义意识形态的主导性,事关政权建设和国家发展。在互联网飞速发展的当今社会,网络成为思想文化传播的重要平台,如果不坚持马克思主义意识形态在新时代的主导地位,我国政治建设必然会迷失方向,社会生活也必然会停滞。只有好好利用网络技术,坚持马克思主义,我国人民民主专政的社会主义国家性质才不会发生改变。中国共产党成立以来,始终将马克思主义作为指导思想,并在革命和建设过程中将马克思主义与中国实践相结合,形成了中国化的马克思主义。如果动摇了马克思主义意识形态的主导地位,世界各国的不同思潮就会涌进我国,带来思想混乱、社会动乱、人民政权动摇甚至民族灾难。特别是在科技网络发达的今天,西方资本主义国家从未停止过对我国的文化入侵和"和平演变",一旦马克思主义意识形态失去主导地位,各种"主义"就会立刻乘虚而入。苏联解体就是一个很好的例子。苏联解体中,意识形态领域的丧失就是一个很重要的原因。从1947年美国乔治·凯南的《苏联行为的根源》中可以看出,马克思主义意识形态在苏联政权中占据着重要的位置,一旦意识形态领域被"软化",国家将存在致命的危机。[②] 就像美国前总统尼克松1999年在《不战而胜》中说的,"苏联本身内部的和平演变"是美国"不战而胜"的法宝,其主要策略就是让资本主义的思想与社会主义思想相接触,让资

[①] 《习近平:胸怀大局把握大势着眼大事　努力把宣传思想工作做得更好》,人民网,http://cpc.people.com.cn/n/2013/0821/c64094-22636876.html,2013年8月21日。

[②] 参见曹长盛、张捷、樊建新主编《苏联演变进程中的意识形态研究》,人民出版社2004年版,第357页。

本主义社会与社会主义社会相接触,通过"美国之音""自由欧洲电台"等对苏联进行信息轰炸,瓦解马克思主义意识形态的主导地位。中国应当以苏为鉴,因为如果我们在意识形态斗争中输掉,"我们所有的武器、条约、贸易、对外援助以及文化纽带都将无济于事"①。

二 经济基础的思想保障

20年弹指一挥间,中国加入互联网之后所引起的深刻变化,可能是任何人当初都无法预料的。信息技术让人的大脑重新布线,塑造着新的生活方式、经济发展形势。电子商务等互联网经济的强势发展,使人们惊呼"世界原来是平的"。经济社会的健康发展离不开意识形态建设,二者之间是互补的,马克思主义意识形态的建设可以更好地为社会主义经济建设服务。发展是中国共产党执政兴邦的第一要务,马克思主义意识形态也要坚持以经济建设为中心,这是由我国正处于、并将长期处于社会主义初级阶段的国情所决定的。早在苏共27大的报告中,就已经提到了正确处理集中计划与市场、价值规律作用的关系,主张经济管理的集中应与价值规律相结合,但是当时的领导人并没有从实际出发把政策全面落实下去。苏联意识形态建设也没有跟上经济体制改革的步伐,甚至到改革的后期原本的主导意识形态已经被西方反对势力破坏殆尽,苏联开始盲目地效仿西方,实行新自由主义和货币主义政策,造成了国家的分裂和经济崩溃局面。改革过程就是利益再分配的过程,容易引起社会矛盾,如果主导意识形态建设没有跟上改革的节奏,社会矛盾势必会演化发展成社会动荡,那么再好的经济政策也很难实施下去。以苏联改革为鉴,我国在经济体制改革、经济发展过程中应该充分重视马克思主义意识形态的指导作用。

三 国家形象的重要载体

在2013年的全国宣传思想工作会议上,习近平指出:"在全面对外开放的条件下做宣传思想工作,一项重要任务是引导人们更加全面客观地认

---

① [美]理查德·尼克松:《1999:不战而胜》,杨鲁军等译,生活·读书·新知三联书店1989年版,第92页。

识当代中国、看待外部世界。"①

　　互联网时代，马克思主义意识形态的作用日益突出。当今社会，人类活动还是在国家框架下进行，而民族利益和国家安全在国家交往之间具有至高性。马克思主义意识形态更应该重视国家形象的塑造，其作用主要表现在以下两方面：首先，防止和抵制敌对势力的思想渗透。西方敌对势力的思想渗透行动蔓延在网络化和经济全球化的过程中，西方国家凭借其科技和经济优势，在一切国民交往活动中实施意识形态的渗透行为，他们不断抹黑中国，向中国输出其价值观念、生活方式等，企图仿照自己的面貌改造中国，使中国成为其附庸。我国的马克思主义意识形态应该适时作出调整，依据我国国情和社会发展丰富意识形态内容，满足人民群众的需求，使人民群众清醒地认识到西方敌对势力的真面目。其次，马克思主义意识形态应致力于对外树立我国的国家文化形象，将我国的文化传统、国民精神等表现出来，增强人民的自信心和自豪感。文化是民族精神的沉淀，是人民自尊自信的精神依据，也是一个国家的身份和名片，所以，必须加强马克思主义意识形态对其他文化、其他思潮的导向作用，坚决抵制庸俗文化。在网络迅猛发展的今天，给了很多"灰色文化"、庸俗文化以生存土壤，对人民的思想造成一定程度的污染。例如，2012年的"杜甫很忙"（语文课本图片中的杜甫形象被"再创作"，被涂鸦成各种形象在网络中疯传），传统的诗词也借机被歪批乱改，对我国的传统文化造成破坏。另外，网络上宣传滥情、暴力的文化也屡见不鲜。马克思主义意识形态应该从人民的需求、实际国情出发，增加内容的时代性，纠正西方社会对中国的文化偏见，也矫正国内的一些不正之风。总之，无论是对内还是对外，确保我国马克思主义意识形态的主导地位都具有深远的意义。

---

① 《习近平：胸怀大局把握大势着眼大事　努力把宣传思想工作做得更好》，人民网，http://cpc.people.com.cn/n/2013/0821/c64094 - 22636876.html，2013年8月21日。

第三章

当代中国坚持马克思主义意识形态主导地位之考察

马克思主义意识形态在中国主导地位的确立是一个漫长而又复杂的过程。总体来说，马克思主义意识形态在中国的确立，首先需要其在社会思想中取得支配地位，能够获得大多数人的认同，而这一过程是复杂的，需要经过社会成员共同实践来证明；其次，马克思主义与中国实际相结合，并非一蹴而就，归根结底在于其是否与中国国情相符合；第三，马克思主义意识形态主导地位的确立不能通过强制手段实施，只能通过科学的手段、积极地建设来吸引民众，从而使其自觉自发形成认同。

第一节 改革开放前坚持马克思主义意识形态的主导地位

新中国成立之后，中国共产党成为执政党，为马克思主义意识形态主导地位的确立提供了政治前提。随着三大改造的完成，马克思主义成为指引中国社会主义建设的伟大旗帜。由于社会主义建设经验不足，在推进马克思主义中国化的过程中也出现过一些问题，但是中国共产党都及时纠正了。

一 马克思主义意识形态主导地位的确立

新中国成立之初，如何将共产党的信仰——马克思主义上升为整个社会占主导地位的意识形态，成为当时的主要任务。马克思曾指出："如果从观念上来考察,那么一定的意识形式的解体足以使整个时代覆灭。"①所以,中国共产党一开始就非常重视意识形态工作。在革命年代,广大人民群众通过共产党人的革命精神和牺牲精神来间接地认识和理解马克思主义,随着新中国的成立,人们需要更加直接地认识马克思主义。在全社会确立马克思主义意识形态的指导地位,是一个"除旧布新"的过程。这一过程主要从思想文化领域的宣传学习、制度上的重建和经济上的社会主义改造三个方面入手。

在思想意识形态领域,摒除封建的旧思想旧文化,抵制资产阶级的思想和文化,加强对马克思主义、毛泽东思想的宣传和学习。首先对党员干部进行理论武装,对承担着教育工作的知识分子进行思想改造。共产党员长期以来作为革命中的先行者和领军人,只有先在共产党员内部进行马克思主义理论的宣传和教育,才能逐步地在全国范围内形成主导。但在当时,一些共产党员对马克思主义理论认识不到位、不全面。《中共中央关于加强理论教育的决定(草案)》(1951年3月20日)指出:"全党的马克思列宁主义——毛泽东思想的教育,必须极大地加强起来。"② 国内新建了党校和马列学院作为党员干部的专业培训机构,将党员干部的理论学习和武装常态化、制度化。知识分子承担着教书育人的职责,是传播马克思主义意识形态的中坚力量。对知识分子进行的改造主要通过学习马克思主义理论和参加土地改革运动,实地向劳动人民学习两条路径。接下来是在全国范围内进行马克思主义的普及学习。在宣传学习马克思主义的同时,也对各种非马克思主义观念进行了斗争和批判。斗争主要是针对封建主义和帝国主义的文化影响,批判资产阶级的错误思想。毛泽东强调,"无产阶级和资产阶级之间在意识形态方面的阶级斗争,还是长时期的,曲折的,有时甚至是很激烈的",③ 因此,党尽管在文化上坚持"百花齐放""百家争鸣",但在意识形态上一直保持高度警惕,并针对意识形态领域的斗争,展开了"三反""五反"运动。

在制度领域,废除旧法统,构建新的法制大厦。制度变迁与意识形态

---

① 《马克思恩格斯全集》第46卷(下),人民出版社1980年版,第35页。
② 中共中央文献研究室编:《建国以来重要文献选编》(第二册),中央文献出版社1992年版,第122页。
③ 《毛泽东文集》第7卷,人民出版社1999年版,第230页。

的演化存在一定的并生关系。在制度选择阶段，意识形态是制度的认识论基础，决定着制度的性质。而意识形态也只有内化在制度之中，将自身对行为的软约束渗透在制度的硬约束之中，才能真正稳定下来，落到实处。在马克思主义理论的指导下，中国共产党认识到国民党的法律在本质上都是封建地主和官僚资产阶级对广大人民进行统治的工具，是镇压人民反抗的工具，要坚决彻底予以废除。新中国成立前夕，中国共产党就曾经提出要废除"伪法统"和"伪宪法"，并发布了废除国民党的《六法全书》和国民党的一切法律的训令。于1949年9月通过的《中国人民政治协商会议共同纲领》，在当时起着临时宪法的作用。根据《共同纲领》，陆续制定了婚姻法、土地改革法、海关法、组织法、商标注册暂行条例、惩治反革命条例、惩治贪污条例等法律法规。1954年通过了新中国第一部宪法《中华人民共和国宪法》，从国家根本大法的高度确立了马克思主义意识形态的主导地位。至此，思想建设与制度建设结合起来，从制度上保障了马克思主义意识形态的主导地位。

在经济领域，社会主义改造如火如荼地展开。马克思主义认为经济基础决定上层建筑。要想在思想领域确立马克思主义意识形态的主导地位，必须在经济上确立与之相匹配的生产方式。毛泽东强调："人民民主专政的国家制度和法律，以马克思列宁主义为指导的社会主义意识形态，这些上层建筑对于我国社会主义改造的胜利和社会主义劳动组织的建立起了积极的推动作用，它是和社会主义的经济基础即社会主义的生产关系相适应的。"[①] 马克思主义意识形态的优越性不仅要在思想和制度上体现出来，而且要在经济领域发挥出来。在经济领域，新中国坚定地选择了社会主义经济发展道路。在工商业上，改变以往那种严重依赖国外垄断资本和技术设备、没有自身独立的工业体系和经济体系的局面，开始对工商业进行社会主义的公有化改造。在农村，农业生产资金、工具短缺，生产规模小，传统的"靠天收"生产模式，不仅无法为工商业提供粮食供给，甚至难以维系自身的生存。因此要改变传统的劳作方式，进行社会主义的公有化改造，实现规模化作业，集中力量来共同抵御风险，提高效率。

经过思想上的洗礼、制度上的更新、经济上的社会主义改造，马克思主义意识形态在新中国获得了坚实的基础，成为主导意识形态。

[①] 《毛泽东文集》第7卷，人民出版社1999年版，第215页。

二　坚持马克思主义意识形态的主导地位

第一，理论认同。正是在马克思主义的引领下，新中国成立，中国人民摆脱了以往受到西方列强欺凌和奴役的命运；社会主义改造取得成功，人们在经济上摆脱了以往的剥削；社会主义的法律制度逐渐形成，中国人民开始了法律面前人人平等的新生活。正是在这些实践经验的基础上，在中国共产党的引导、宣传、教育和带动中，广大人民群众更加真切地认识到了马克思主义的伟大。它不仅是指导革命的理论大旗，而且经过中国共产党人创造性地理解和运用，将其唯物主义历史观和辩证法思想同中国具体的革命建设实践结合起来，成为新中国国民的信仰。马克思主义不仅是一种意识形态，也是一套理论体系，它站在无产阶级和弱势群体的立场上，以整个人类的解放和自由全面发展为最终目的；它提出了历史唯物史观，肯定社会历史发展规律和人民群众的首创精神；它提出了经济基础决定上层建筑的伟大理论，采用阶级分析的方法揭示社会中存在的压迫和剥削；它将唯物主义与辩证法结合起来，既强调一方对另一方的决定，又强调双方之间的辩证统一。马克思主义自身包括了哲学、人类学、政治学、经济学等诸多方面的内容，是一个统一的理论整体。通过学习，人们逐渐认识了马克思主义本身在理论上的魅力，感受到其理论的丰富性、科学性、实践性和阶级性。在此过程中，社会公众实现了对马克思主义理论本身从认识到认同的过程。

第二，情感认同。新中国成立之初，人们对马克思主义意识形态的情感认同一方面得益于前期的经历，另一方面得益于在理论上对马克思主义的认识和了解。中国人民正是在马克思主义的指导下，从半殖民地半封建社会一步步迈进了社会主义社会，从人压迫人的社会来到了消灭剥削的社会，在新国家中当家做了主人，在这种与自身利益密切相关的经历中，人们感受到了马克思主义的魅力。新中国成立后，在全国开展的马克思主义理论教育活动中，人们更加清晰、全面地认识了马克思主义理论，把最初的较为感性的认识，上升到更为理性的情感认同上，从利益和理论两个层面都在马克思主义意识形态中找到了归属。再加上当时的党员干部以身作则，身先士卒，起到很好的表率作用，整个国家的集体归属感很强。新中国成立初期，家家户户都悬挂马克思、恩格斯、列宁、毛泽东、周恩来等人的画像，人人佩戴毛主席像章，把对马克思主义的认同和热爱，外化在对马克思主义的权威代表的热爱上。在得知毛主席逝世后,整个中国陷入了无限的悲痛之中,那种对马克思主义代表者的亲人般的情感足见一斑。

第三,行为认同。新中国成立初期,经历了长期的革命战争的中国经济满目疮痍,百废待兴。在了解、学习、认同马克思主义之后,中国人民把对马克思主义意识形态的认同、对共产主义理想的追求融入到自己的具体行为中去,在整个社会掀起了建设热潮。青年团中央向广大青年发出了"把青春献给祖国""一切为了社会主义""到祖国最需要的地方去"的号召。广大青年响应号召,纷纷加入到矿山和工厂的建设中。在一些工厂、矿山、军工企业、铁路部门中,陆续出现了若干优秀的青年班、组、队等生产组织形式,后来各地还纷纷组建了"青年突击队"。广大女性也在"男女平等"口号的号召下,积极地投入到社会主义建设的各个生产岗位。她们不仅在传统的纺织、耕种、教育、医疗等领域认真工作,而且还深入到以前曾被以为是"男人干的"工作领域,如在报纸上报道的"第一个女拖拉机手""第一个女电焊工""第一个女列车员""第一个女机长"。很多人还为共产主义理想、为社会主义新中国的发展献出了自己宝贵的生命,如在抗美援朝战争中牺牲的邱少云、黄继光,因劳累过度而英年早逝的"铁人"王进喜,等等。

三 坚持马克思主义意识形态主导地位面临的挑战

首先是意识形态斗争简单化。意识形态事关国家的存废,长期以来,中国共产党都非常重视意识形态工作,警惕意识形态领域的斗争。但不幸的是,在新中国成立后不久,党将原来在意识形态方面的警惕态度扩大为阶级斗争常态化。马克思主义意识形态与封建主义、资本主义的斗争是长期的、多方面的,但绝不能将一切矛盾和问题都划归到阶级斗争的范畴。社会主义制度在中国确立之后,马克思主义意识形态已经占据主导地位,被我国的法律制度和生产关系支撑。但党依然把阶级斗争扩大化,将党内的一些分歧和群众的部分不同意见当做阶级敌人的兴风作浪,强调阶级斗争"要年年讲、月月讲、天天讲"①。将意识形态的工作简单地归结为斗争工作,严重挫伤了广大党员群众对马克思主义意识形态的认同。思想教育上,新中国成立初期毛泽东强调,"这种批判,应该是充分说理的,有

---

① 《胡乔木文集》第2卷,人民出版社2012年版,第178页。

分析的,有说服力的,而不应该是粗暴的、官僚主义的,或者是形而上学的。教条主义的"①,然而,在实际操作过程中,思想教育过于政治化,采取大鸣大放大字报大批判的群众运动,背离了毛泽东曾经提出的思想工作思路,造成了严重后果。

其次,意识形态没有合理吸纳其他文化成果,成为一个孤立的发展个体。在对待中国传统文化上,将"孩子和洗澡水一起倒掉",尤其是在"破四旧"(破除几千年来一切剥削阶级所造成的毒害人民的旧思想、旧文化、旧风俗、旧习惯)运动中,许多地上文物、文化设施和文化建筑都被打砸。传统的儒释道文化思想大都成为批判的对象,成为封建落后的象征。在对待西方文化上,似乎西方文化的每个细胞都扛着帝国主义的大旗,都是落后的、反动的、腐朽的,都要予以坚决抵制。在对待苏联文化上,从新中国成立初期与苏联交好时的一切向苏联学习、照抄照搬,到与苏联交恶后对苏联修正主义的批判,完全停留在情绪化的对抗状态中。这样,马克思主义意识形态本身无法从中国传统文化中吸取营养,无法借鉴西方和苏联的思想文化,自身的理论更新能力受到限制,马克思主义意识形态认同也受到严重的损害。在对马克思主义的理解上,出现了简单化的趋势,对共产主义理解庸俗化,把电灯电话、楼上楼下、大食堂、大锅饭,理解为有福同享、有难同当的共产主义。马克思主义理论本身失去了发展的动力,失去了更新的理论资源,失去了理论活力,马克思主义意识形态也降低了其自身的理论魅力。

最后,未能将意识形态工作很好地与社会主义建设结合起来。整个社会完全投身到政治建设或者说是政治运动中来。全党和全国人民将工作重点和关注的重心主要放在政治工作中的意识形态斗争上,"以阶级斗争为纲",忽略了意识形态赖以存在的物质基础。意识形态在新中国成立初期确实起到了很好的引领作用,在马克思主义意识形态的带领和指引下,全体社会成员的那种高昂的斗志和建设热情被激发。后来过于迷信意识形态的作用,"说什么宁要社会主义的草,不要资本主义的苗"②,给社会主义建设造成了负面影响。意识形态作为上层建筑的重要内容,必须建立在经

---

① 《建国以来毛泽东文稿》第6册,中央文献出版社1992年版,第393页。
② 陈廷一:《天地良心:万里在安徽》,人民出版社、安徽人民出版社2010年版,第67页。

济基础的支撑之上，离开经济基础和物质生产力的发展，空谈意识形态，孤立地就斗争谈斗争，以斗争论斗争，以阶级斗争为纲，只能是各种理论和思想脱离了物质生活现实，成为"假大空"的内容。饿着肚子歌颂共产主义毕竟无法长远，致使人们对共产主义，对马克思主义所宣扬的理想和信念产生误读，严重损害马克思主义意识形态的认同基础。

第二节 改革开放后巩固马克思主义意识形态的主导地位

改革开放解放了中国人的思想，使人们获得了更多的思想和言行上的自由；改革开放也打破了马克思主义意识形态存在和传播的固有模式，使人们对它的认同感受到了一定的冲击。改革开放之后，国内出现了对马克思主义意识形态怀疑或动摇的倾向，而马克思主义意识形态将之转化为创新的动力，以顽强的精神进行着认同的重建。

一 意识形态自身的分化

对内改革主要从改变个人崇拜与马克思主义意识形态混同、改变工作中心和资源配置方式入手。改革前，国家实行计划经济，奉行"以阶级斗争为纲"和"两个凡是"的思想政治路线。改革首先就是针对思想路线和工作重心问题。在拨乱反正的问题上，邓小平提出"实践是检验真理的唯一标准"[①]，破除以往将个别人物当做马克思主义本身来对待的错误做法，对毛泽东的功过是非进行科学的评价，消除在意识形态认同中的盲目个人崇拜。然而一时间将对意识形态与个人崇拜的密切黏合割裂开来，社会公众还需要找到马克思主义意识形态的现实依托。在工作重心转移到经济建设上来以后，国家开始推行市场经济。而在以往，市场经济被看做资本主义的东西，在社会主义一直实行的是公有制的计划经济，于是主流意识形态领域出现了姓资姓社的问题讨论。对外开放主要从引进来和走出去方面着手。在改革开放初期，由于我国的经济文化发展的滞后性，在开放中主要是引进国外的资源。随着国际合作不断深入，我们不断地学习西方先进的管理经验、先进技术和发展模式。中国越来越需要深入到国际共

---

① 《邓小平文选》第 2 卷，人民出版社 1994 年版，第 190 页。

同问题中来，这些国际贸易合作、国际文化交流等的发展，使资本主义制度和社会主义制度国家之间越来越趋同。不同意识形态的国家都在实行市场经济、公司制，都在吃着麦当劳、肯德基，都在看着美剧、韩剧，在国际贸易中都实行美元交易，国际交流中都运用英语……这些表面上的合作和往来掩盖了实质上的意识形态的对立和冲突。在与西方国家的合作和交流中，一些资本主义国家实际上在生产力、科学技术等方面体现出了发展优势。马克思主义意识形态中谈到的资本主义的末日似乎遥不可及，在新中国成立初期以为的共产主义就在不远处的目标却看似越来越遥远，这些都让中国人民在意识形态认同中出现了困惑和迷茫。于是，人们找不到我们的意识形态特征，无法将自己与资本主义国家区分开来。一些人开始对意识形态的问题越来越模糊化，越来越丧失警惕，甚至开始从以往的意识形态高于一切到刻意地去抹杀意识形态，淡化意识形态，消解意识形态。

在改革开放以前，意识形态呈现出单一和威权的特征，人们所接触的各种文化宣传和新闻报道背后的价值观是统一的、一致的。改革开放以后，国门打开，在思想文化上，国外的各种社会意识纷纷涌了进来，同时，国内的一些落后思想也沉渣泛起。"新儒学、新权威主义、新自由主义、新保守主义、新利己主义、新实用主义、后现代主义、拜金主义、历史虚无主义以及宗教思潮等各种社会思潮此起彼伏"①，这些思想理论有的主张全盘西化，实现全面的私有化，否定国家干预和社会主义，提倡全球的政治经济文化一体化；有的主张回到中国传统文化；有的主张享乐和消费，实现意识形态的终结。与在改革开放前经历过曲折历程的马克思主义意识形态相比，一些新传入的思想理论似乎显得更加具有活力和新鲜感，更容易被青年人接受。获取信息的自由，也让人们有更多的选择空间，有更多的自主性。因此说，这些思想理论上升到意识形态层面之后，就开始和马克思主义意识形态争夺自己的认同者。这些意识形态披上了华丽的高尚的人类普适性的外衣，在经济全球化的过程中，经过各种眼花缭乱的包装，无孔不入地渗透到我们的生活中来。它们一方面诋毁我们的社会主义制度和意识形态，宣扬意识形态终结；另一方面又将自己的意识形态包装成人类进步的象征，引诱我们，尤其是青少年，争取他们的认同，削弱马克思主义主流意识形态的认同度。

---

① 刘少杰：《制度变迁中的意识形态分化与整合》，《江海学刊》2007年第1期。

二　意识形态利益基础的变迁

意识形态与特定的利益需求相连接,"意识形态不可避免地与个人在观察世界时对公正所持的道德、伦理评价相互交织在一起"①。人们会不断地将马克思主义意识形态理论与社会现实及自己的切身利益进行联系、对比。在新中国成立初期,虽然比较贫困,但人们有了主人翁的责任感和归属感,人与人之间的差距偏小,心理上感觉比较公平;但改革开放之后,人与人之间的差距拉大,相对剥夺感增强,这在一定程度上减弱了马克思主义意识形态的认同度。

随着单位社会的终结,单位配置资源和传播意识形态的功能大大弱化。在改革开放前,国家是全部资源的掌控者,单位是社会的基本组织形式。单位与每个人的生活密切相关,生病住单位医院,孩子上单位学校,吃饭在单位食堂,夫妻两地分居找单位负责调动工作。单位配置着个人资源,与个人利益密切相关,整个社会形成了个人依赖单位、单位依赖国家的纵向依赖体制。在此基础上,单位不得不贯彻国家的意志要求,个人又不得不坚决执行单位的命令和分配。单位是马克思主义意识形态传播的主要载体和有效载体。在单位社会里,工资统一发放,全程公开透明,福利人人平等,人与人之间平等而和睦。人与人之间的关系还是一种伦理关系,主要靠道德自觉和舆论压力来调节。但是,改革开放以后,单位社会终结了。尽管现在的政府部门和国有企事业单位仍然保留着党组织,但国家已经不是单位获得资源的唯一源泉,单位办社会的功能也已不复存在,单位作为主流意识形态传输渠道的功能已经大大减弱。而那些私营企业则在资源获得和人员构成上更加多元化,更具有流动性,已经不再担负意识形态的传输功能。"由于主流意识形态的传输不再能够直接与人们的资源依赖、利益获得相捆绑,自然也就不可避免地影响它获得人们的认同。"②在单位社会中,人与人之间构成了一个"生活世界",在这里人们对马克思主义意识形态的理论不由自主地运用,无意识地作为自己日常生活和信

---

① ［美］道格拉斯·C. 诺思:《经济史中的结构与变迁》,陈郁、罗华平等译,上海三联书店、上海人民出版社1994年版,第53页。

② 姜地忠:《当前我国主流意识形态认同问题研究》,博士学位论文,吉林大学,2009年,第46页。

仰的一部分，单位的相对封闭也隔绝了外来思想的侵袭。但是，单位社会的终结，使这种想当然的思想内容成为可以讨论的、需要论证的东西。

平均主义大锅饭的虚幻平等感破灭，人与人之间的差距拉大，但"共同富裕"的目标看起来还比较遥远。改革开放后，在"先富"带动"后富"、"逐步达到共同富裕"①的思想指引下，一部分人主动自觉地开始行动，确实先富了起来，这一效果在较短时间内就已经显现出来，贫富差距拉大。但是先富带动后富、最终实现共同富裕的倡导却没有被主动自觉地实现，难以看出共同富裕的成效。相反，贫富差距不断拉大，已经超出了合理限度。尽管说共同贫穷不是社会主义，但贫富差距过大显然也不符合人们对共产主义的心理预期。"一种意识形态，如果它不符合人们的利益和经验，就决不会成为这些人的意识形态。"② 目睹国内贫富差距的扩大，一些人可能会对作为指导思想的马克思主义的理论和信念产生怀疑和动摇。

利益分化标准有失公允，马克思主义意识形态面临着解释和重构的困境。中国传统文化羞于谈利益，认为"君子喻于义，小人喻于利"。新中国成立初期，人们只谈奉献、不谈利益的观念，实际上延续了传统的义利观，只不过将共产主义理想作为共同的大义。改革开放后，利益观念发生转变，人们开始大胆地追逐利益。问题是一些人不仅开始追逐合法利益，而且开始追逐非法利益。"民众对党的信任是马克思主义被认同的前提条件"③，然而，一些党员干部在以权谋私、贪污腐败的同时，却在不厌其烦地唱着为人民服务的高调，从这些人嘴里说出来的马克思主义意识形态的理论和口号完全就变成了一种讽刺，也难免普通群众会将主流意识形态和价值观念与这些人联系起来，"将自己的不满迁怒于马克思主义，以为自己是被马克思主义所愚弄——因为马克思主义成了少数人用来谋一己私利的工具"④，从而动摇和削弱了马克思主义意识形态认同。还有一些人

---

① 《邓小平文选》第 3 卷，人民出版社 1993 年版，第 149 页。
② [捷]奥塔·希克：《第三条道路——马克思列宁主义理论与现代工业社会》，张斌译，人民出版社 1982 年版，第 355 页。
③ 孔德永：《当代我国主流意识形态认同建构的有效途径》，《马克思主义研究》2012 年第 6 期。
④ 侯惠勤、杨亚军、黄明理：《关于"四信"问题的调查分析——基本群众的"四信"状况》，《淮阴师范学院学报》（哲学社会科学版）2003 年第 6 期。

通过偷税漏税、制假贩假、官商勾结、投机钻营获得了大量的财富。这些财富的持有者和一些既得利益者过着奢靡生活，而与此同时，我们的社会保障和社会福利还没能及时跟进，还有一些人连生计都成问题。让弱势群体饿着肚子，充满挫败感地坚守马克思主义意识形态，显然有些牵强。不仅如此，部分群众看到弱势群体在社会中的生存状况，也会基于同情，对现有的主流意识形态提出质疑。人们对待马克思主义的态度，不是取决于宣传者的妙语生花，而是"取决于以马克思主义者自居的人给群众带来多少好处"，如果群众利益得到了满足，"自然会相信社会主义和马克思主义"，反之，就不会相信，甚至会认为宣传者"不过是在'粉饰太平'"①。因此在利益基础发生变迁的情况下，如何解释当前现状，如何突破当前的困境，成为马克思主义意识形态的当务之急。

三　意识形态主导地位的巩固

"文化大革命"结束后，为了拨乱反正，解决中国在社会主义建设中面临的困难和问题，以邓小平为首的党中央结合时代特征和实践要求，开创性地提出了中国特色社会主义理论，丰富了马克思主义意识形态理论。"科学社会主义是在实际斗争中发展着，马列主义、毛泽东思想是在实际斗争中发展着。我们当然不会由科学的社会主义退回到空想的社会主义，也不会让马克思主义停留在几十年或一百多年前的个别论断的水平上。所以我们反复说，解放思想，就是要运用马列主义、毛泽东思想的基本原理，研究新情况，解决新问题。"②针对在改革开放前，将马克思主义理论与个人崇拜结合起来的问题，邓小平指出，列宁和毛泽东等作为个人有失误的时候，此时的看法和话语不能作为马克思主义理论体系的内容。在"什么是社会主义""如何建设社会主义"等问题上，邓小平指出，中国在经历了社会主义改造以后，全党和全国各族人民的工作重心应该从阶级斗争转移到经济建设中来，在坚持四项基本原则的基础上把中国的经济搞上去。他强调，马克思主义不是空想社会主义，不是大家饿着肚子的空谈，它要与人们的具体的生产生活密切结合起来，只有物质文化生活水平

---

①　陈学明、马拥军：《走向马克思——苏东剧变后西方四大思想家的思想轨迹》，东方出版社2002年版，第580—581页。

②　《邓小平文选》第2卷，人民出版社1994年版，第179页。

提高了,才能彰显出社会主义的优势,"贫穷不是社会主义"①,"社会主义的本质,是解放生产力,发展生产力,消灭剥削,消除两极分化,最终达到共同富裕"②。针对当时存在的一些制度上、生活上的问题,邓小平指出,我们的社会主义道路是正确的、必须坚持的,只是我们还处于社会主义初级阶段,而且将长期处于社会主义初级阶段,难免会出现一些问题和困难。在 20 世纪 80 年代末 90 年代初,关于姓资姓社的问题讨论时,邓小平指出,市场和计划都是资源配置的方式和手段,其本身并不存在姓资姓社的问题,资本主义也可以搞计划,社会主义也可以有市场。苏联解体后,邓小平强调,社会主义不是只有一种模式,而是可以有很多种,我们应当以马克思主义为指导走自己的路,而不是生搬硬套别人的范本。改革是社会主义制度的自我完善和发展。针对改革中吸收借鉴国外的经验和技术出现的理论困惑,邓小平指出,应当利用"人类社会创造的一切文明成果","包括资本主义发达国家的一切反映现代社会化生产规律的先进经营方式、管理方式"来发展社会主义③。这些提法丰富了马克思主义意识形态理论,澄清了人们在马克思主义意识形态认同中出现的困惑。

大力发展社会主义经济,不断改善民生。"大多数民众对于一种意识形态(意义系统)的把握,一般都会根据自己的社会阅历、知识积淀以及具体的生活需求将之转化为某种可以操作或者触摸的形象化指标。……然后,人们就会用这些形象化的指标来衡量、评价意义系统提供主体为他们提供的实际的物质的或自由的条件。"④ 在中国特色社会主义理论的指导下,党和国家将工作中心转移到解放和发展生产力上来,不断满足人们日益增长的物质文化需求。改革开放初期,经济已经取得了很大的进展,1980 年与 1978 年相比,能源产值率提高 41%,劳动效率提高 57.6%。改革开放的长期经济成果也非常显著,1979—2012 年经济年平均增长率为 9.8%,远远超过 2.8% 的世界平均水平⑤,2014 年的人均 GDP 约是 1977

---

① 《邓小平文选》第 3 卷,人民出版社 1993 年版,第 64 页。
② 同上书,第 373 页。
③ 同上。
④ 李友梅、肖瑛、黄晓春:《社会认同:一种结构视野的分析》,上海人民出版社 2007 年版,第 28 页。
⑤ 《改革开放以来中国经济年均增长 9.8%》,新华网,http://news.xinhuanet.com/fortune/2013-11/06/c_118036394.htm,2013 年 11 月 6 日。

年的 38 倍。在大力发展生产力的基础上，中国共产党强调要使全体人民共享改革开放的成果，妥善解决民生问题。邓小平以"共同富裕"来统领民生问题，他指出，"社会主义的目的就是要全国人民共同富裕，不是两极分化。如果我们的政策导致两极分化，我们就失败了；如果产生了什么新的资产阶级，那我们就真是走了邪路了"①。江泽民成为党的领导人之后，党仍然将发展生产力作为改善民生的基础，把发展先进文化作为改善民生的智力保障，将妥善地处理社会各个阶层的矛盾作为改善民生的重要路径和抓手。从胡锦涛对科学发展观的阐释中可以看出，发展是第一要义，也是改善民生的出发点和归宿；以人为本是核心，也是改善民生的价值取向；全面协调可持续是基本要求，也是改善民生的基本保证；统筹兼顾是根本方法，也是改善民生的基本方略②。习近平指出，"要抓住人民最关心最直接最现实的利益问题"，"不断满足人民日益增长的美好生活需要，不断促进社会公平正义"，"让改革发展成果更多更公平惠及全体人民，朝着实现全体人民共同富裕不断迈进"③。经济持续发展，人们的物质文化生活水平不断提高，民生不断改善是重建马克思主义意识形态认同的坚固基础。

第三节　互联网的出现为坚持马克思主义意识形态的主导地位提出了新要求

网络开拓了马克思主义意识形态的宣传空间，丰富了马克思主义意识形态的传播形式，拉近了受众与马克思主义意识形态之间的距离，提升了马克思主义意识形态的宣传效果，增强了马克思主义意识形态的辐射力和感染力，对于马克思主义意识形态认同具有积极的影响。

一　互联网有助于马克思主义意识形态的传播

网络突破了信息传播者、接受者和物理时空的限制，使马克思主义意

---

① 《邓小平文选》第 3 卷，人民出版社 1993 年版，第 110—111 页。
② 朱小玲：《关注民生与党的执政理念新发展》，《理论探讨》2010 年第 6 期。
③ 习近平：《决胜全面建成小康社会　夺取新时代中国特色社会主义伟大胜利》，人民出版社 2017 年版，第 45 页。

识形态可能拥有更加广泛的传播者、更加多样的受众，进而扩大其影响力和辐射力。在网络条件下，只要是对马克思主义意识形态有认识、有认同的人，都有机会、有条件向更多的人传播马克思主义；只要是想去认识和了解马克思主义的人，都可以从更广泛的渠道接触到马克思主义。网络还能够综合运用文字、图片、音频、FLASH、视频等多种形式，将原本艰深、笼统、乏味的理论变得具体、有趣、易懂，从而提升马克思主义意识形态的感染力和渗透力，使之更容易被受众接受。

  网络的出现大大改变了马克思主义意识形态的传播方式，实现了马克思主义意识形态传播的权威化向大众化的转变。"我国传统的主流意识形态传播方式以组织传播和媒体传播为主，辅之以人际传播。"① 传统传播运用最多的方式是进行理论上的宣传和学习，多以文字形式辅以图片形式，或是塑造某些典型人物、典型事例，呈现出理论化、权威化、系统化的特点。这样的传播方式虽然更容易掌握传播的主动权，但在传播范围、时效性和影响力上还是要大打折扣的。而在网络出现和普及以后，马克思主义意识形态的传播真正进入大众传播时代，"大众传播的发展大大扩大了意识形态在现代社会中运作的范围。因为它使象征形式能传输到时间和空间上分散的、广大的潜在受众"②。网络使马克思主义意识形态的影响力从现实物理世界延伸到网络虚拟空间，这本身就丰富了马克思主义的传播渠道。如今的马克思主义意识形态组织传播，也可以通过利用互联网召开电视电话会议的方式进行，或者在微信群、QQ 群、论坛上进行，而不一定非得把人召集过来开大会。马克思主义意识形态的人际传播，也不一定非要在熟悉的人之间进行，因为，在网络空间里就马克思主义意识形态的相关内容发表意见、提出问题，就可能会有素未谋面的陌生人出来响应、进行解答。宣传马克思主义意识形态的传统媒体可以继续在网络上发挥作用；能够综合运用图文、声音、视频等新媒体，也可以成为宣传马克思主义意识形态的有力武器。网络为马克思主义意识形态的传播提供了生动活泼、丰富多彩的方式，增强了马克思主义意识形态的吸引力和感

---

  ① 余保刚：《网络论坛环境下的社会主义主流意识形态认同研究》，《长白学刊》2010 年第 3 期。

  ② ［英］约翰·汤普森：《意识形态与现代文化》，高铦等译，译林出版社 2005 年版，第 287 页。

召力。

  网络空间里巨大的信息量,为马克思主义意识形态的传播提供了更多的材料和内容。网络以其超强的存储功能把"海量"的马克思主义经典文献、研究成果和实践资料进行数字化处理,通过 PC 互联网和移动互联网快速传播,进而使不同地域的人随时随地都能够通过电脑、手机或其他类似设备查阅到有关马克思主义的信息,为人们学习、研究、实践马克思主义提供了便利的条件。马克思主义意识形态要想在理论上征服人,必须"以理服人"。而网络上大量的素材、史料都可以为马克思主义理论的论证充当论据,从而增加马克思主义意识形态的说服力,使人们心悦诚服地认同马克思主义意识形态。

二 互联网促进了马克思主义意识形态的创新和发展

  马克思主义不是死板的教条,而是具有包容性的、与时俱进的理论系统。"对我国传统文化,对国外的东西","经过科学的扬弃后"都可以"为我所用"①。网络拥有丰富的知识宝库,并且为人们提供了便利的查询条件,使中国人民接触到了更多的中国传统文化和外来文化的成果,了解了更多的中外思想。这对于开阔人们的眼界,把人类优秀的思想和文化成果吸纳到马克思主义中来,促进马克思主义意识形态的创新和发展,从而提升马克思主义意识形态的认同感,具有重要的意义。

  网络将马克思主义意识形态置于竞争的环境之中,鼓励并鞭策着马克思主义意识形态在创新中发展。网络使受众可以非常便捷地查询到多样化的信息,而不是像以前那样被动地接受马克思主义理论教育。这增加了意识形态控制的难度。网络时代,信息平台不再是权威的象征,不再被控制在少数人手里。无论种族、性别、年龄、语言、宗教信仰,只要将自己的设备连接上网络,就可以通过网站、论坛、微博、微信等平台共享网络中的丰富信息,并适时地对信息发表自己的意见和看法,传播自己的思想和见解。在个性化的网络空间里,无论什么样的意识形态都可能找到支持者和响应者。不同意识形态在网络上角逐,争相吸引网民的关注,力图获得更多的支持和追捧。马克思主义意识形态只有顺应网络时代的要求与时俱进,在实践中不断焕发出新的生机与活力,才能在网络意识形态较量中展

---

① 《习近平谈治国理政》,外文出版社 2014 年版,第 156 页。

现出强大的竞争力，获得更多人的认同。

中国特色社会主义理论体系是马克思主义与中国实践具体结合的创新产物，而网络能够拓展中国特色社会主义理论体系的理论与实践平台。如今，在世界社会主义运动处于低谷的背景下，只有建设好中国特色社会主义，并且及时地把实践中有益的经验上升为理论，才能使马克思主义获得更进一步的丰富和发展。网络不仅能够为中国特色社会主义理论体系的研究提供大量的资料，创造便利的条件；还能够推动中国特色社会主义的实践，并且将实践成果展现在大众面前以供检验，在披沙拣金的过程中使马克思主义得到创新和发展。

我们当前的意识形态战略更多强调对国外颠覆活动的回应，在意识形态战略中处于被动防护状态。中国化的马克思主义意识形态应该借助网络这个有效平台在世界的意识形态舞台上舞出自己的身姿，"讲好中国故事，传播好中国声音"①，抢占更多意识形态高地，占据意识形态斗争中的主动地位。同时，中国化的马克思主义意识形态应当保持开放性和包容性，把网络带来的压力转化为动力，在实践中不断创新和发展，将自身的理论和政治魅力发挥出来，以提高认同度。

三　互联网拉近了受众与马克思主义意识形态之间的距离

毛泽东说过，"任何思想，如果不和客观的实际的事物相联系，如果没有客观存在的需要，如果不为人民群众所掌握，即使是最好的东西，即使是马克思列宁主义，也是不起作用的"②。网络不仅为人们了解马克思主义意识形态提供了新手段，也为人们了解客观实际提供了新途径，为人们表达诉求、反映问题提供了新渠道。网络能够促进马克思主义意识形态与客观实际相联系，使马克思主义意识形态必须贴近群众、贴近实际，才能在激烈的网络意识形态斗争中掌握主动权。这有助于拉近受众与马克思主义意识形态之间的距离，使之得到更加坚定的认同。

互联网的互动性使马克思主义意识形态更加贴近生活，也使马克思主义意识形态认同更加理性化。传统意识形态的传播方式是一种点对面的传播，传播的效果难以得到有效反馈。在互联网普及之后，马克思主义意识

---

① 《习近平谈治国理政》，外文出版社2014年版，第156页。
② 《毛泽东选集》第4卷，人民出版社1991年版，第1515页。

形态实现了点对点的传播，更加贴近公众生活，更加具有针对性。意识形态宣教可以随时关注社会公众关心和关切的问题，及时解疑释惑，从点点滴滴入手，增强人们对马克思主义意识形态的认同度。以往单向传播主要是建立在中国执政党有着长期革命胜利的政治导向正确的基础上，共产党代表的宣传的理念和意识形态也因此而具有合法性，党和国家的威权本身，革命胜利取得成功的实践意义大于马克思主义意识形态的理论意义。但是，这种建立在革命胜利基础上的执政合法性，在改革开放之后受到了一些质疑。在这样的情况下，只有与社会公众充分互动，把握社情民意，才能将具体的马克思主义意识形态的理论和理想信念贴近群众的生活，强化主流意识形态的认同。这种匿名帮助下的互动和沟通，有利于发现意识形态建设中的方式方法上的不足及理论创新的关键点等，同时，在这种匿名帮助下的互动可以让人们放掉对权威本身所造成的外在的服从，而更多地去注重意识形态本身的理论魅力。如此产生的对马克思主义意识形态的认同更加理性化，更加具有稳定性。

网络可以有效弥补传统单向灌输教育的缺陷，使网民的主体性得以彰显，使之在上网学习马克思主义时能够以平等对话的方式及时澄清疑惑，从而提升了马克思主义意识形态宣传和教育的质量。在网络意识形态宣传教育中，可以针对不同的人群采取不同的方式，而这些方式可以是非常灵活、非常个性化的。例如，在大学的马克思主义意识形态教育中，思想政治理论课教师既要重视课堂教学，还应在课下充分利用网络力量，在大学生喜欢"灌水"的QQ、微信、微博、论坛等虚拟空间中针对大学生关注的问题，以"好友""粉丝"的身份进行发言，提高意识形态教育的说服力和亲和力。由此可见，如果对网络运用得力，就会提高马克思主义意识形态的吸引力、辐射力和影响力，使之得到更广泛的认同。

第四章

我国坚持马克思主义意识形态主导地位的实证分析

　　课题组设计了调查问卷，于2012年4月3日至2012年10月31日在问卷星网站对网民进行了在线问卷调查，并通过百度贴吧、网上论坛、QQ等发布了相关链接呼吁网民参加问卷调查，但很多网民对此不感兴趣，因此只回收了723份有效问卷。课题组还于2011年10月1日至2014年12月20日，陆续在河南郑州、河南南阳、北京、四川成都、福建福州、江苏南京、辽宁锦州、广东广州等地进行了实地调研活动，共发放了13000份调查问卷，并对不同年龄、不同职业的人员进行了访谈，但一些人对此话题不感兴趣，对调查问卷应付了事甚至乱涂乱画，所以仅回收有效问卷3924份，有效问卷回收率30.2%，这也从侧面反映出马克思主义意识形态确实存在被边缘化的风险。网上调查和实地调查回收的有效问卷总数为4647份，经整理后输入计算机Excel的数据库中，进行数据分析和处理，得出统计结果。

　　调查问卷由三部分构成（附录Ⅰ），包括调查问卷说明、被调查者的基本情况、主体问卷。关于被调查者的基本情况，涉及了性别、民族、年龄、文化程度、所在地区、城乡归属、家庭年收入、每天上网时间等信息。主体问卷包括13道选择题：（1）您愿意信仰什么？（2）您浏览过宣传马克思主义的网站吗？（3）您接触马克思主义最主要的途径是什么？（4）下面是马克思主义传播的主要途径，您最喜欢的是什么？（5）您对马克思主义的产生背景、基本原理等内容了解多少？（6）您认为马克思主义的基本原理是什么？（7）您如何看待"坚持马克思主义在意识形态领域的主导地位"？（8）您认为当前马克思主义受到的最主要的冲击来自哪里？（9）您是否考虑加入中国共产党？（10）您认为当前中国的共产党员入党的最大动机是什么？（11）您认为共产主义社会有可能实现吗？（12）您愿意为实现共产主义做贡献吗？（13）您赞成当前的中国走什么样的道路？

调查问卷采取无记名的形式，全部为单选题，对于回收的有效问卷中出现的个别选项多选或漏选的情况，虽然该问卷依然是有效问卷，但该问卷的此选项按无效处理，这是部分数据分析中百分比之和不足100%的原因之一（数据计算时的四舍五入也会导致百分比之和不足100%）。

第一节　总体分析

一　近半数受访者明确表示愿意"信仰马克思主义"（其他人未必反对马克思主义）

如图4—1所示，2273人选择了"信仰马克思主义"，约占受访者的48.9%；674人选择"信仰宗教"，约占受访者的14.5%；693人选择"信仰民主社会主义"，约占受访者的14.9%；1003人选择了"其他"选项，约占受访者的21.6%。具有代表性的访谈包括：河南省南阳市的退休工人杨某（男，64岁[①]）表示自己坚定地信仰马克思主义，因为"我是党员，就该信马克思主义"；河南省郑州市的高校教师孙某（男，38岁）表示自己信仰马克思主义，因为"马克思无私、高尚，马克思主义是科学真理"；北京市从事行政管理的刘某（男，35岁）表示自己对信仰无所谓，如果非要选一个的话，他宁愿信仰宗教；北京市某公司职员孟某（男，25岁）表示自己信仰基督教，他认为信仰宗教的同时"可以信仰马克思主义，理论上二者并不冲突"；四川省成都市郊区的农民张某（女，51岁）表示自己信佛，她"不晓得马克思主义是啥子"；广东省广州市的个体户李某（男，42岁）表示自己信仰民主社会主义；福建省福州市的高中生陈某（女，17岁）表示自己"没信仰，很迷茫"；等等。调查结果显示，愿意信仰马克思主义的受访者不足五成，这样的比例对于以马克思主义为指导思想的社会主义中国来讲，是比较低的。但是，信仰宗教的受访者中，有一些人并不排斥马克思主义，他们是可以团结的对象；信仰民主社会主义的受访者中，有一些人只是认识上出现了误区但并

[①] 受访者的年龄信息为接受访谈时记录的信息。

不反对社会主义制度，他们是可以说服教育的对象；选择"其他"选项的受访者中，有一些人摇摆不定，他们是可以争取的对象。

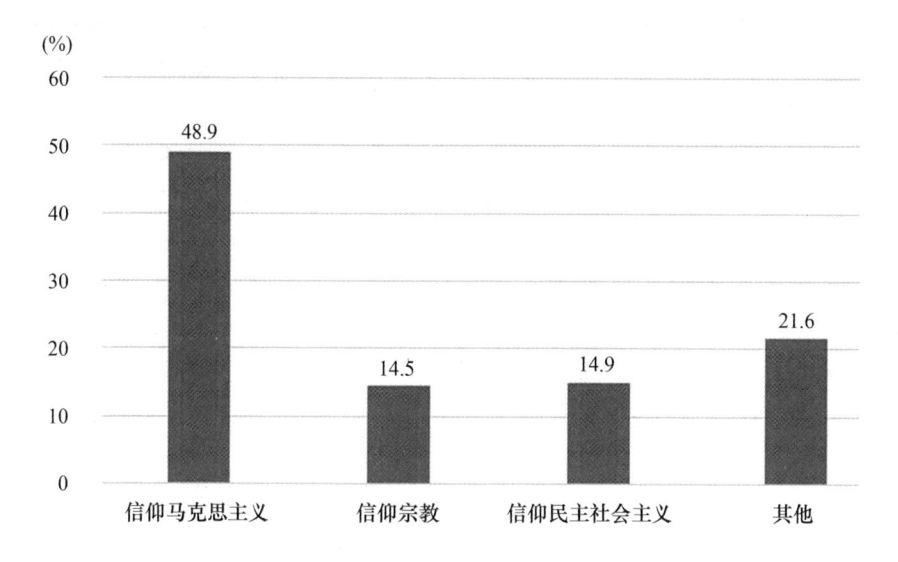

```
(%)
60
50  48.9
40
30
20              14.5      14.9         21.6
10
 0
   信仰马克思主义  信仰宗教  信仰民主社会主义  其他
```

图4—1　关于"您愿意信仰什么？"的调查结果统计

资料来源：笔者根据调研资料整理而成，下同。

二　不足一成受访者"经常浏览"宣传马克思主义的网站（马克思主义意识形态网络阵地的吸引力有待进一步提高）

如图4—2所示，369人表示"经常浏览"宣传马克思主义的网站，约占受访者的7.9%；1980人表示会"偶尔浏览"，约占受访者的42.6%；1980人表示"从不浏览此类网站"，约占受访者的42.6%；306人选择了"其他"选项，约占受访者的6.6%。具有代表性的访谈包括：河南省郑州市的在校大学生曹某（男，20岁）表示自己信仰马克思主义，但很少浏览宣传马克思主义的网站，一方面因为"学习任务重没时间"，另一方面因为此类网站"做得不好，太枯燥"；福建省福州市的高中生陈某（女，17岁）表示自己从不浏览此类网站，因为"不感兴趣"；河南省南阳市的退休工人杨某（男，64岁）表示自己坚定地信仰马克思主义，但他忙着带孙女，没有时间上网，没有浏览过此类网站；辽宁省锦州市的医生李某（女，29岁）表示，自己很少浏览宣传马克思主义的网站，因为"网上信息真假难辨,另外,怕中病毒";广东省广州市一位不愿意透露个人信息的受访者表示,自己没有信仰,但"间中也会浏览宣传马克思主义嘅网站,发表一些睇法,批驳某些人嘅观点啦"(偶尔也会浏览宣传马克思主义的网站,发表一些看法,批驳某些人的观点);江苏省南京市的销售员李某(女,41岁)表示自己信仰宗教,但并不排斥马克思主义,"曾经登录过宣传马克思主义的网站";北京市一位不愿意透露个人信息的受访者表示,自己并不认可马克思主义,"只是由于工作需要经常浏览宣传马克思主义的网站";等等。调查中发现,虽然是否浏览宣传马克思主义的网站并不能作为是否认同马克思主义意识形态的必然依据,从不浏览此类网站的人有可能是坚定的马克思主义信仰者,而经常浏览此类网站的人却未必信仰马克思主义,但是,马克思主义意识形态网络阵地存在吸引力不足的问题却是一个不争的事实。在激烈的网络意识形态斗争中,必须加强马克思主义意识形态的网络阵地建设,使之具有强大的吸引力、辐射力和战斗力。

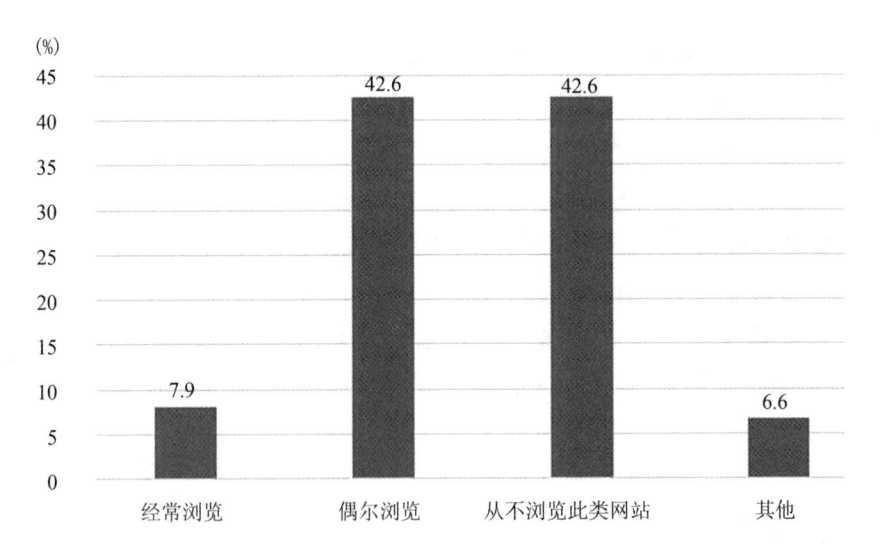

图4—2 关于"您浏览过宣传马克思主义的网站吗?"的调查结果统计

三 受访者接触马克思主义的两个主要途径是"学校的思想政治教育"和"网络、电视等媒体途径"

如图4—3所示,关于接触马克思主义的最主要途径,2726人选择了"学校的思想政治教育",约占受访者的58.7%,排在第1位;721人选择了"网络、电视等媒体途径",约占受访者的15.5%,排在第2位;554人选择了"阅读相关的报刊书籍",约占受访者的11.9%;329人选择了"家庭影响",约占受访者的7.1%;208人选择了"红色旅游等实践活动",约占受访者的4.5%;108人选择了"其他"选项,约占受访者的2.3%。具有代表性的访谈包括:河南省郑州市的在校大学生曹某(男,20岁)表示,自己和同学是"通过学校的思政课了解马克思主义的";北京市某私企管理人员贺某(男,37岁)也表示,自己接触马克思主义的主要途径是"学校里的课程";河南省南阳市的退休工人杨某(男,64岁)表示,自己"在报纸上、在书上见过马克思主义的介绍";四川省成都市的教师李某(女,33岁)表示,自己从小受到家庭的影响,"晓得(知道)一些关于马克思主义和毛泽东思想的内容,对毛主席好崇拜";广东省广州市的个体户李某(男,42岁)表示,"喺电视上、喺网上睇过关于马克思主义嘅内容啦"(在电视上、在网上看过关于马克思主义的内容);辽宁省锦州市的医生李某(女,29岁)表示,自己曾去井冈山、延安、大别山等地旅游,"很受感染,觉得马克思主义很有号召力,毛主席很了不起";等等。调查结果显示,学校的思想政治教育是受访者接触马克思主义最主要的途径;而网络、电视等媒体传播途径和相关的报刊书籍等,也在对公民进行马克思主义教育方面发挥着重要作用;受家庭影响或红色旅游等实践活动影响而信仰马克思主义的受访者,对毛泽东和(中国化的马克思主义)毛泽东思想有着深厚的感情。

四 受访者青睐的马克思主义传播途径是"红色旅游等实践活动"和"网络、电视等媒体途径"

如图4—4所示,关于最喜欢的马克思主义传播途径,1853人选择了"红色旅游等实践活动",约占受访者的39.9%,排在第1位;1011人选择了"网络、电视等媒体途径",约占受访者的21.8%,排在第2位;690人选择了"学校的思想政治教育",约占受访者的14.8%;582人选择了"阅读相关的报刊书籍",约占受访者的12.5%;389人选择了"家

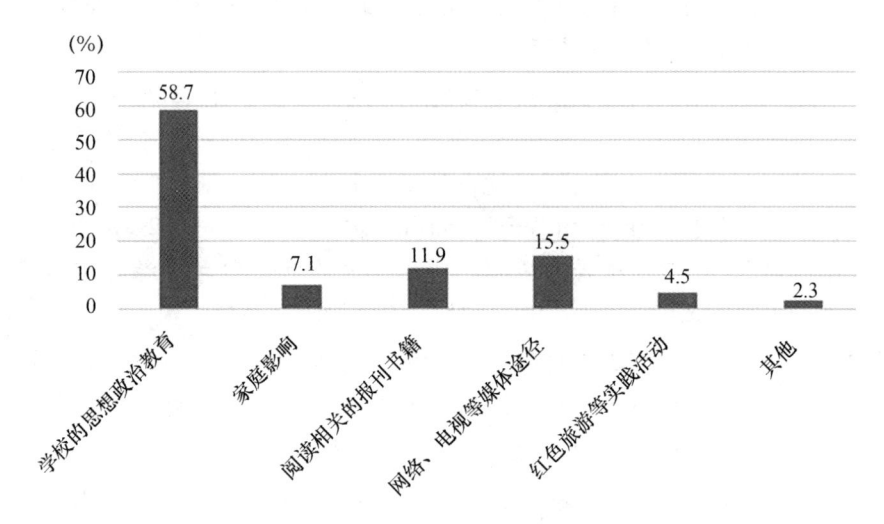

```
(%)
70
60   58.7
50
40
30
20                      11.9    15.5
10         7.1                          4.5    2.3
 0
   学校的  家庭影响  阅读相关  网络、电视  红色旅游  其他
   思想政   	     的报刊书籍 等媒体途径 等实践活动
   治教育
```

图 4—3 关于"您接触马克思主义最主要的途径是什么？"的调查结果统计

庭影响"，约占受访者的 8.4%；120 人选择了"其他"选项，约占受访者的 2.6%。具有代表性的访谈包括：辽宁省锦州市的医生李某（女，29岁）表示，"红色旅游值得推广，效果好，令人印象深刻"；河南省郑州市的在校大学生曹某（男，20 岁）表示，虽然自己接触马克思主义的主要途径是"学校的思政课"，但"这种课有点儿枯燥乏味"，所以他"更喜欢红色旅游"；河南省郑州市的高校教师孙某（男，38 岁）也比较青睐红色旅游，认为"寓教于乐产生的效果应该比单向灌输好一些"；福建省福州市的出租车司机林某（女，42 岁）表示自己倾向于通过网络、电视等媒体途径了解马克思主义，在休息的间隙"涨点儿知识"；河南省南阳市的公务员赵某（男，46 岁）表示自己更愿意通过阅读报刊书籍来了解马克思主义，因为"网上信息不是很可靠"；等等。调查结果显示，虽然多数受访者接触马克思主义的主要途径是学校的思想政治教育，但这种途径却不是最受欢迎的，作为学校思想政治教育主渠道的思想政治理论课因其内容的"枯燥乏味"而受到诟病；红色旅游等实践活动却受到了很多受访者的喜爱，效果较为理想；网络、电视等媒体途径也受到了相当程度的青睐，如果得以合理运用，必将在马克思主义的传播过程中发挥更大的作用。

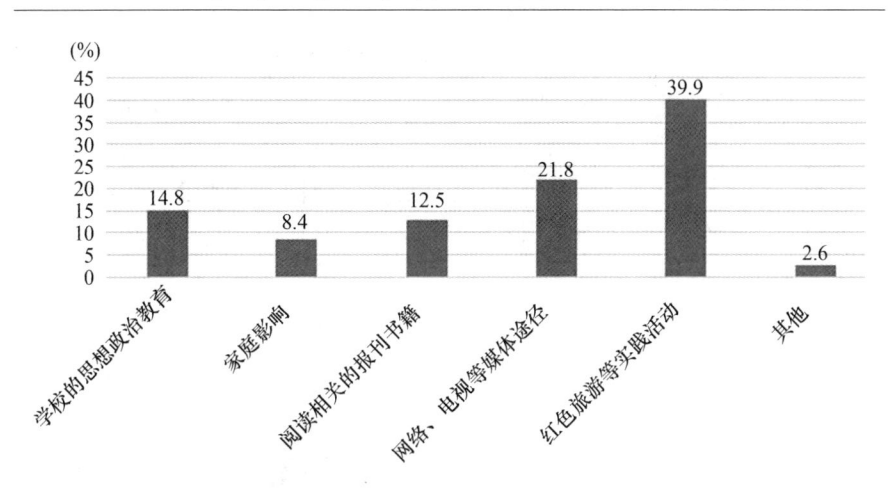

柱状图数据：学校的思想政治教育 14.8，家庭影响 8.4，阅读相关的报刊书籍 12.5，网络、电视等媒体途径 21.8，红色旅游等实践活动 39.9，其他 2.6（单位：%）

图4—4 关于"下面是马克思主义传播的主要途径，您最喜欢的是什么？"的调查结果统计

五 超过五成的受访者"不太了解"或"非常不了解"马克思主义的产生背景、基本原理等内容

如图4—5所示，361人表示对马克思主义的产生背景、基本原理等内容"非常了解"，约占受访者的7.8%；1544人表示"比较了解"，约占受访者的33.2%；2271人表示"不太了解"，约占受访者的48.9%；445人表示"非常不了解"，约占受访者的9.6%。具有代表性的访谈包括：北京市的教师张某（女，51岁）表示，自己非常了解马克思主义，"毕竟马克思主义是我们国家的指导思想"；河南省南阳市的退休工人杨某（男，64岁）表示自己"作为一名老党员，对马克思主义还是很了解的"；河南省郑州市的公务员李某（男，37岁）表示，"上了那么多年学，受了那么多年的思想政治教育"，所以对马克思主义是"比较了解"的；江苏省南京市的销售员李某（女，41岁）表示，"知道一点儿关于马克思主义的知识，但不是很了解"；广东省广州市一位不愿意透露个人信息的受访者表示，"搞唔清楚到底乜嘢系马克思主义，乜嘢系修正主义，好迷惑啦"（搞不清楚到底什么是马克思主义，什么是修正主义，很迷惑）；福建省福州市的保安陈某（男，29岁）表示，自己知道毛泽东思想、邓小平理论，但对马克思主义不太了解；辽宁省锦州市的小商贩罗某（男，35岁）表示，根本就不知道马克思主义是什么；等等。调查结果显示，对于马克思主义的产生背景、基本原理等内容，"非常了解"的

受访者不到一成,比例很低;"比较了解"的受访者也不足四成;而"不太了解"或"非常不了解"的受访者却超过了五成。很难相信对马克思主义根本不了解的人会去信仰马克思主义,所以网络时代维护马克思主义意识形态的主导地位,坚定人们的马克思主义信仰,需要进一步地加大对马克思主义的网络宣传力度,使更多的人了解并认同马克思主义。

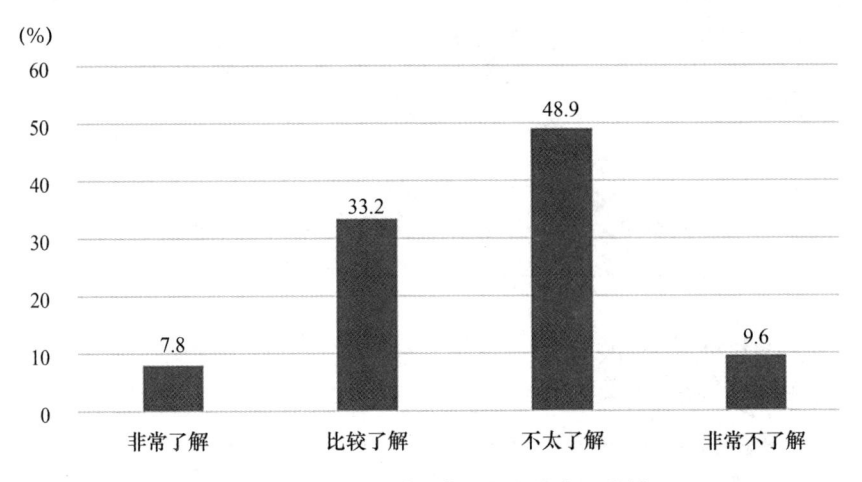

图4—5 关于"您对马克思主义的产生背景、基本原理等内容了解多少?"的调查结果统计

六 近八成受访者认为马克思主义的基本原理"具有强大生命力"

如图4—6所示,3541人认为马克思主义基本原理"揭示了人类社会历史发展的规律,具有强大生命力",约占受访者的76.2%;842人认为马克思主义基本原理"基本正确,但对当今现实不再具有巨大的指导意义",约占受访者的18.1%;188人认为马克思主义基本原理"过时了,已经被新的历史现实和科学发现所超越",约占受访者的4.0%;74人认为马克思主义基本原理"是错误的",约占受访者的1.6%。具有代表性的访谈包括:北京市的教师张某(女,51岁)表示,"在马克思主义指引之下,中国取得了革命和建设的巨大成就",因此"马克思主义是科学的,具有强大生命力";河南省郑州市的公务员李某(男,37岁)表示,"马克思主义是普遍幸福主义,符合人类发展规律,很有生命力";河南省南阳市的退休工人杨某(男,64岁)表示,"马克思主义照顾穷人,注重公平，会长远起作用"；广东省广州市的个体户李某（男，42岁）表示，马克思主义仍然是有价值的，但现在没有重大指导意义了；福建省福州市的私企老板黄某（男，47岁）表示，中国现在搞的是中国特色社会主义，"马克思主义过时了"；江苏省南京市一位不愿透露个人信息的受访者表示，"苏联东欧国家都改旗易帜了，证明马克思主义是错误的"；等等。调查结果显示，绝大多数的受访者都对马克思主义的基本原理持肯定的态度，承认其科学性和生命力，保证了马克思主义依然在我国意识形态领域占据主导地位；但也有少数受访者否定其价值，认为马克思主义"是错误的"或"过时了"，持这种看法的人虽然比例不高，但影响却很消极，不能坐视不理。

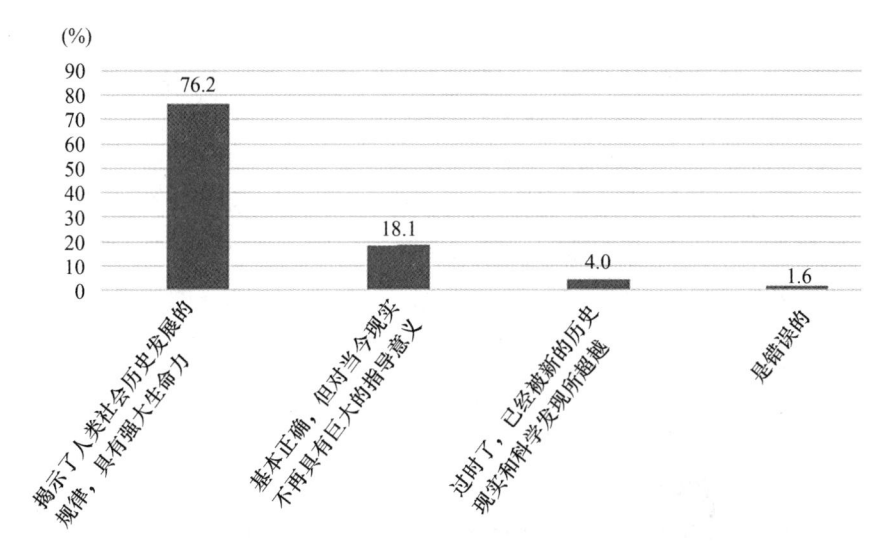

图4—6 关于"您如何看待马克思主义的基本原理"的调查结果统计

七 近六成受访者认可马克思主义在意识形态领域的主导地位

如图4—7所示，2759人选择"中国是社会主义国家，应当坚持马克思主义在意识形态领域的主导地位"，约占受访者的59.4%；1147人选择了"顺应新的呼唤，实行指导思想多元化"，约占受访者的24.7%；160人选择了"应当放弃马克思主义意识形态"，约占受访者的3.4%；570人选择了"根据现实发展情况再做决定"，约占受访者的12.3%。具有代表性的访谈包括：河南省南阳市的退休工人杨某（男，64岁）表示，应当坚持马克思主义在意识形态领域的主导地位，"马克思主义是经得起考验的";河南省郑州市的高校教师孙某（男，38岁）表示，"中国之所以能取得伟大成就，就是因为始终坚持马克思主义在意识形态领域的主导地位";北京市从事人事管理的代某（男，24岁）表示："中国是社会主义国家，应当坚持社会主义道路，同时坚持马克思主义，但是事物是不断前进的，一成不变地坚持马克思主义是不科学的，前进的道路上会遇到很多情况，也应当借鉴一些优秀的东西来发展自己";北京市从事行政管理的刘某（男，35岁）表示，"马克思主义是个好东西，但是加上中国特色就不一定好了，尤其是社会主义前面加上一个中国特色社会主义道路，因此就会出现很多'中国特色'，所以以后的事情还是看发展情况再做决定";广东省广州市的个体户李某（男，42岁）主张实行指导思想多元化，他认为应当"用发展嘅眼光睇问题，适应时代潮流啦"（用发展的眼光看问题，适应时代潮流）；福建省福州市一位不愿意透露姓名的受访者主张"放弃马克思主义"；等等。调查结果显示，近六成受访者认可马克思主义在意识形态领域的主导地位，只有极少数人明确表示放弃马克思主义意识形态，但有相当比例的受访者认为应当实行指导思想多元化或根据实际情况再做决定，这表明，虽然我国的意识形态安全依然是在可控范围之内，但马克思主义意识形态的主导地位已经受到了很大的冲击。

选项	比例(%)
中国是社会主义国家，应当坚持马克思主义在意识形态领域的主导地位	59.4
顺应新的呼唤，实行指导思想多元化	24.7
应当放弃马克思主义意识形态	3.4
根据现实发展情况再做决定	12.3

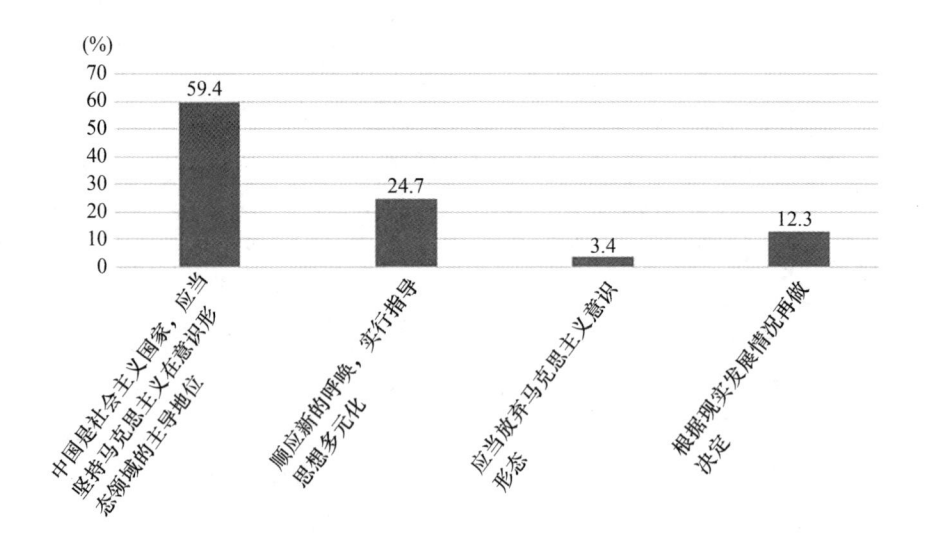

图4—7 关于"您如何看待'坚持马克思主义在意识形态领域的主导地位'？"的调查结果统计

八　逾半数受访者认为当前马克思主义受到的最主要的冲击来自国内

如图 4—8 所示，关于马克思主义受到的最主要冲击的问题，只有 729 人选择了"西方国家的'和平演变'图谋"，约占受访者的 15.7%；1726 人选择了"改革开放以来人们更多地追求物质生活，忽略了内心的信仰"，约占受访者的 37.1%；1131 人选择了"多元思想文化交织激荡"，约占受访者的 24.3%；657 人选择了"党自身的建设出现问题，连累马克思主义意识形态失去吸引力"，约占受访者的 14.1%；399 人选择了"信息网络技术及传播手段发生巨大变化"，约占受访者的 8.6%；4 人选择了"其他"选项，约占受访者的 0.1%。具有代表性的访谈包括：河南省南阳市的退休工人杨某（男，64 岁）表示，"西方国家不是好东西，老是搞'和平演变'，想搞乱中国"；河南省郑州市的公务员李某（男，37 岁）表示，改革开放以来，"过分追求物质生活，势必会造成精神上的空虚"；北京市从事行政管理的刘某（男，35 岁）表示，"俗话说'酒香不怕巷子深'，同样马克思主义是值得学习的好东西，而且不远万里地被传播到中国，但是西方马克思主义仍受到欢迎的时候中国却出现了相反的状况，这能说明什么呢？只能说明中国共产党的问题，做法不够好"；北京市的教师张某（女，51 岁）表示，"多元化的思潮容易使人们的思想发生混乱"；江苏省南京市的销售员李某（女，41 岁）表示，"现在，人们的物质生活提高了，获取信息的渠道比较多，所以信仰会被忽略，或改变"；等等。调查结果显示，关于马克思主义受到的最主要冲击，只有少数受访者认为来自国外；大多数受访者认为来自国内，是由于改革开放以来，一些人片面追求物质生活，忽略了内心的信仰，出现了信仰迷失，特别是某些腐败堕落的党员干部在行动上完全背离了马克思主义，导致了马克思主义吸引力的降低。

九　逾六成受访者打算入党或已经入党

如图 4—9 所示，800 人"已经入党"，约占受访者的 17.2%；2056 人"已经递交或打算递交入党申请书"，约占受访者的 44.2%；1607 人"暂时没打算入党"，约占受访者的 34.6%；173 人表示"绝不入党"，约占受访者的 3.7%。代表性的访谈包括：河南省郑州市的高校教师孙某（男，38 岁）表示，自己是中共党员，"党的宗旨是很好的"；辽宁省锦州市的医生李某（女，29 岁）表示，"对党很有信心"；四川省成都市的

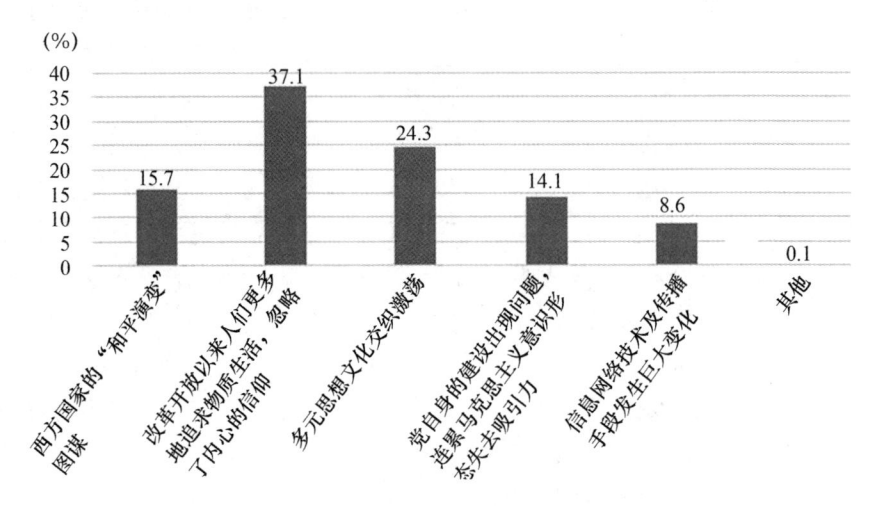

图4—8 关于"您认为当前马克思主义受到的最主要的冲击来自哪里?"的调查结果统计

横轴类别及数值:
- 西方国家的"和平演变"图谋:15.7
- 改革开放以来人们更多地追求物质生活,忽略了内心的信仰:37.1
- 多元思想文化交织激荡:24.3
- 党自身的建设出现问题,连累马克思主义意识形态失去吸引力:14.1
- 信息网络技术及传播手段发生巨大变化:8.6
- 其他:0.1

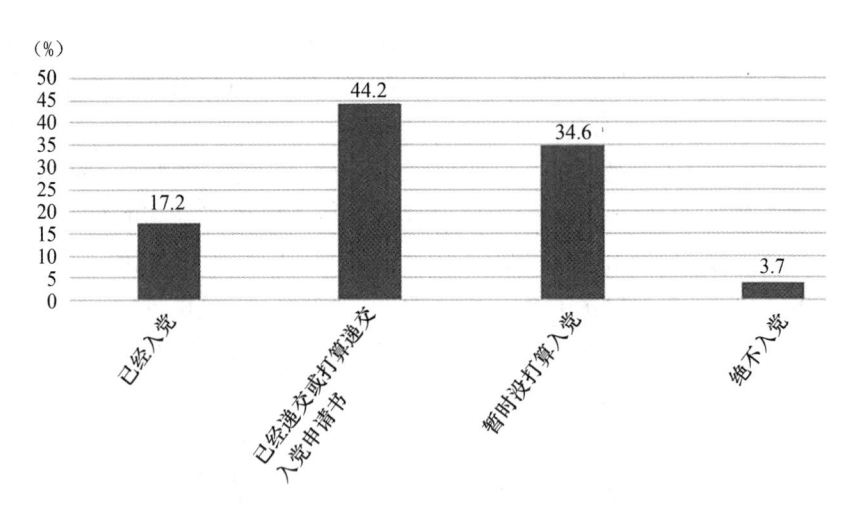

图4—9 关于"您是否考虑加入中国共产党?"的调查结果统计

横轴类别及数值:
- 已经入党:17.2
- 已经递交或打算递交入党申请书:44.2
- 暂时没打算入党:34.6
- 绝不入党:3.7

大学生郭某(女,20岁)表示,"打算递交入党申请书,感觉党很伟大";江苏省南京市的销售员李某(女,41岁)表示,"暂时没有入党的打算,不想受束缚";辽宁省锦州市的小商贩罗某(男,35岁)表示,"入那玩意干哈"(入党干什么);广东省广州市的个体户李某(男,42

岁）表示，"唔想入党，担森共产啦"（不想入党，担心共产）；等等。调查结果显示，打算加入中国共产党的受访者对党最有信心；已经入党的受访者中，大多数人是很坚定的，但也有个别人思想上出现了困惑甚至迷茫；暂时没有打算入党的受访者中，有的人是因为对党的宗旨不了解或对当前的腐败现象不满而对党恨铁不成钢，所以他们依然是可以争取的对象；只有极少数的受访者明确表示"绝不入党"，但不能简单地把他们当做党的敌人，他们之中的一些人对党存在着误解，经过沟通之后依然可以作为团结的对象。

十　不足半数的受访者认为当前中国共产党员入党的动机是"信仰马克思主义"或"更好地为人民服务"

如图4—10所示，关于党员入党动机的问题，只有661人选择了"信仰马克思主义"，约占受访者的14.2%；1277人选择了"把它当成是一种荣誉的标志"，约占受访者的27.5%；1417人选择了"更好地为人民服务"，约占受访者的30.5%；1291人选择了"为个人发展获取资本"，约占受访者的27.8%。代表性的访谈包括：北京市的教师张某（女，51岁）表示，"我相信很多人加入共产党是因为信仰马克思主义，如果不信仰，完全可以不入党嘛"；河南省南阳市的退休工人杨某（男，64岁）表示，"以前人入党讲的是奉献，现在人入党是把它当成了一种荣誉或资本"；四川省成都市的大学生郭某（女，20岁）表示，"加入党组织，可以更好地服务社会"；河南省郑州市的快递员徐某（男，30岁）表示，"有些人入党就是想给自己捞油水，瞅瞅多少腐败分子，啥都明白了"；广东省广州市的公司职员张某（女，37岁）表示，"唔信入党嘅人系因为信仰马克思主义啦"（不相信入党的人是因为信仰马克思主义）；等等。调查结果显示，相当比例的受访者认为当前中国共产党员入党的动机不纯，甚至认为党员入党就是为了给自己捞好处。这种现象的出现不能简单归咎于西方敌对势力的攻击，而更应当从我们自身找原因。比如，少数党员干部的腐败行为令群众深恶痛绝，败坏了党的形象，影响了党群关系。习近平总书记指出："全面从严治党永远在路上。一个政党，一个政权，其前途命运取决于人心向背。人民群众反对什么、痛恨什么，我们就要坚决防范和纠正什么。"① 只有全面从严治党，才能永葆党的先进性，才能使党成为群众真心称赞并衷心支持的对象。

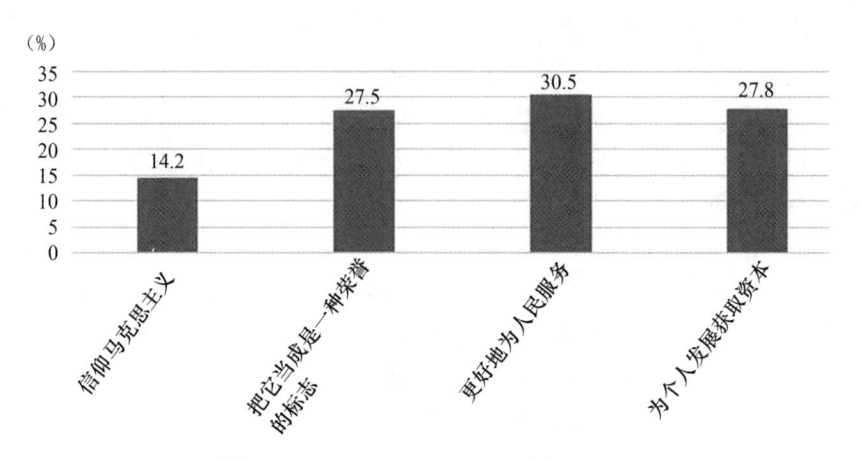

图 4—10 关于"您认为当前中国的共产党员入党的最大动机是什么？"的调查结果统计

柱状图数据：
- 信仰马克思主义：14.2
- 把它当成是一种荣誉的标志：27.5
- 更好地为人民服务：30.5
- 为个人发展获取资本：27.8

十一 近八成受访者赞同当前的中国走社会主义道路

如图 4—11 所示，3596 人选择走"社会主义道路"，约占受访者的 77.4%；252 人选择走"资本主义道路"，约占受访者的 5.4%；742 人选择走"民主社会主义道路"，约占受访者的 16.0%；55 人选择了"其他"，约占受访者的 1.2%。虽然调查问卷要求选择"其他"选项的受访者注明立场，但是这类受访者中绝大多数人只选择了该选项，并没有写明自己赞成当前的中国走什么样的道路。具有代表性的访谈包括：河南省南阳市的退休工人杨某（男，64 岁）表示自己是中共党员，"坚决支持中国走社会主义道路"；河南省郑州市的高校教师孙某（男，38 岁）表示"走社会主义道路符合国家和人民的利益"；四川省成都市的大学生郭某（女，20 岁）表示，"资本主义最终会灭亡的，我们应该走社会主义道路"；福建省福州市一位不愿意透露姓名的受访者表示"应当走资本主义

---

① 习近平：《决胜全面建成小康社会　夺取新时代中国特色社会主义伟大胜利》，人民出版社 2017 年版，第 61 页。

道路，缩小与美国的差距"；广东省广州市的公司职员张某（女，37岁）直言自己对这一问题很迷茫，"唔知道中国该走乜嘢样嘅道路啦（不知道中国该走什么样的道路）"；广东省广州市的个体户李某（男，42岁）赞同中国"走民主社会主义道路"，因为"北欧嘅（的）民主社会主义国家搞嘅（的）挺好啦"；广州一位不愿意透露个人信息的受访者则声称中国应该走类似于君主立宪的"党主立宪"的法治道路；而北京从事旅行顾问的施某（男，28岁）则认为："这不是走什么路的问题，而是怎么走的问题。条条大路通罗马。任何路，只要一直有一颗追求进步的心、追求以人为本的理念，合理利用可以利用的方法，都是可以的。没必要局限，没必要贴标签，先走再说"；等等。调查结果显示，社会主义道路深入人心，绝大多数的受访者都赞成中国继续走社会主义道路；虽然也有一些受访者主张中国走资本主义道路，但比例很低；民主社会主义道路在中国颇有市场，大约赢得了16.0%的受访者的支持，甚至得到一些学界和商界精英的追捧，对马克思主义意识形态产生了一定的冲击。

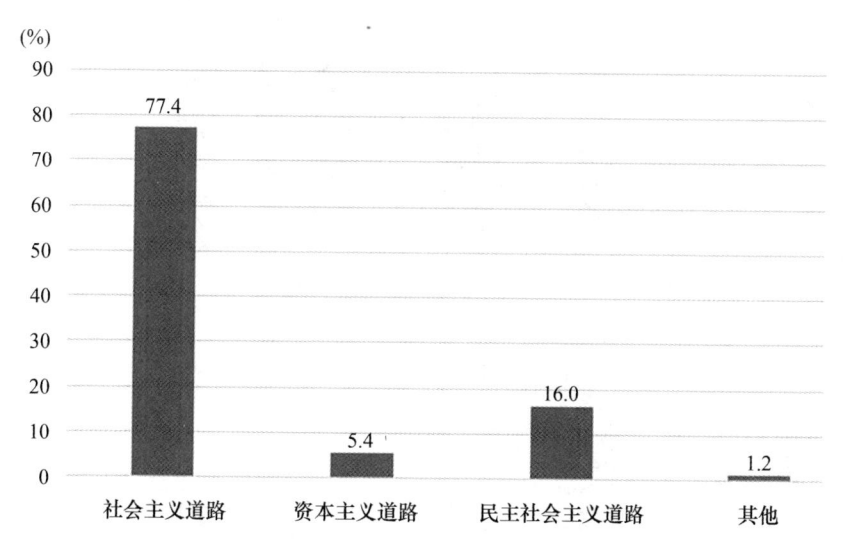

图4—11 关于"您赞成当前的中国走什么样的道路？"的调查结果统计

第二节　比较分析

一　每天上网时间超过1小时的受访者上网时间越长对马克思主义意识形态的认同度越低

如图4—12所示，每天上网时间8小时以上的受访者中，24.4%的人愿意信仰马克思主义，比例明显低于其他受访者；23.6%的人愿意信仰民主社会主义，比例高于其他受访者；15.7%的人信仰宗教，比例高于每天上网时间1小时以上的其他受访者。比如，河南省南阳市的自由职业者王某（男，27岁）表示，自己的iPhone手机一天24小时连着wifi或者开着流量，"从网上看了好多东西，觉得马克思主义没啥用，民主社会主义倒是怪新鲜"。

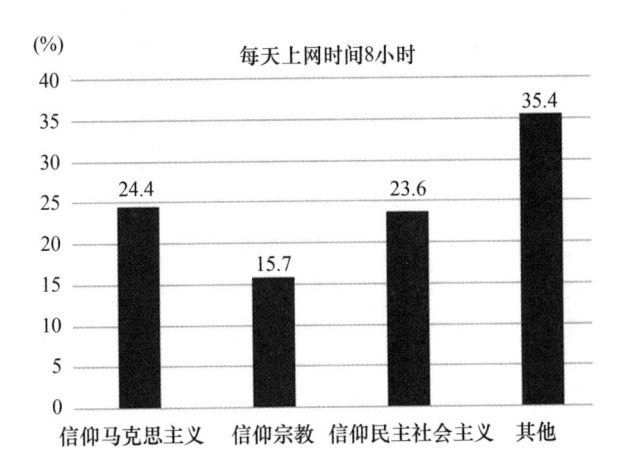

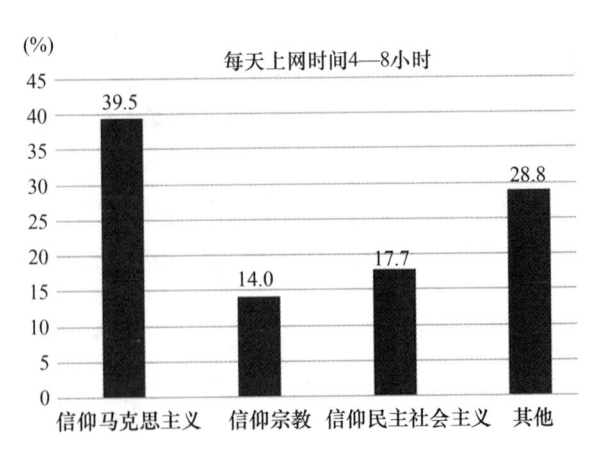

每天上网时间8小时

信仰马克思主义	信仰宗教	信仰民主社会主义	其他
24.4	15.7	23.6	35.4

每天上网时间4—8小时

信仰马克思主义	信仰宗教	信仰民主社会主义	其他
39.5	14.0	17.7	28.8

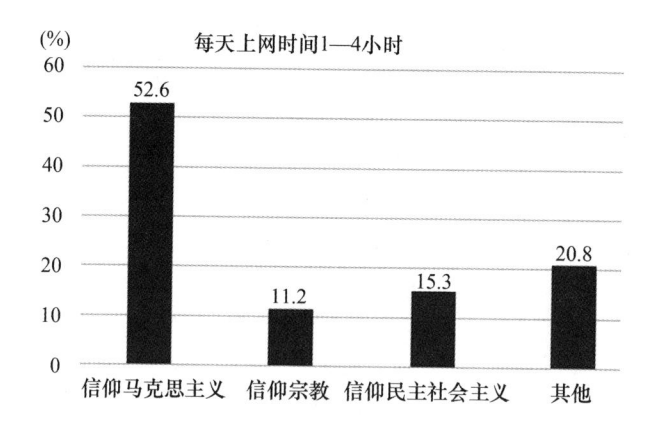

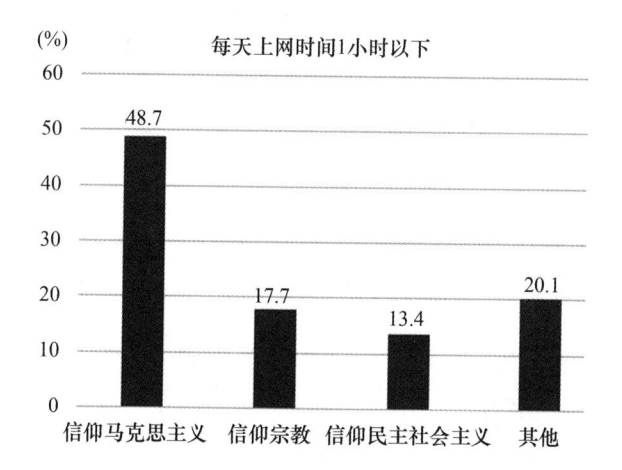

图 4—12　每天上网时长不同的受访者关于"您愿意信仰什么?"的调查结果比较分析

如图 4—13 所示,每天上网时间 8 小时以上的受访者中,44.1% 的人认为"应当坚持马克思主义在意识形态领域的主导地位",比例低于其他受访者;7.9% 的人认为"应当放弃马克思主义意识形态",比例高于其他受访者。同时可以发现,每天上网时间 1—4 小时的受访者中,61.2% 的人认为"应当坚持马克思主义在意识形态领域的主导地位",比例高于其他受访者;2.5% 的人主张"应当放弃马克思主义意识形态",比例低于其他受访者。河南省郑州市的技术员高某(男,41 岁)表示,自己工作很忙,每天上网时间不会超过 3 小时,"喜欢看权威一点儿的信息,不想看那些乌七八糟的东西,思想相对来讲单纯一些"。

江苏南京的退休公务员张某（男，66岁）表示自己信仰马克思主义，但很少上网，每天上网时间不会超过1小时，"网络不会对我的信仰产生多大影响"。

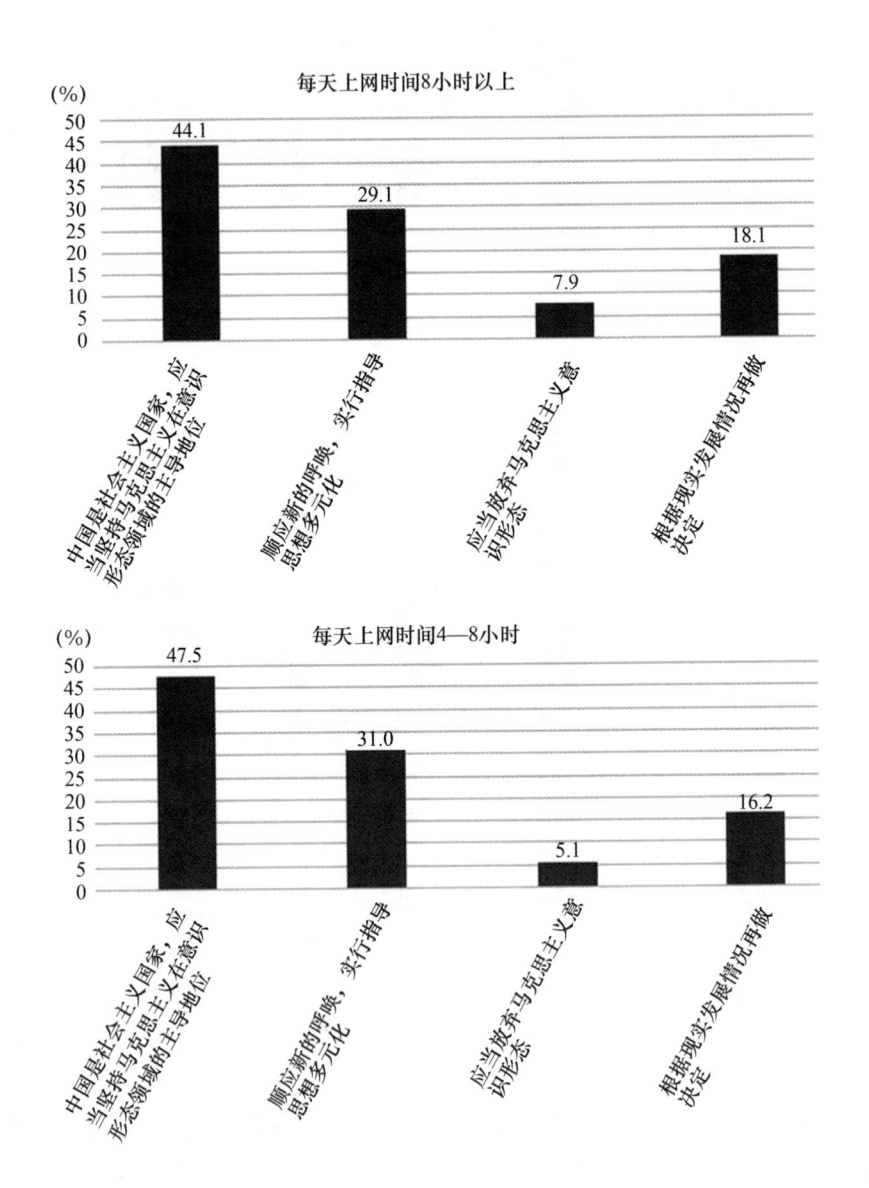

每天上网时间8小时以上

选项	百分比(%)
中国是社会主义国家，应当坚持马克思主义在意识形态领域的主导地位	44.1
顺应新的呼唤，实行指导思想多元化	29.1
应当放弃马克思主义意识形态	7.9
根据现实发展情况再做决定	18.1

每天上网时间4—8小时

选项	百分比(%)
中国是社会主义国家，应当坚持马克思主义在意识形态领域的主导地位	47.5
顺应新的呼唤，实行指导思想多元化	31.0
应当放弃马克思主义意识形态	5.1
根据现实发展情况再做决定	16.2

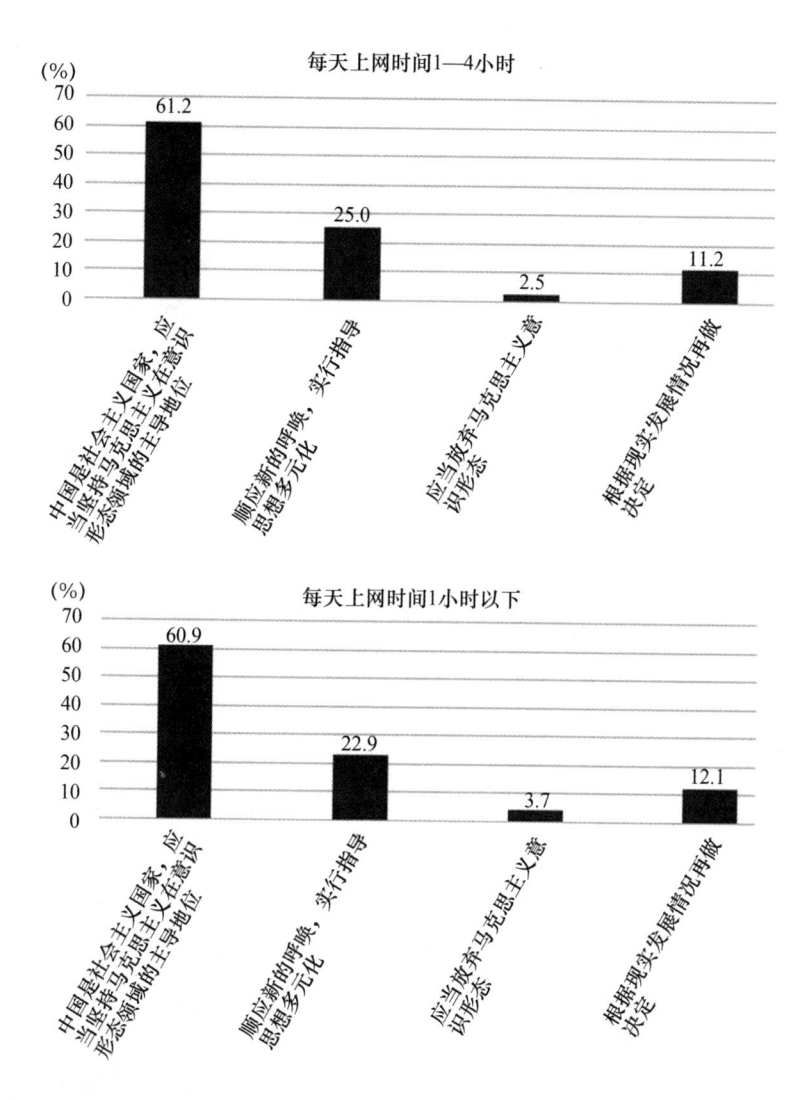

图4—13 每天上网时长不同的受访者关于"您如何看待坚持马克思主义在意识形态领域的主导地位?"的调查结果比较分析

每天上网时间8小时以上的受访者中，56.7%的人认为马克思主义的基本原理具有"强大生命力"，比例低于每天上网时间4—8小时的受访者（64.6%）、每天上网时间1—4小时的受访者（78.6%）和每天上网时间1小时以下的受访者（77.3%）。每天上网时间8小时以上的受访者中，26.0%的人认为马克思主义的基本原理"对当今现实不再具有巨大指导意义"，比例高于每天上网时间4—8小时的受访者（24.7%）、每天上网时间1—4小时的受访者（17.0%）和每天上网时间1小时以下的受访者（17.4%）。每天上网时间8小时以上的受访者中，11.0%的人认为马克思主义的基本原理"是错误的"，比例高于每天上网时间4—8小时的受访者（3.1%）、每天上网时间1—4小时的受访者（0.8%）和每天上网时间1小时以下的受访者（1.5%）。每天上网时间8小时以上的受访者中，15.0%的人认为共产主义"一定会实现"，比例低于每天上网时间4—8小时的受访者（16.7%）、每天上网时间1—4小时的受访者（21.2%）和每天上网时间1小时以下的受访者（23.6%）。每天上网时间8小时以上的受访者中，63.8%的人赞同当前的中国走"社会主义道路"，比例低于每天上网时间4—8小时的受访者（70.9%）、每天上网时间1—4小时的受访者（76.5%）和每天上网时间1小时以下的受访者（80.3%）。每天上网时间8小时以上的受访者中，8.7%的人赞同当前的中国走"资本主义道路"，比例高于每天上网时间4—8小时的受访者（6.5%）、每天上网时间1—4小时的受访者（6.2%）和每天上网时间1小时以下的受访者（4.2%）。每天上网时间8小时以上的受访者中，22.0%的人赞同当前的中国走"民主社会主义道路"，比例高于每天上网时间4—8小时的受访者（19.1%）、每天上网时间1—4小时的受访者（16.2%）和每天上网时间1小时以下的受访者（14.7%）。这些数据充分证明，每天上网时间超过1小时的受访者中，上网时间越长对马克思主义意识形态的认同度越低；每天上网时间低于1小时的受访者对马克思主义意识形态的认同度高于每天上网4小时以上的受访者，但低于每天上网时间1—4小时的受访者，所以上网时间最长的受访者对马克思主义意识形态认同度最低，但上网时间最短的受访者对马克思主义意识形态的认同度却不是最高，适度上网有助于坚定网民的马克思主义信念。值得一提的是，即便是对马克思主义意识形态认同度最低的每天上网时间8小时以上的受访者也对社会主义道路持有较高的认同度。

二 18岁以下受访者对马克思主义意识形态的认同度最低

如图4—14所示，43.6%的18岁以下受访者表示愿意信仰马克思主义，比例低于其他年龄段的受访者；18.2%的18岁以下受访者信仰民主社会主义，比例高于其他年龄段的受访者。按照联合国世界卫生组织的年龄划分段，"44岁及以下为青年人，45岁至59岁为中年人"①，相对于其他年龄段的受访者，青年受访者对马克思主义意识形态的认同度最高，对宗教的认同度最低。比如，河南省郑州市的在校大学生曹某（男，20岁）表示，"我信仰马克思主义，不信仰宗教，宗教是迷信"。

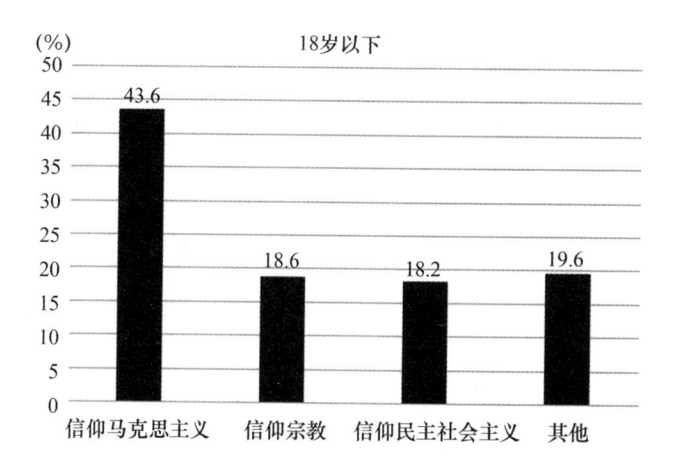

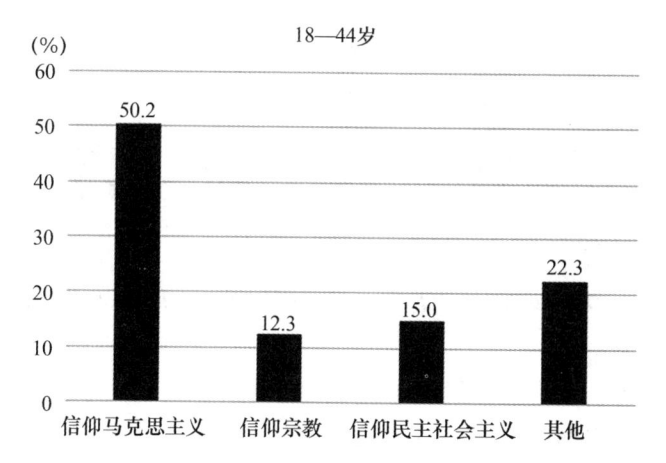

18岁以下

信仰	比例(%)
信仰马克思主义	43.6
信仰宗教	18.6
信仰民主社会主义	18.2
其他	19.6

18—44岁

信仰	比例(%)
信仰马克思主义	50.2
信仰宗教	12.3
信仰民主社会主义	15.0
其他	22.3

---

① 《世卫组织提出新年龄分段：44岁及以下为青年》，新华网 http://news.xinhuanet.com/world/2013-05/13/c_124705028.htm，2013年5月13日。

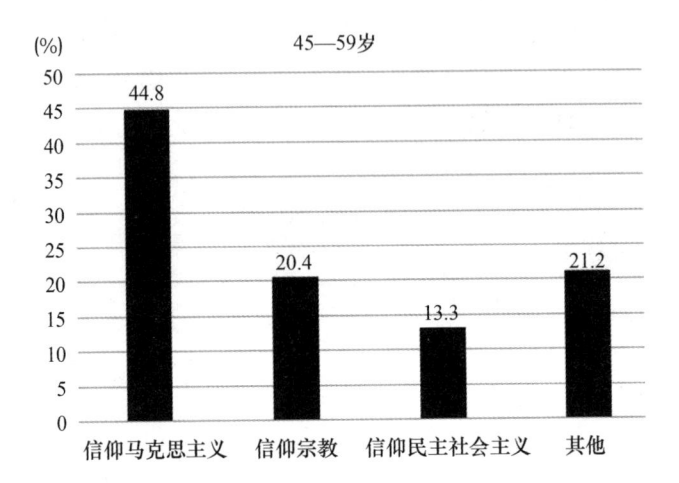

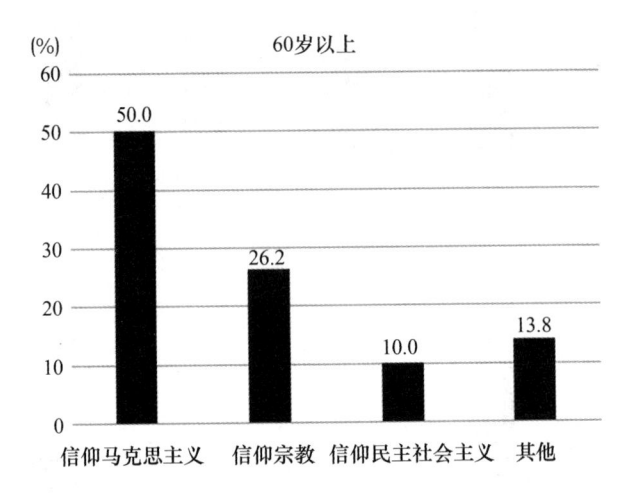

图4—14 不同年龄的受访者关于"您愿意信仰什么?"的调查结果比较分析

如图4—15所示,52.4%的18岁以下受访者认为"应当坚持马克思主义在意识形态领域的主导地位",比例低于其他年龄段的受访者;28.2%的18岁以下受访者主张"实行指导思想多元化",比例高于其他年龄段的受访者;6.8%的18岁以下受访者主张"应当放弃马克思主义意识形态",比例高于18—44岁的受访者(3.4%)和45—59岁的受访者(4.2%),但略低于60岁以上的受访者(6.9%)。60岁以上的受访者中,有人是生活困顿的下岗失业人员,他们把自己处境的窘迫归咎于马克思主义，主张放弃马克思主义意识形态。比如，郑州市一位不愿透露姓名的下岗职工（男，62岁），表达了不满，主张放弃马克思主义意识形态。

70.6%的18岁以下受访者认为马克思主义的基本原理"具有强大的生命力"，比例低于18—44岁的受访者（78.1%）和45—59岁的受访者（72.3%），高于60岁以上的受访者（63.8%）；6.8%的18岁以下受访者认为马克思主义的基本原理"过时了"，比例高于18—44岁的受访者

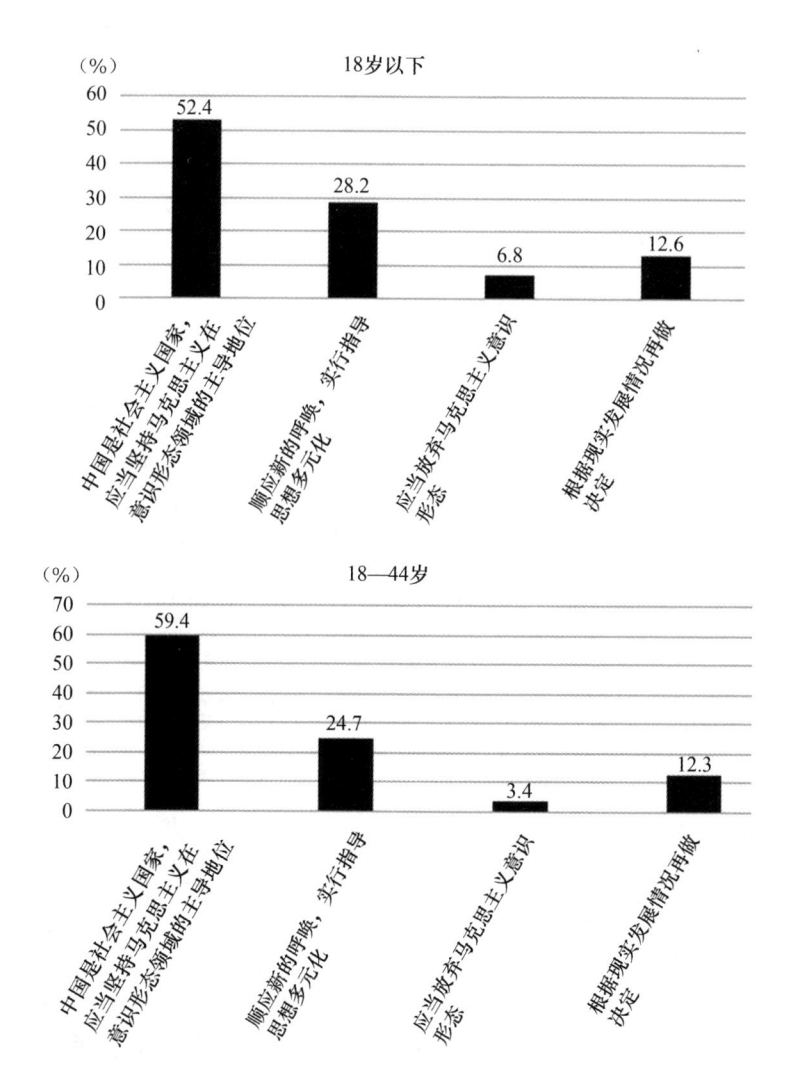

18岁以下

选项	比例(%)
中国是社会主义国家，应当坚持马克思主义在意识形态领域的主导地位	52.4
顺应新的呼唤，实行指导思想多元化	28.2
应当放弃马克思主义意识形态	6.8
根据现实发展情况再做决定	12.6

18—44岁

选项	比例(%)
中国是社会主义国家，应当坚持马克思主义在意识形态领域的主导地位	59.4
顺应新的呼唤，实行指导思想多元化	24.7
应当放弃马克思主义意识形态	3.4
根据现实发展情况再做决定	12.3

45—59岁

类别	百分比(%)
中国是社会主义国家,应当坚持马克思主义在意识形态领域的主导地位	57.7
顺应新的呼唤,思想多元化	23.2
应当放弃马克思主义意识形态	4.2
根据现实发展情况再做决定	14.5

60岁以上

类别	百分比(%)
中国是社会主义国家,应当坚持马克思主义在意识形态领域的主导地位	57.7
顺应新的呼唤,思想多元化	23.1
应当放弃马克思主义意识形态	6.9
根据现实发展情况再做决定	12.3

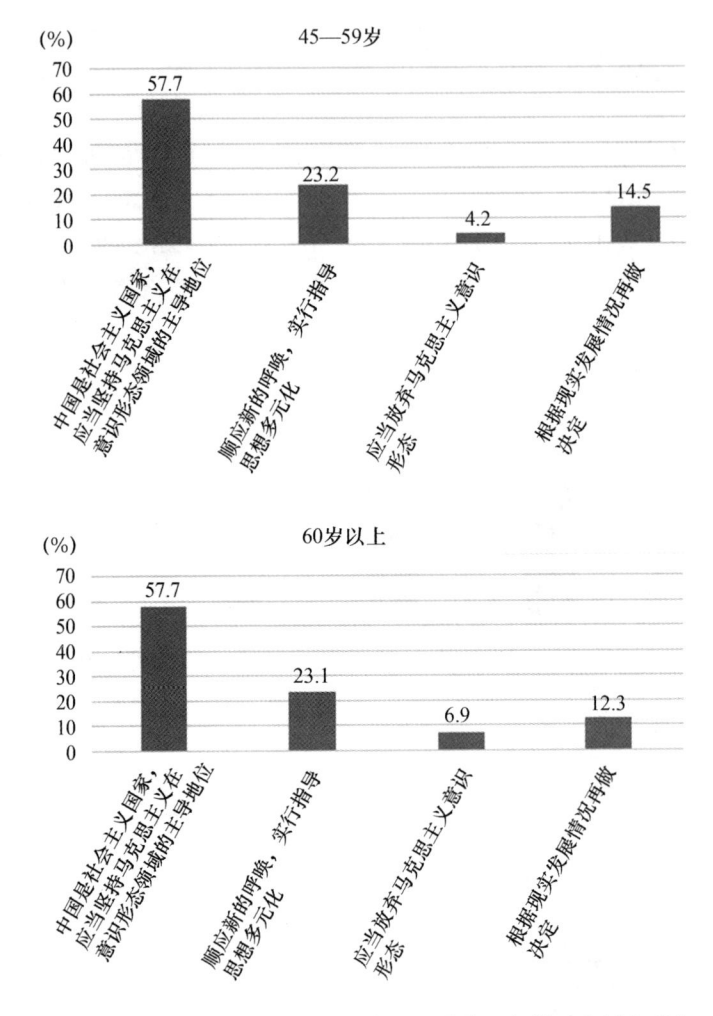

图4—15 不同年龄的受访者关于"您如何看待'坚持马克思主义在意识形态领域的主导地位'?"的调查结果比较分析

(3.4%)和45—59岁的受访者(4.8%),低于60岁以上的受访者(7.7%);2.8%的18岁以下受访者认为马克思主义的基本原理是"错误的",比例高于18—44岁的受访者(1.4%)和45—59岁的受访者(1.3%),低于60岁以上的受访者(5.4%);72.3%的18岁以下受访者赞成当前的中国走"社会主义道路",比例低于18—44岁的受访者(77.7%)、45—59岁的受访者(78.3%)和60岁以上的受访者

(80.8%)；8.9%的18岁以下受访者赞成当前的中国走"资本主义道路"，比例高于18—44岁的受访者（5.3%）、45—59岁的受访者（4.2%）和60岁以上的受访者（3.8%）；等等。可见，未成年受访者对马克思主义意识形态的认同度最低，青年受访者对马克思主义意识形态的认同度最高，而60岁以上受访者中有一部分人对马克思主义意识形态也颇有微词，但60岁以上受访者对社会主义道路有着深厚的感情，其赞同社会主义道路的比例是最高的。

三 初中及以下学历的受访者对马克思主义意识形态的认同度较低

如图4—16所示，初中及以下学历的受访者中，38.7%的人愿意信仰马克思主义，比例低于其他学历的受访者；23.2%的人愿意信仰宗教，比例高于其他学历的受访者；13.9%的人愿意信仰民主社会主义，比例低于其他学历的受访者。事实上，对于一些初中及以下学历的受访者来讲，根本就不了解什么是民主社会主义，比如，河南省南阳市方城县博望镇的农民张某（女，46岁）表示，"不着啥是马克思主义，啥是民主社会主义，俺一家儿都信'主'"（不知道什么是马克思主义，什么是民主社会主义，我们全家都信仰基督教）。

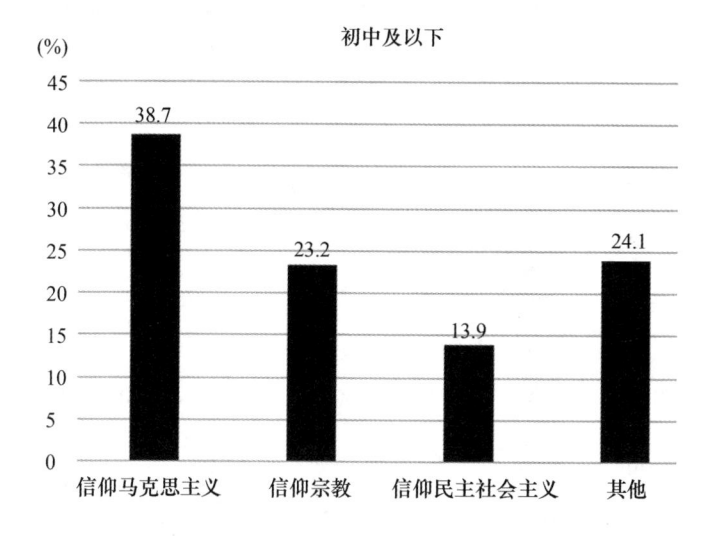

初中及以下

信仰马克思主义	信仰宗教	信仰民主社会主义	其他
38.7	23.2	13.9	24.1

（%）

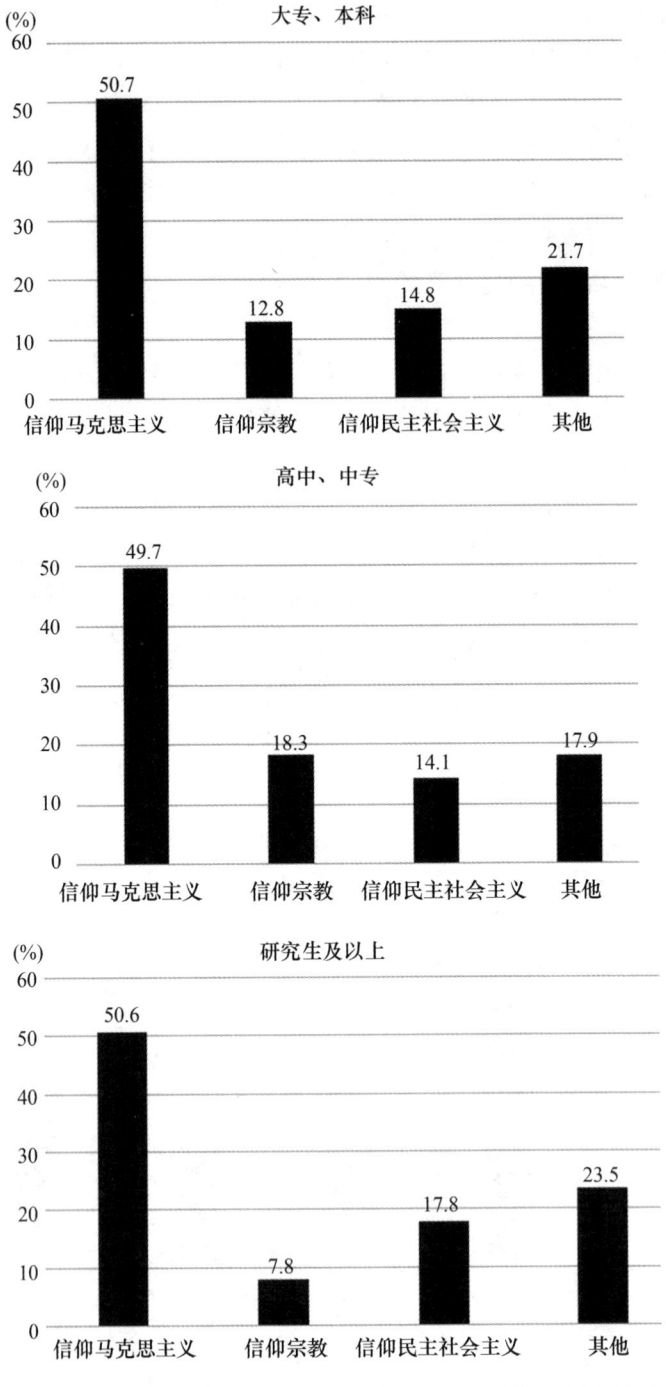

图 4—16 不同学历的受访者关于"您愿意信仰什么?"的调查结果比较分析

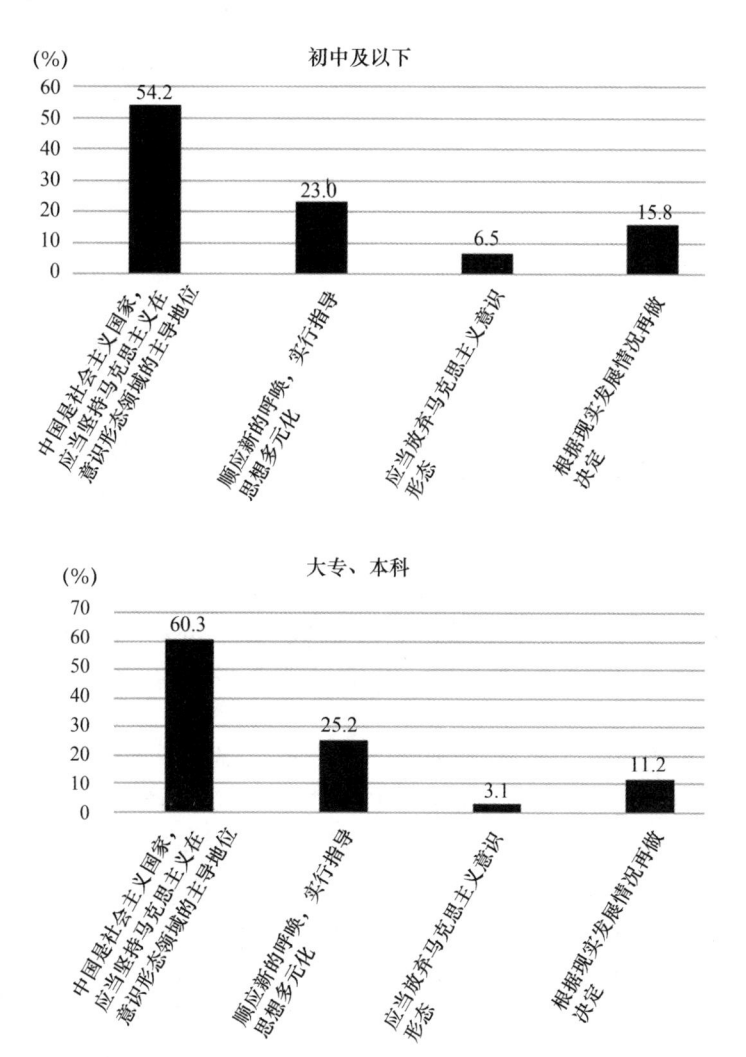

如图4—17所示，初中及以下学历的受访者中，54.2%的人认为"应当坚持马克思主义在意识形态领域的主导地位"，比例低于其他受访者；6.5%的人认为"应当放弃马克思主义意识形态"，比例高于其他受访者。对于一些低学历的受访者而言，整天为了生存而疲于奔命，不了解也不关注意识形态问题，但是，如果党和政府保障他们的利益，他们就会支持党和政府提倡的思想，反之就会迁怒于这种思想。比如，北京市具有初中学历的农民工高某（男，35）表示，"管它啥主义，只要叫老百姓过上好日子就是好主义"。

初中及以下

选项	百分比(%)
中国是社会主义国家，应当坚持马克思主义在意识形态领域的主导地位	54.2
顺应新的呼唤，实行指导思想多元化	23.0
应当放弃马克思主义意识形态	6.5
根据现实发展情况再做决定	15.8

大专、本科

选项	百分比(%)
中国是社会主义国家，应当坚持马克思主义在意识形态领域的主导地位	60.3
顺应新的呼唤，实行指导思想多元化	25.2
应当放弃马克思主义意识形态	3.1
根据现实发展情况再做决定	11.2

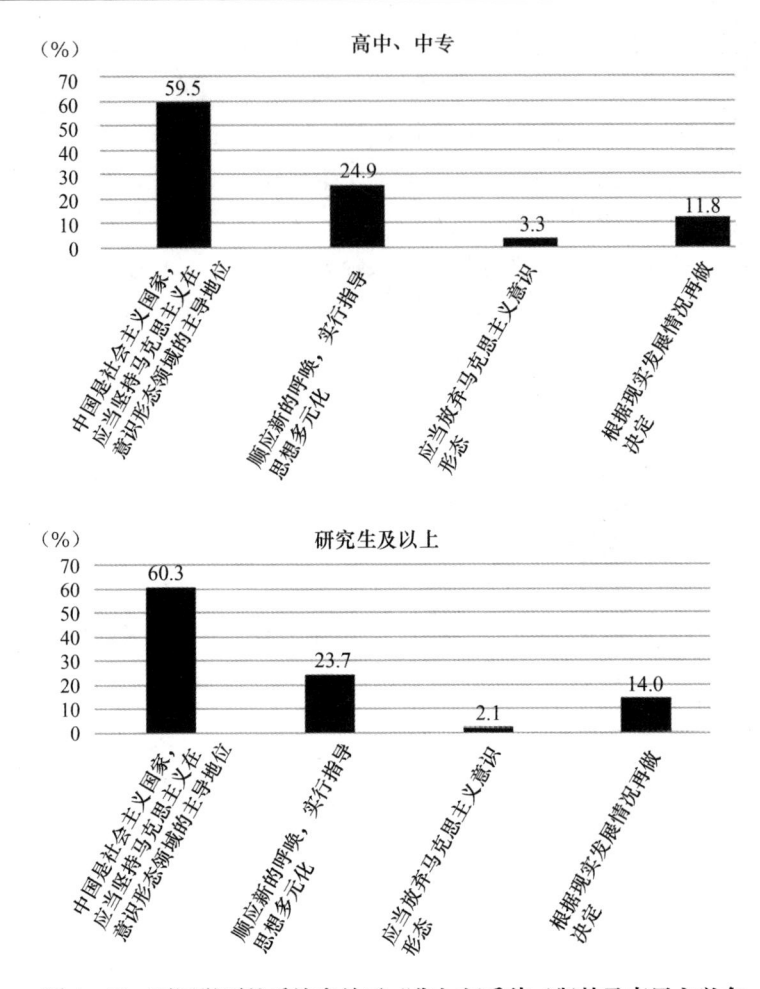

图4—17　不同学历的受访者关于"您如何看待'坚持马克思主义在意识形态领域的主导地位'?"的调查结果比较分析

25.1%的初中及以下学历的受访者接触马克思主义的最主要途径是学校的思想政治教育,比例远低于高中、中专学历的受访者(34.7%)、大专本科学历的受访者(68.2%)和研究生及以上的受访者(83.1%);77.3%的初中及以下学历的受访者对马克思主义基本原理"不太了解"或"非常不了解",比例远高于高中、中专学历的受访者(62.5%)、大专本科学历的受访者(55.3%)和研究生及以上的受访者(47.5%);等等。这表明,学校的思想政治教育对于培养公民的马克思主义认同感具有重要作用。然而,也有少数研究生及以上学历的受访者对学校的灌输式教育产生了逆反心理。河南郑州一位不愿意透露姓名的研究生学历受访者（男，26岁）抱怨，从小到大接受思想政治教育，脑子都要"洗爆了"，因此他对马克思主义很抵触。但是，对于研究生学历以下的受访者来讲，接受学校思想政治教育较少的人对马克思主义了解较少，对马克思主义意识形态的认同度也较低。

四 中部内陆地区的受访者对马克思主义意识形态的认同度较高

如图4—18所示，49.9%的中部内陆地区受访者愿意信仰马克思主义，比例高于东南沿海地区受访者（47.1%）、西部边远地区受访者（46.0%）和其他地区受访者（44.9%）。人们的信仰与对生活的满足感有着密切的联系，比如，河南省南阳市方城县（属于中部内陆地区）农民杨某（女，52岁）表示，现在取消了农业税，还有"新农合"（新型农村合作医疗）、"新农保"（新型农村社会养老保险），家里盖了两层楼，日子越过越好，因此，她"拥护党和政府，叫咱信马克思主义咱肯定信"；四川成都（属于西部边远地区）的清洁工李某（女，46岁）表示，生活很艰辛，还总是担心地震的发生，心里不踏实，因此，她宁愿"信佛"；江苏南京（属于东南沿海地区）的公司职员张某（男，38岁）表示，自己原本对马克思主义是比较认同的，但社会现实的不尽如人意使他的思想产生了"很大变化"。

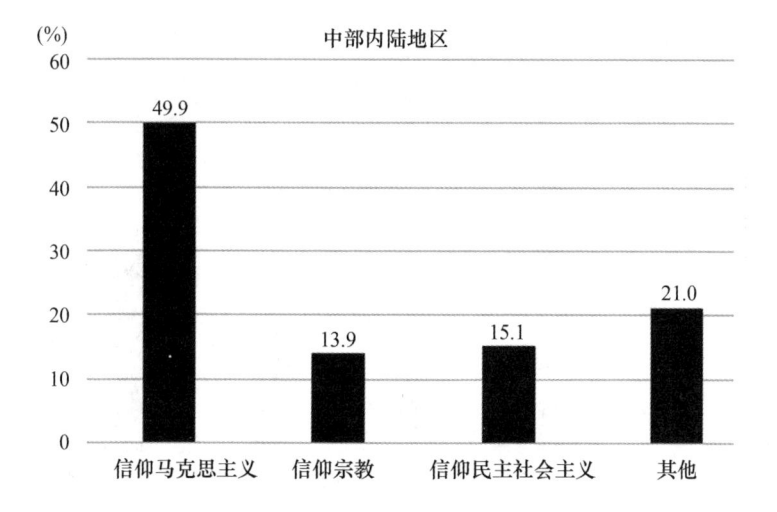

东南沿海地区

信仰	比例(%)
信仰马克思主义	47.1
信仰宗教	12.6
信仰民主社会主义	14.3
其他	26.0

西部边远地区

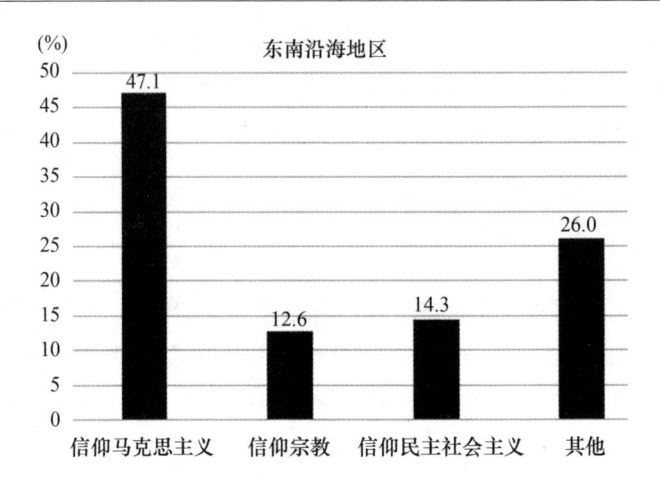

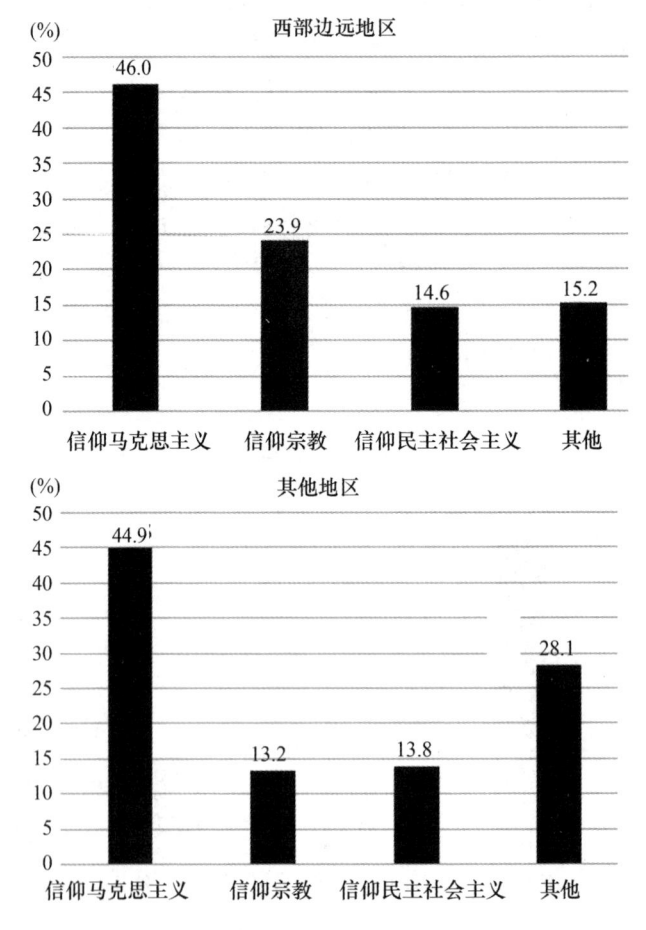

信仰	比例(%)
信仰马克思主义	46.0
信仰宗教	23.9
信仰民主社会主义	14.6
其他	15.2

其他地区

信仰	比例(%)
信仰马克思主义	44.9
信仰宗教	13.2
信仰民主社会主义	13.8
其他	28.1

图4—18 不同地区的受访者关于"您愿意信仰什么?"的调查结果比较分析

第四章　我国坚持马克思主义意识形态主导地位的实证分析

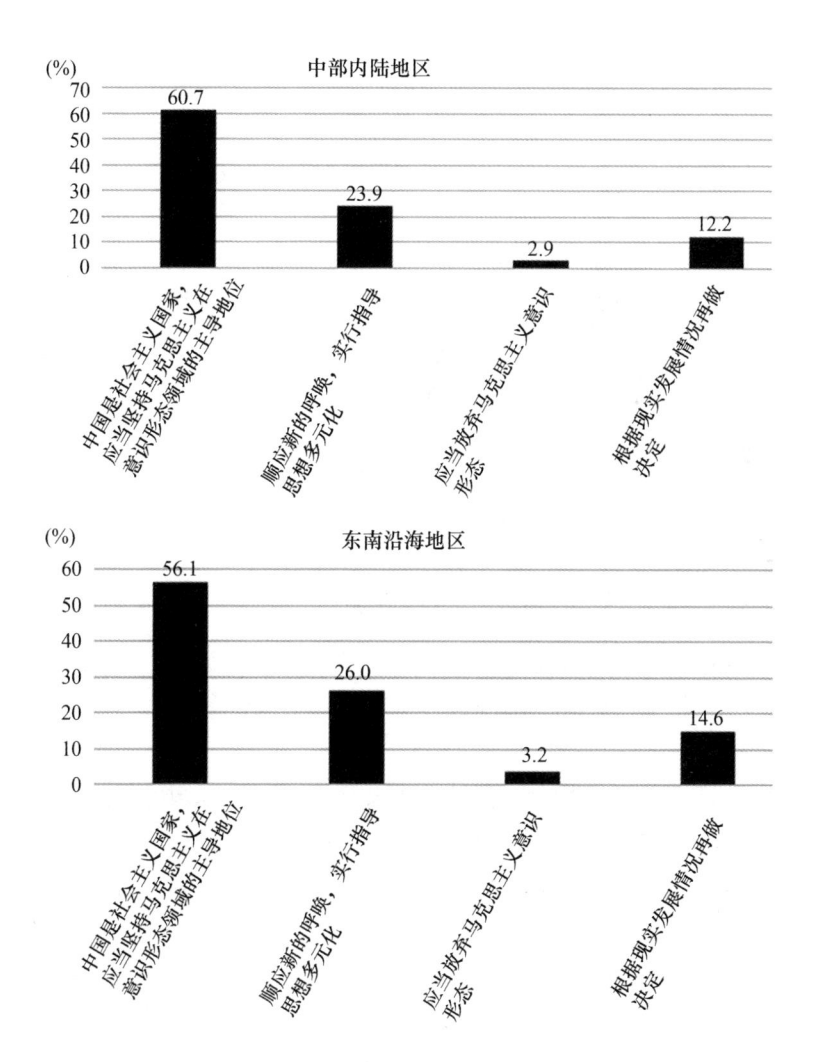

如图4—19所示，60.7%的中部内陆地区受访者认为"应当坚持马克思主义在意识形态领域的主导地位"，比例高于其他地区的受访者；23.9%的中部内陆地区受访者主张"实行指导思想多元化"，比例低于其他地区的受访者；2.9%的中部内陆地区受访者主张"应当放弃马克思主义意识形态"，比例低于其他地区的受访者。各地区受访者中主张坚持马克思主义在意识形态领域主导地位的比例均超过半数，这说明我国马克思主义意识形态安全依然是有保证的。

西部边远地区

选项	百分比
中国是社会主义国家，应当坚持马克思主义在意识形态领域的主导地位	54.3
顺应新的呼唤，实行指导思想多元化	28.2
应当放弃马克思主义意识形态	8.5
根据现实发展情况再做决定	8.2

其他地区

选项	百分比
中国是社会主义国家，应当坚持马克思主义在意识形态领域的主导地位	58.1
顺应新的呼唤，实行指导思想多元化	25.7
应当放弃马克思主义意识形态	3.6
根据现实发展情况再做决定	12.0

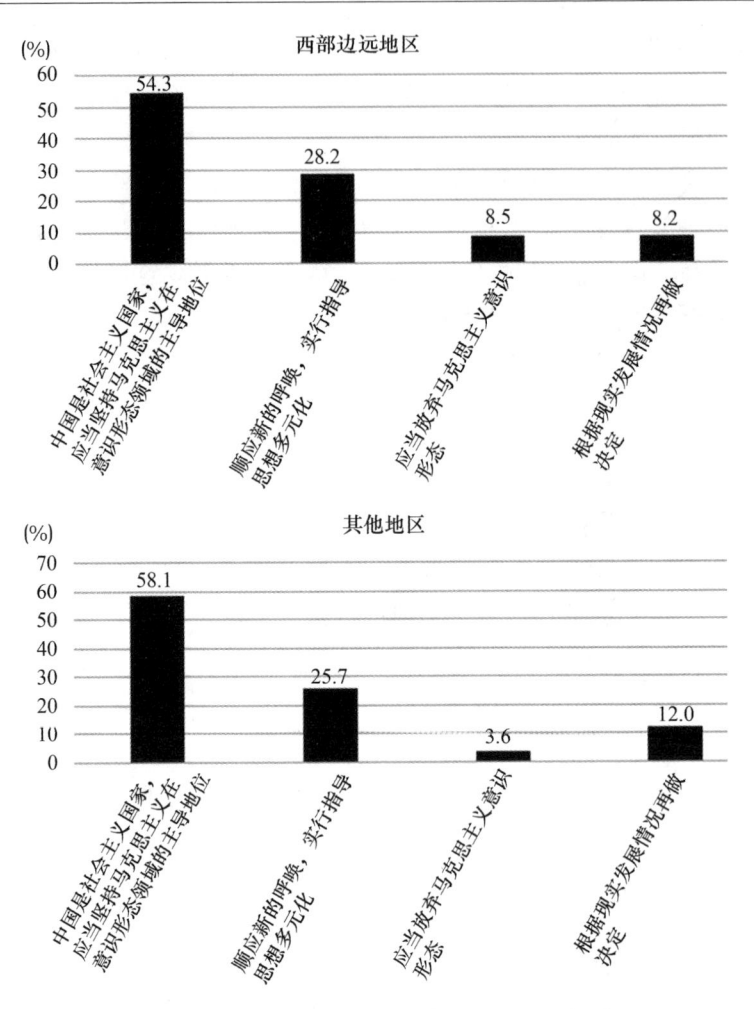

图4—19　不同地区的受访者关于"您如何看待'坚持马克思主义在意识形态领域的主导地位'？"的调查结果比较分析

77.2%的中部内陆地区受访者认为马克思主义的基本原理具有"强大生命力"，比例高于东南沿海地区受访者（74.9%）、西部边远地区受访者（70.5%）和其他地区受访者（74.9%）；3.6%的中部内陆地区受访者认为马克思主义的基本原理"过时了"，比例低于东南沿海地区受访者（4.0%）、西部边远地区受访者（6.6%）和其他地区受访者（7.2%）；77.3%的中部内陆地区受访者赞成中国走"社会主义道路"，比例高于西部边远地区受访者（74.5%），低于东南沿海地区受访者

(78.9%)和其他地区受访者(79.0%);4.9%的中部内陆地区受访者赞成中国走"资本主义道路",比例低于东南沿海地区受访者(6.0%)、西部边远地区受访者(8.2%)和其他地区受访者(6.6%);等等。调查结果显示,人们的信仰与现实密切联系在一起,对当前的生活状态越满意就越容易接受当前的主导意识形态,这种对生活状态的满意度与经济条件密切相关,但并不完全取决于经济条件,比如,经济较发达的东南沿海地区认同马克思主义意识形态的受访者比例高于经济较落后的西部边远地区,但认同马克思主义意识形态的受访者比例最高的却是经济水平介于二者之间的中部内陆地区,因为中部内陆地区的经济虽不及东南沿海地区发达,但近年来得益于党的惠民政策,大部分群众的生活水平得到了明显改善,生活满意度得到提升,从而愿意接受党和政府提倡的马克思主义意识形态。

五 介于城乡之间的受访者对马克思主义意识形态的认同度较低

如图4—20所示,介于城乡之间的受访者(即"其他"受访者)中,29.9%的人愿意信仰马克思主义,比例远低于其他受访者;26.5%的人愿意信仰宗教,比例高于其他受访者。同时可以发现,直辖市或省会城市受访者中信仰马克思主义的比例低于地级市、县级市、县城或农村受访者,但信仰宗教的比例却高于地级市、县级市、县城或农村受访者;而地级

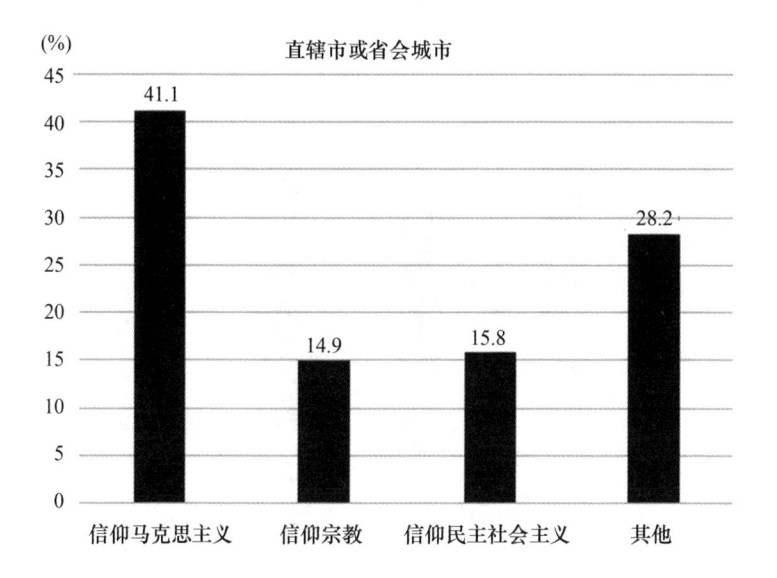

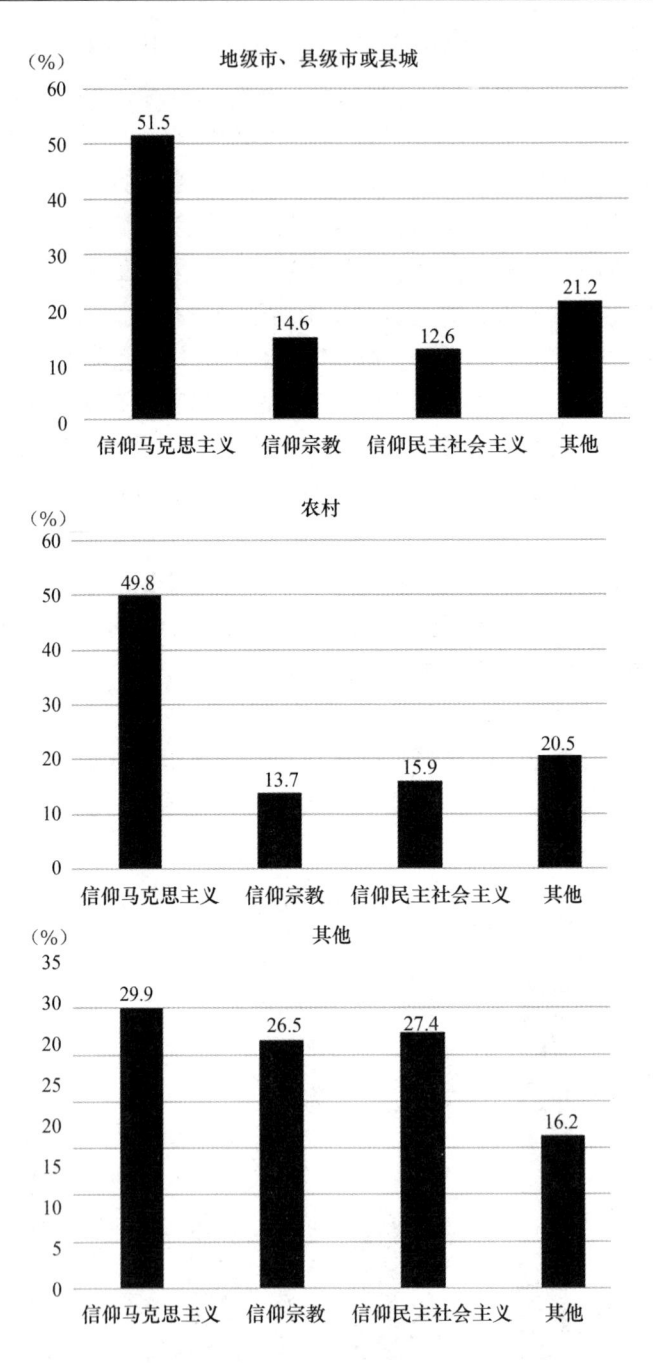

图4—20 不同地域的受访者关于"您愿意信仰什么?"的调查结果比较统计

市、县级市或县城受访者中信仰马克思主义的比例高于其他任何地方。对生活状态的不满意也是部分介于城乡之间的受访者难以接受马克思主义的重要原因，比如，河南省南阳市方城县博望镇的小摊贩李某（男，39岁）表示，自己祖辈留下的老院儿已经卖了，回不去农村了，在镇上干一天有一天的饭吃，"木牛一些儿保障，成天烦哩跟那啥样，信啥马克思主义，那是当官哩信哩东西"（没有一点儿保障，整天烦恼，信什么马克思主义，那是当官的信的东西）。

如图4—21所示，介于城乡之间的受访者（即"其他"受访者）中，40.2%的人认为"应当坚持马克思主义在意识形态领域的主导地位"，比例明显低于别的受访者；10.3%的人认为"应当放弃马克思主义意识形态"，比例高于别的受访者。同时可以发现，地级市、县级市或县城中认为"应当坚持马克思主义在意识形态领域的主导地位"的受访者比例高于其他地方，农村中认为"应当坚持马克思主义在意识形态领域的主导地位"的受访者比例高于直辖市或省会城市。工作生活的巨大压力以及"见多识广"的经历是部分直辖市或省会城市受访者排斥马克思主义意识形态的重要原因，比如，北京市的技术员李某（男，42岁）表示，"工作生活方面的压力非常大，北京房价贵得离谱，空气质量又不好，食品安全又没保障……"

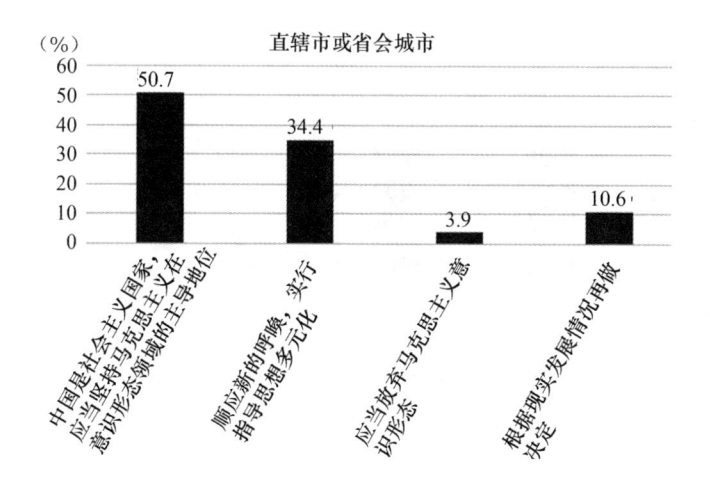

直辖市或省会城市

- 中国是社会主义国家，应当坚持马克思主义在意识形态领域的主导地位：50.7
- 顺应新的呼唤，实行指导思想多元化：34.4
- 应当放弃马克思主义意识形态：3.9
- 根据现实发展情况再做决定：10.6

地级市、县级市或县城

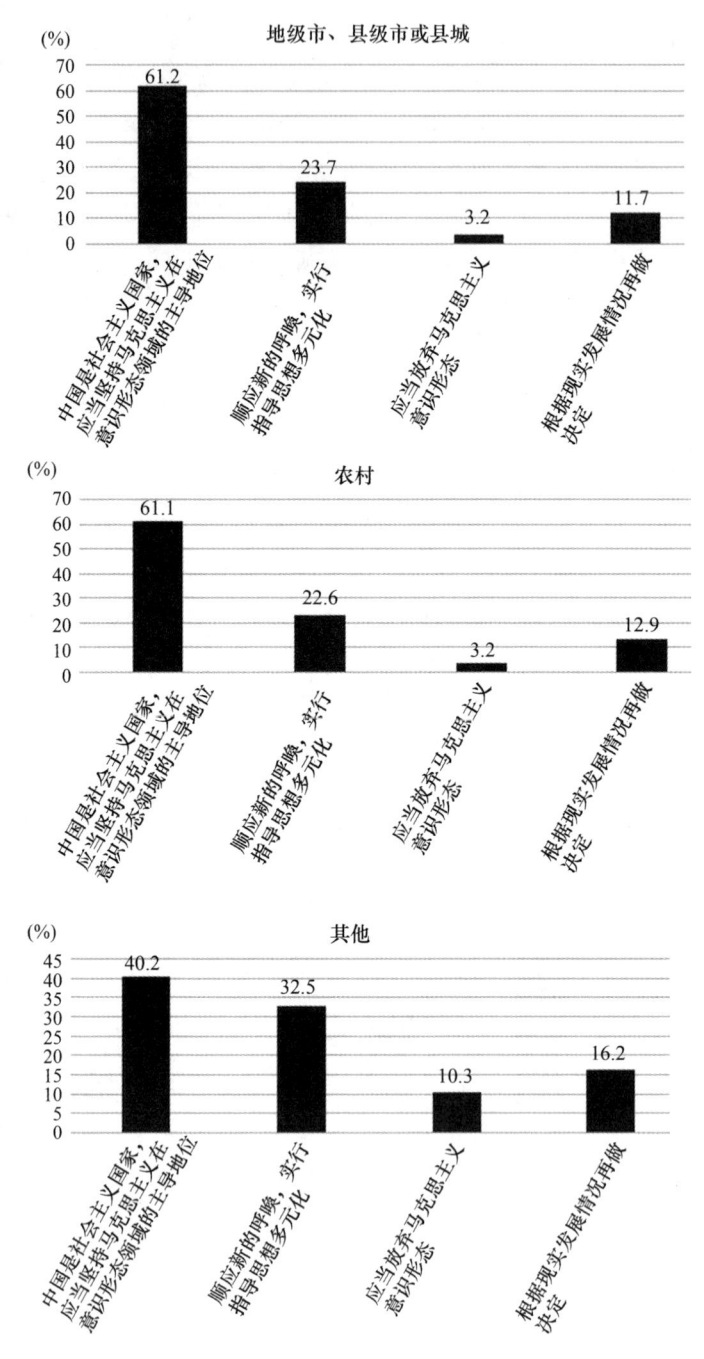

- 中国是社会主义国家，应当坚持马克思主义在意识形态领域的主导地位：61.2%
- 顺应新的呼唤，实行指导思想多元化：23.7%
- 应当放弃马克思主义意识形态：3.2%
- 根据现实发展情况再做决定：11.7%

农村

- 中国是社会主义国家，应当坚持马克思主义在意识形态领域的主导地位：61.1%
- 顺应新的呼唤，实行指导思想多元化：22.6%
- 应当放弃马克思主义意识形态：3.2%
- 根据现实发展情况再做决定：12.9%

其他

- 中国是社会主义国家，应当坚持马克思主义在意识形态领域的主导地位：40.2%
- 顺应新的呼唤，实行指导思想多元化：32.5%
- 应当放弃马克思主义意识形态：10.3%
- 根据现实发展情况再做决定：16.2%

图4—21 不同地域的受访者关于"您如何看待'坚持马克思主义在意识形态领域的主导地位'？"的调查结果比较分析

63.2%的其他受访者（介于城乡之间的受访者）认为马克思主义的基本原理具有"强大生命力"，比例低于直辖市或省会城市受访者（67.2%）、地级市及县级市或县城的受访者（75.2%）和农村受访者（80.0%）；10.3%的其他受访者（介于城乡之间的受访者）认为马克思主义的基本原理"过时了"，比例高于直辖市或省会城市受访者（3.4%）、地级市及县级市或县城的受访者（4.6%）和农村受访者（3.5%）；7.7%的其他受访者（介于城乡之间的受访者）认为马克思主义的基本原理"是错误的"，比例高于直辖市或省会城市受访者（2.8%）、地级市及县级市或县城的受访者（1.3%）和农村受访者（1.2%）；72.6%的其他受访者（介于城乡之间的受访者）认为当前的中国应当走"社会主义道路"，比例低于直辖市或省会城市受访者（74.6%）、地级市及县级市或县城的受访者（74.7%）和农村受访者（80.5%）；等等。调查结果进一步印证了，对当前生活状态越满意就越容易接受当前的主导意识形态。大多数介于城乡之间的受访者，既享受不到农村的土地保障和各种惠农政策，也享受不到城市的种种福利，对马克思主义意识形态的认同度最低；而地级市、县级市或县城的受访者相对于直辖市和省会城市的受访者而言压力小一些，又能够享受到城市生活的便利，对马克思主义意识形态的认同度最高；大多数农村受访者拥有宅基地和责任田，最起码吃住还是有保障的，容易感到满足，所以对马克思主义意识形态的认同度也不低；作为中国政治经济文化中心的直辖市和省会城市，一些受访者由于理想与现实的巨大落差感而成为马克思主义意识形态的反对者。但是，无论是城市受访者、农村受访者还是介于二者之间的受访者，大多是拥护社会主义制度的。

家庭年收入25万元以上的受访者中，有56.2%的人认为马克思主义的基本原理具有"强大生命力"，比例明显低于家庭年收入8万—25万元的受访者（68.5%）、家庭年收入3万—8万元的受访者（77.1%）和家庭年收入3万元以下的受访者（80.4%）；63.1%的人赞成走社会主义道路，比例低于家庭年收入8万—25万元的受访者（72.7%）、家庭年收入3万—8万元的受访者（78.5%）和家庭年收入3万元以下的受访者（79.7%）。家庭年收入25万元以上的受访者中，认为马克思主义基本原理已经"过时了"的比例高于其他受访者，认为共产主义绝不会实现的比例高于其他受访者，赞同走资本主义道路的比例高于其他受访者，但已经加入中国共产党的比例高于其他受访者。调查结果显示，受访者中最富裕的人对马克思主义意识形态的认同度最低，一些先富起来的人并不必然会按照马克思主义的原则去帮助其他人达到共同富裕，甚至有人因为担心个人财富被别人"共产"而对社会主义道路产生了排斥心理。但是，受访者中最富裕的人加入中国共产党的比例却高于其他受访者，这是一个值得深思的问题。

第三节 结论

根据问卷调查和访谈情况来看，多数受访者认同马克思主义意识形态和社会主义制度，但一些受访者包括少数社会精英人士对马克思主义意识形态持怀疑或否定的态度，所以，马克思主义意识形态存在被边缘化的风险。

首先，大多数受访者对马克思主义的主导地位和社会主义制度持肯定态度。对马克思主义意识形态认同度较低的18岁以下受访者中，大多数人也对马克思主义的主导地位和社会主义道路持肯定态度；各种学历、各个地区、无论城乡的受访者中的大多数人都对马克思主义的主导地位和社会主义道路持肯定态度；甚至在对马克思主义意识形态认同度较低的信仰宗教的受访者和家庭富裕的受访者中，大多数人也赞同当前的中国走社会主义道路。也就是说，社会主义制度和马克思主义的主导地位得到了大多数人的支持，我国的马克思主义意识形态安全依然是有保证的。

其次，马克思主义意识形态受到了一定程度的冷落。课题组在问卷星网站发布调查问卷之后，虽然也进行了积极的宣传，但还是受到了冷遇，在实地调查中，也遭遇了类似的尴尬，很多人拒绝参与调查或者敷衍了事。河南省郑州市的一位出租车司机拒绝参与调查，理由是"忙里很，木牛工夫扯这号虚头巴脑的东西"（很忙，没有时间谈论这些虚无缥缈的东西）；河南省南阳市的一位农民拒绝参与调查，理由是"不着啥是马克思主义"（不知道什么是马克思主义）；河南省南阳市一位在教育岗位工作了30多年的老党员拒绝参与调查；河南省信阳市的一位基层干部拒绝参与调查，理由是"眼前，马克思主义不吃香了"；广东省广州市一位私企老板拒绝参与调查，理由是"对马克思主义唔（不）感兴趣啦"；江苏省南京市的一位公司职员拒绝参与调查，理由是"怕惹上麻烦"；辽宁省锦州市的一位市民拒绝参与调查，理由是"整这玩意儿瞎耽误工夫"；四川省成都市的一位个体户拒绝参与调查，理由是"马克思主义没得啥子用"；福建省福州市的一位教师拒绝参与调查，理由是"这种调查起不到实质作用"；北京市的一位导游拒绝参与调查，理由是"不想被贴上政治标签"；还有很多人直接拒绝参与调查，没有给出理由。这在一定程度上反映出马克思主义意识形态所受到的冷落和排斥。

最后，网络对人们的马克思主义意识形态认同产生了不可低估的影响。每天上网时间超过 1 小时的受访者中，上网时间越长对马克思主义意识形态的认同度越低，特别是每天上网 8 小时以上的受访者对马克思主义意识形态的认同率连 1/4 都不到，大大低于其他受访者，但是，对马克思主义意识形态认同度最高的群体却不是每天上网时间最少（低于 1 小时）的受访者，而是每天上网时间 1—4 小时的受访者。也就是说，长时间上网（接触非马克思主义甚至反马克思主义信息的概率增大）可能会降低人们对马克思主义意识形态的认同度，但适度上网，接受正能量的马克思主义教育，则会增加人们对马克思主义意识形态的支持率。我国已经进入了名副其实的网络时代，网络已经融入到人们的日常生活、学习工作之中，而人们使用网络的过程中必然会接触到纷繁复杂的信息，其中包括各种非马克思主义甚至反马克思主义的内容。马克思主义如果想保持其在意识形态领域的主导地位，就必须顺应潮流，在网络上开辟出巩固的根据地，争取网民的支持，击退反对者的攻击。当前，网络已经成为意识形态斗争的前沿阵地，但我国马克思主义意识形态的网络阵地建设较为薄弱，或多或少地存在着吸引力不足的问题，必须引起相关部门的重视，采取切实有效的措施加以应对。这也正是本书所要研究的重点内容。

第五章

互联网时代坚持马克思主义意识形态主导地位面临的问题

网络为马克思主义意识形态的传播提供了新的载体和手段,有助于我国意识形态安全的维护。但不可否认,网络也成为西方敌对势力对我国进行意识形态渗透的主要渠道,成为多元化思潮登台亮相的舞台,从而对我国的意识形态安全产生了威胁,对民族复兴中国梦的实现造成了障碍。网络已然成为意识形态较量的前沿战场。

第一节 西方强势而又隐蔽的网络意识形态进攻

当前,网络俨然成为西方资本主义国家攻击我国主导意识形态的主要渠道。从某种意义上来说,西方资本主义对我国意识形态的干预,是西方政治和文化渗透和蔓延的过程。由于信息网络全球化的趋势日渐突出,他们的技术、资本、知识、信息、意识形态等势必会对我国的民族文化、价值观和意识形态带来冲击。网络打破了时空的界限,使国内外的各种文化、思想意识展开了面对面的"遭遇战"。以美国为首的西方资本主义国家利用互联网的发展将其意识形态强势推送到非西方国家,并利用在科技等方面的领先地位,推行着"文化帝国主义"和"文化霸权主义",对我国的意识形态安全形成了强烈冲击。

一 "民主传教士"的热情为网络意识形态进攻提供了动力

在当今世界上,美国号称"民主之最""上帝的宠儿""美国例外"。这些论调的共同特点是美国意识形态的优越性。美国统治阶级认为,美国"先于其他民族看到民主,并将自由平等的民主理想和物质的祝福传遍全世界各个民族"①。在美国统治阶级的宣传下,一些民众也认同美国的"民主使命"。美谚有云:"凡是有利于美国的,必将有利于世界"②。

如果说美国的"民主使命感"具有一定的道德色彩的话,那么美国在现实中推行的意识形态渗透则赤裸裸地服务于美国的国家利益和其全球战略利益。在美国的精英阶层看来,自由民主意识形态是美国的立国之基,瓦解了自由民主意识形态,美国就会分崩离析。亨廷顿之所以研究世界的第三波民主化浪潮,是因为他认为,民主在世界的未来对美国人具有特别的重要性。亨廷顿指出:"其他国家也许可以从根本上改变它们的政治制度,并持续他们作为一个国家的存在。但是美国却不能作出这一选择"③。因此,美国非常重视中西意识形态斗争的主动权和领导权。早在1951年的时候,美国政府就已经制订了针对社会主义国家意识形态的"作战办法",其中针对中国的部分,经过不断的演变、修订,最后成了著名的《十条诫令》("十套办法")④,其目的就是对中国实行"和平演变",向中国渗透西方的意识形态,鼓励中国的青年人反对共产主义,使青年人的注意力由以政府为中心向娱乐、色情、犯罪等方面转移,瓦解国人的羞耻心,摧毁我国人民刻苦耐劳的传统精神,破坏我国民族团结……

---

① 竺乾威主编:《西方行政学说史》,高等教育出版社2001年版,第289页。
② 王义桅:《被神话的美国》,中国社会科学出版社2008年版,第17页。
③ [美]塞缪尔·亨廷顿:《第三波:20世纪后期民主化浪潮》,刘军宁译,上海三联书店1998年版,第30页。
④ 《十条诫令》是美国中情局企图颠覆中国的秘密行动手册,2000年6月刊登于联合早报网,2001年7月登载于香港《广角镜》月刊,2001年7月24日刊载于《参考消息》第15版,被《克格勃X档案》([俄]维·什罗宁将军著,新华出版社2003年版)印证了其真实存在。《十条诫令》的内容包括:第一,尽量用物质来引诱和败坏他们的青年,鼓励他们藐视、鄙视、进一步公开反对他们原来所受的思想教育,特别是共产主义教条;第二,一定要尽一切可能做好传播工作,包括电影、书籍、电视、无线电波……和新式的宗教传播;第三,一定要把他们青年的注意力,从以政府为中心的传统引开来,让他们的头脑集中于体育表演、色情书籍、享乐、游戏、犯罪性的电影,以及宗教迷信;第四,时常制造一些无事之事,让他们的潜意识中种下分裂的种子;第五,要不断制造消息,丑化他们的领导,组织他们自己的言辞来攻击他们自己;第六,在任何情况下都要抓紧发动民主运动,对他们(政府)要求民主和人权;第七,要尽量鼓励他们(政府)花费,鼓励他们向我们借贷;第八,要以我们的经济和技术优势,有形无形地打击他们的工业;第九,要利用所有的资源,甚至举手投足,一言一笑,都足以破坏他们的传统价值;第十,暗地运送各种武器,装备他们的一切敌人,以及可能成为他们敌人的人们。这十条,除了第十条是要"动武"以外,其他各条都是突出"和平演变",即用"和平"的方式演变社会主义制度。

这与对苏联采取的意识形态渗透政策如出一辙。资本主义国家无法通过流血的战争来消灭社会主义国家，但是又不会安心让社会主义国家存在与发展，他们通过"和平演变"为苏联送去了挽联，又打算在网络时代为社会主义送来一颗隐形炸弹，对中国开展一次攻心战，将马克思主义意识形态扔进历史的"垃圾桶"。

自中国接入国际互联网之后，以美国为首的西方资本主义国家凭借其强大的技术优势和经济实力迅速抢占网络"话语权"，对中国展开了强势而又隐蔽的意识形态进攻。从20世纪90年代开始，以美国为首的西方国家就在网络上宣扬"中国威胁论""中国崩溃论"等，对我国进行意识形态攻击，并试图以西方所谓的"普世价值观"改造中国。一些西方著名学者也失去了学术研究应具有的客观性，动辄将中国称为专制的"极权国家"，甚至有人宣称中国有"对外扩张、自我伸张和实行帝国主义"的可能性，西方应加强团结，对中国进行制衡①。这些观点在网络上流传很广，不仅加深了西方人士对中国的偏见，也对一些中国人的世界观产生了一定的冲击，在他们的意识里播下了反对马克思主义、反对社会主义的种子。

以美国为首的西方国家以文化为载体、以互联网为手段大肆推行文化霸权主义，企图推行隐含其中的西方意识形态，也是有目共睹的。据2014年中国统计年鉴显示，仅2013年，我国的进口音像、电子产品数量就达到了285070（盒、张），进口金额20022.34万美元，出口额122.43万美元，在经济效益上存在较大赤字。② 不难看出，我国在现代国际多媒体文化传播中并不占优势，而这种现象在网络上体现得也很明显。可口可乐、麦当劳、肯德基、耐克鞋等的广告充斥着网络，引导中国人尤其是青少年向往西方生活方式；西方影视作品也受到了很多网民的追捧，尤其是好莱坞电影成为中国青年流行的风向标，悄然将隐含其中的价值观念输送给了中国青年；关于出国留学或移民培训的信息在网络上随处可见，引导人们学习西方的文化和历史，强化西方的价值观念，比如，TOEFL考试

---

① ［美］塞缪尔·亨廷顿：《文明的冲突与世界秩序的重建》，周琪等译，新华出版社2002年版，第255—260页。

② 中华人民共和国国家统计局编：《中国统计年鉴2014》，中国统计出版社2014年版，第733页。

的培训用书就是介绍美国文化和历史的教科书，如果不按照美国的思维方式答题将不可能在 TOEFL 考试中取得较高分数。与此同时，社会主义经济和社会主义核心价值体系在网络上接受到来自西方的严厉"考问"和诸多质疑，从而影响了一些中国网民对中国特色社会主义的理论自信、道路自信、制度自信和文化自信。我们应该积极自觉地去应对这些问题，对以美国为首的资本主义国家的意识形态进攻形成有效防御，并且适时反击。

二 网络技术制高点为网络意识形态进攻提供了可行性

在"民主使命感"和国家利益驱动下，美国具有极强的"意识形态输出"动机。互联网的到来，开辟了人类信息传播的新纪元。这一先进的传播技术，必然被美国所用，助推美国在"和平演变"这场没有硝烟的战争和中西意识形态斗争中取得胜利。而美国对网络技术制高点的控制则为其战略野心的实现提供了可行性。有学者指出："在电脑关键部件和软件方面，美国在世界上占绝对优势"①。美国利用其对网络关键技术和核心部件的掌控权，公开或隐蔽地对华发动网络意识形态斗争。所谓"公开"是指，美国及其代理人直接在互联网上为西方意识形态唱赞歌，丑化马克思主义意识形态；所谓"隐蔽"是指，美国通过在网络上推销文化产品（影视作品、动漫等）的方式，潜移默化地向华输出其价值观念和生活方式。因此，美国的"互联网霸权"为其"意识形态霸权"提供了技术支撑。从这个意义上说，互联网在国际关系中具有"非中性"作用②。

早在互联网普及之前，美国就已经将信息科技与国防、军事联系到一起了。1957 年，美国开始将互联网应用引入军事领域；1969 年，美国国防部委托开发 ARPANet。而负责 TLD 解析的 DNS 根服务器，在互联网运营中起着极其关键的作用，这至关重要的根服务器的分布情况却不容乐观：用于管理互联网的主目录的 13 个根服务器中有 10 个设于美国，即设

---

① ［美］斯塔夫里阿诺斯：《全球通史》，董书慧等译，北京大学出版社 2009 年版，第 773 页。

② 郑志龙、余丽：《互联网在国际政治中的"非中性"作用》，《政治学研究》2012 年第 4 期。

在美国的弗吉尼亚州的杜勒斯主根服务器（A）和设在美国其他地方的9个辅根服务器；剩余的3个辅根服务器分别设在瑞典、荷兰、日本，但"均由美国政府授权的互联网域名与号码分配机构 ICANN 统一管理"。① 据网易新闻转载的《环球时报》报道，2014年1月21日，中国互联网遭到攻击，出现了大面积的断网现象，"据初步统计，全国有2/3的网站访问受到影响"，而肇事IP指向美国。② 可见，以美国为首的西方国家通过网络技术，掌握着域名体系的控制权力，并且能够轻而易举地破坏网络的正常运行，这对于其他国家，尤其是不占任何优势的发展中国家来讲，具有很大威胁。另外，如阚道远先生在《美国对社会主义国家的网络战略》一文中提到的，全球的大型数据库中，"有70%设在美国"。③ 也就是说，美国等西方国家不仅拥有对中国进行网络意识形态进攻的动机，而且具备相应的技术条件。

截至2015年6月，中国网民规模业已达到6.68亿，互联网普及率为48.8%。④ 虽然中国的网络发展很快，网民数量不断攀升，但是在没有掌握核心技术的前提下，这意味着6.68亿网民可能被"监控"。从2010年的"谷歌事件"，到2013年"棱镜门"事件的曝光，无不说明我国意识形态在网络环境中的处境之差。在"谷歌事件"中，谷歌公司开放了达赖喇嘛、色情暴力等网页和图片，在国内的意识形态领域掀起了一阵狂潮。无论是当年希拉里对中国政府的"严词指责"，还是奥巴马对谷歌公司的"强力支持"，都透露着西方资本主义意识形态的獠牙利爪。"谷歌事件"，不仅仅是一场发人深思的商业闹剧，更是意识形态战争中的一场战役。我国政府及时地发现了这样的阴谋，从我国的社会稳定和国家安全等角度出发，"干涉"了这家商业公司在华的行为。"棱镜门"事件曝光了微软、雅虎、谷歌、脸书（Facebook）等公司都在项目监视范围之内，引起舆论一片哗然。2010年1月，时任美国国务卿的希拉里在华盛顿哥伦比亚特区新闻博物馆开展了一场题为《互联网自由》的演讲，在当时，

---

① 《中国互联网遭袭　全球13台根服务器均在美日》，网易网，http://war.163.com/14/0122/07/9J65SROM00014OMD.html，2014年1月22日。
② 同上。
③ 阚道远：《美国对社会主义国家的网络战略》，《理论学习》2013年第9期。
④ 《CNNIC发布第36次〈中国互联网络发展状况统计报告〉》，新华网，http://news.xinhuanet.com/politics/2015-07/23/c_128051995.htm，2015年7月23日。

这位美国国务卿肆意对中国进行指责,认为中国对网络信息的审核不合时宜,认为这样竖立的电子屏障侵犯了发表非暴力政治言论的民众的"隐私权"①。当时的呼吁振振有词、掷地有声,让一些中国公民的热血澎湃起来,都以为美国真的能够提供一个自由安全的互联网世界。骗局终究会有被揭穿的时候!"棱镜门"事件曝光之后,谷歌公司为美国政府所用对我国进行监听的实情浮出水面,一切真相大白。美国等西方国家凭借其技术上的优势,妄图在网络时代铸造"霸权梦",对"民主""自由"等实行双重标准,这是对马克思主义意识形态明显的进犯。虽然美国政府在"棱镜门"事件中抛出了"反恐"的幌子,但是这些都不足以继续维持美国政府"卫道士"的形象了。美国滥用技术优势、充当网络空间"警察",也扮演着"偷窥者"的角色,这导致了广泛的思想恐慌,更为我国的网络安全、意识形态安全敲响了警钟。"谷歌事件"还历历在目,"棱镜门"事件又让我们不得不"去美国化",只有坚定地坚持马克思主义意识形态,才能在纷乱的网络时代保持住独立自主的地位。

三 西方国家对我国马克思主义意识形态进行网络攻击的主要方式

当前,以美国为首的西方国家占据着信息传播和互联网话语权的高地。随着中国互联网的快速普及,西方国家更是加紧活动,利用互联网无国界的特点,兜售其美化后的政治观念,让我国人民在虚拟的世界体验虚拟的自由和民主,并妄图以此动摇马克思主义意识形态的主导地位。正如周小平所言,美国等国家正在采取"灭偶像""毁信仰""反人类""反智""唱衰中国""先亡其史""瓦解公信力""打击幸福感""散播政治鸦片"等方式对华冷战,"他们组织职业写手日夜编撰着成千上万的文章和段子,通过美资背景控制的这些网络平台以及精心打造的导师、偶像和大V在中国社会广泛传播"②,潜移默化地影响着中国人的思想,悄然侵蚀着中国人的信仰。西方国家对马克思主义意识形态进行网络攻击的招数多种多样,很有迷惑性,但颇具杀伤力。

---

① 《希拉里〈互联网自由〉讲话美国官方译文》,立方网,http://www.199.com/EditText_view.action?textId=67582,2010年1月23日。

② 周小平:《美国对华冷战的九大绝招》,光明网,http://cq.qq.com/a/20140714/057134.htm,2014年7月14日。

1. 抹黑中国，并借机将马克思主义意识形态说成"政治巫术"，将社会主义信仰说成乌托邦和政治神话，否认马克思主义意识形态的科学性，抽掉马克思主义意识形态的理性基础，使马克思主义意识形态蒙受污名，动摇网民对马克思主义意识形态的自信心。例如，西方国家抛出的危言耸听的"中国崩溃论"、夸大其词的"社会不公论"、形形色色的"马克思主义过时论"在网络上流传甚广，从政治、经济、文化、社会、生态等各方面"唱衰中国"，一些由虚假数据支撑的造谣文章经过精心的包装和推介，通过微博、微信、论坛、贴吧等对网民产生了非常消极的影响，使一些中国人特别是青年人对国家、政府和自己的未来很不自信，甚至对社会主义制度和马克思主义意识形态产生了抵触心理。

2. 推行历史虚无主义，诋毁中国偶像，瓦解中国共产党和政府的公信力，进而否定中国共产党执政的合法性，否定马克思主义意识形态的主导地位。这是西方国家对社会主义国家进行"和平演变"的惯用套路，他们曾经在苏联进行过成功的尝试，使"苏联丧失了能够统一群众思想的信仰"。[①] 如今，西方国家如法炮制，并借助于互联网对中国展开了凌厉的思想攻势，传播诸如《慈禧太后最伟大》《毛泽东时代的罪恶照样令人发指》《雷锋是制造出来的政治偶像》《经不起推敲的邱少云》《跳楼现场！这哥们大喊不要相信共产党》之类的文章或段子，贬损和否定中国的革命历史和革命领袖，诋毁中国共产党和政府，丑化中国人的偶像，妄图以此来摧毁人们的精神支柱，使中国人民在没有硝烟的战争中主动放弃对马克思主义的信仰和对中国特色社会主义的信念。

3. 美化资本主义的制度和社会，只谈西方国家的成就和功绩，而对其存在的社会问题闭口避谈。在把西方国家说成"人间天堂"的同时，大肆宣扬中国的负面信息。事实上，任何国家都存在腐败、贫穷等问题，西方国家也不例外。2011年9月17日，美国纽约爆发了举世闻名的"占领华尔街"运动，这场运动以"抗议华尔街贪婪"和"贫富差距悬殊"为口号，吸引了大批美国公民参与其中，并迅速蔓延到美国的其他地区乃

---

① 曾华锋、石海明：《制脑权：全球媒体时代的战争法则与国家安全战略》，解放军出版社2014年版，第130页。

至全球的多个城市。① 据《华尔街日报》报道，截止到2014年，"占领华尔街"运动已经有近8000名抗议者被捕。② 这充分说明，美国等西方国家并不是"人间天堂"。他们之所以美化自己、贬毁中国，其目的在于丑化社会主义制度，妄图使广大网民对马克思主义意识形态产生怀疑。

4. 采取偷换概念的方式，将国家治理好坏、社会问题的多寡等同于"民主与专制的问题"，传播"民主万能"的网络言论，将中国社会问题的实质简约为"民主不民主的问题"。而他们所说的民主只是西方民主，任何偏离西方民主的做法都是政治衰退。亨廷顿甚至认为，国家之间的区别不在于政体类型，而在于政府的有效性③。实际上，民主不能解决所有问题④，实行西式民主的希腊自2009年底以来便陷入了债务危机之中，失业率居高不下，政治局势动荡；而"东南亚最以'民主'为傲的国家"⑤——泰国，自2005年至2014年的十年时间里竟然有9位总理（或代总理）执政，政局混乱，其民主选举制度加剧了社会隔阂与分裂。西方国家上述言论的实质是号召网友放弃对马克思主义意识形态的信仰，而将西方意识形态奉为圭臬。

5. 将社会主义政权加上"极权主义""威权主义""法西斯主义"等名号，运用"极权主义""威权主义""法西斯主义"等话语和理论体系（西方的一些自由主义知识分子曾做过一些"研究"）分析中国社会问题，得出中国社会问题的总根源是"极权主义"的错误结论，诋毁社会主义制度的形象，使网民对马克思主义意识形态产生否定倾向。例如，联合早报网《中国社会信任的解体及其后果》一文中提到，现在的中国，"权力和资本走到了一起"，"权力是为资本服务的"，"这种结合比单纯的资本的力量要大很多，比单纯的政治极权的力量也要大得多，可以把此称为资

---

① 《"占领华尔街"运动有始无终》，新华网，http：//news.xinhuanet.com/herald/2011 - 11/25/c_131267711.htm，2011年11月25日。
② 《美媒：截止到2014占领华尔街运动已有近8000抗议者被捕》，凤凰网，http：//news.ifeng.com/a/20141119/42515714_0.shtml，2014年11月19日。
③ ［美］塞缪尔·亨廷顿：《变革社会中的政治秩序》，李盛平等译，华夏出版社1988年版，第1页。
④ 张维为：《西方民主的三大"基因缺陷"》，《中国社会科学报》2014年4月15日。
⑤ 凌朔：《评论：西方民主在泰国的失效》，中国新闻网，http：//www.chinanews.com/gj/2014/06 - 02/6235556.shtml，2014年6月2日。

本极权主义"。① 2015 年 9 月 23 日，笔者在百度网输入"新加坡联合早报&中国社会信任的解体及其后果"，出现了约 25300 个相关的搜索结果；输入"中国&资本极权主义"，出现了约 1280000 个相关的搜索结果。此类言论在网络上的活跃程度由此可见一斑。

6. 利用互联网的多媒体功能，将音频、视频、图像和文字等融合在一起，产生"新闻效应"，更好地吸引网民的注意力，从而达到传播异类意识形态，削弱马克思主义意识形态吸引力和凝聚力的目的。

7. 引导网民非理性看待中国敏感问题，得出错误结论，并妄图促使中国的敏感问题国际化，号召全世界都来关注中国的敏感问题，丑化社会主义制度，玷污共产党的形象，向中国政府施加压力，企图迫使中国接受西方的价值观。例如，在香港回归纪念日，煽动网民讨论中国统一问题、在国庆节和"六·四"讨论中国的人权问题等。事实上，自20 世纪 90 年代以来，美国已经十余次在联合国人权会议上提出反华议案，声称中国的"人权状况"问题严重，甚至扭曲夸张中国的人权事件，这种粗暴地直接干涉我国内政的过程暴露了其真实意愿，而网络使这种干涉变得更加隐蔽，在无形中增大了美国等西方国家对我国进行和平演变的威力。

8. 否认大国的复杂性和多样性，将中国与一些治理较好的小国如北欧的一些国家进行比较，通过"摆事实，讲道理"的方式指出二者之间的差距，动摇网民对共产党的信任，削弱马克思主义意识形态的说服力。例如，在网络上，比比皆是的《实地考察，中国和北欧确实差距较大，确实是童话世界》《为什么中国人要羡慕北欧人的生活》等文章和段子，盛赞北欧国家的优美自然环境、完善的社会保障制度、免费大学教育、超长的带薪产假等，把北欧国家描绘成"童话世界"，得出中国不如北欧国家的结论，进而使部分网民对党和政府产生了不满情绪，对马克思主义意识形态心存疑虑。事实上，中国作为一个超大型社会，具有文化多样性、社会经济复杂性和独特的历史因素，将中国与一些小国相比，不能得出正确的结论。

9. 在网络上宣传"普世价值""公民社会"等自由主义思想，宣称

---

① [新加坡] 郑永年：《中国社会信任的解体及其后果》，联合早报网，http://www.zaobao.com/forum/expert/zheng-yong-nian/story20090609-55813，2009 年 6 月 9 日。

自由主义是解决中国所有社会问题的"良方"。鼓吹中国社会问题必须从"根本上"解决，而根本解决的出路就是以自由主义意识形态作为指导思想。在西方网络自由主义的进攻中，国内不乏"应声虫"。例如，"华盛顿荣誉市民"钱文军在题为《只有普世价值才能救中国》的博文中指出，马克思在《共产党宣言》里"挖苦"的"封建的社会主义""很切合我们的'中国特色社会主义'"，"只有普世价值才能救中国"，"中国要稳定、要发展、要进步、要和平幸福，却拒绝追寻普世价值，那是根本办不到的"。① 这篇公然否定中国特色社会主义、赞颂普世价值的博文被人张贴于众多的网络论坛，并轻而易举地通过了网络编辑的审核。从表面上看，"普世价值""公民社会"不过是学术词汇，实质上是经过包装的自由主义意识形态，其目的在于混淆视听，造成思想混乱，动摇马克思主义意识形态的指导地位。

第二节 我国的马克思主义意识形态网络阵地需巩固

马克思主义意识形态网络阵地，从狭义上讲，是指以研究、宣传马克思主义意识形态为主的具有独立空间域名的专业网站；从广义上讲，不仅包括具有独立空间域名的专业马克思主义网站，还包括相关网站中的马克思主义理论板块。前者数量很少，所以，本书把各网站中的马克思主义理论板块也列入了马克思主义意识形态网络阵地的范畴，从广义上进行分析。自1994年中国接入国际互联网以来，我国的马克思主义意识形态网络阵地建设取得了一定的成果，但是，我国当前的马克思主义意识形态网络阵地还比较薄弱。

一 马克思主义意识形态网络阵地存在的问题

互联网在中国兴起之后，一批马克思主义意识形态网络阵地相继建立起来，包括各级党委和政府创建的马克思主义理论研究和教育网站；《人民日报》等传统喉舌媒体创建的网站；各高校、党校、研究院所、学术

---

① 钱文军：《只有普世价值才能救中国》，博客中国网，http://wenjunq.blogchina.com/1153711.html，2011年6月16日。

团体网站的马克思主义理论栏目；各社会团体网站和商业网站的马克思主义及相关理论栏目；个人建立的与马克思主义相关的网站、网页；等等。这些网络阵地为马克思主义意识形态的传播提供了新载体和新途径，促进了包括商业精英阶层在内的诸多网民了解马克思主义意识形态甚至加入中国共产党，推动了马克思主义的传扬以及马克思主义理论研究的良性发展。但是，我国的马克思主义意识形态网络阵地也存在着一些问题，比如数量少、功能差、吸引力不足等。

1. 数量少

与大量具有独立空间域名的佛教专业网站相比，我国马克思主义意识形态网络阵地中具有独立空间域名的专业网站在数量上明显处于劣势。据笔者目力所及，截止到2016年1月6日，链接有效的仅有116个（其中还包括"人民网""光明网"等依托中国共产党喉舌——《人民日报》《光明日报》等创建的新闻网站），而名称中包含"马克思主义"的网站更是凤毛麟角，仅有马克思主义创新理论网（http：//www. marxismcxll. com/）、马克思主义中国化论坛（http：//www. marxism. org. cn/）等少数几个。

1997年1月1日，依托于《人民日报》而建立的"人民网"（2000年时启用新域名：http：//www. people. com. cn/）开通上线，"这是我国诞生的第一个红色网站"[①]；1997年11月7日，依托于新华社而建立的"新华通讯社网站"（2000年时改名为"新华网"，并启用新域名：http：//www. xinhuanet. com/）开通上线；1998年1月1日，依托于《光明日报》而创建的"光明网"（2003年时启用新域名：http：//www. gmw. cn/）开通上线。随后，一批网络阵地建立了起来，成为传播马克思主义及其最新理论成果的新平台，其中具有代表性的如表5—1所示。某些网站在内容上比较庞杂，但其在网络意识形态阵地中发挥的作用却是众所周知的。

[①] 刘勇：《"红色网站"传播马克思主义理论的现状及效果分析》，《电子测试》2014年第17期。

表 5—1　　　　具有代表性的马克思主义意识形态网络阵地

网站名称	网址	网站名称	网址
人民网	http://www.people.com.cn/	宣讲家网	http://www.xj71.com/
新华网	http://www.xinhuanet.com/	党建网	http://www.dangjian.cn/
光明网	http://www.gmw.cn/	中青在线	http://www.cyol.net/
求是网	http://www.qstheory.cn/	毛泽东思想旗帜网	http://www.maoflag.cn/
乌有之乡网刊	http://www.wyzxwk.com/	紫光阁	http://www.zgg.org.cn/
马克思主义中国化论坛	http://www.marxism.org.cn/	马克思主义创新理论网	http://www.marxismcxll.com/
中国理论网	http://www.ccpph.com.cn/	昆仑策网	http://www.kunlunce.com/
理论网	http://www.cntheory.com/	中红网	http://www.crt.com.cn/
中国党政干部论坛	http://www.zgdzgblt.com/	红色文化网	http://hswh.org.cn/
半月谈网	http://www.banyuetan.org/	环球视野网	http://www.globalview.cn/
红歌会网	http://www.szhgh.com/	拓展网	http://www.dongfangyi.org/
参考消息	http://www.cankaoxiaoxi.com/	毛泽东博览	http://www.mzdbl.com/
民族复兴网	http://mzfxw.com/	红色故乡网	http://www.redgx.com/

资料来源：笔者根据网络资料整理而成。

一些网站的马克思主义理论板块也是马克思主义意识形态网络阵地的重要组成部分，例如，依托于中国社会科学院网（http://www.cass.cn/）的马克思主义研究网（http://myy.cass.cn/）；依托于人民网（http://www.people.com.cn/）的马克思主义学习网（http://theory.people.com.cn/GB/179412/）和中国共产党新闻网（http://cpc.people.com.cn/）；依托于中国社会科学网（http://www.cssn.cn/）的马克思主义网（http://marx.cssn.cn/mkszy/）；依托于中华人民共和国中央人民政府门户网站（http://www.gov.cn/）的中共中央党校网（http://www.ccps.gov.cn/）；等等。但是，这些网络阵地与依托于凤凰网（http://www.ifeng.com/）的凤凰佛教（http://fo.ifeng.com/）、依托于腾讯网（http://www.qq.com/）的腾讯佛学（http://foxue.qq.com/）等相比，无论在名气上，还是在人气上，都存在一定差距。

此外，通过几个大型搜索引擎检索的结果，如表5—2所示（截止到2016年1月6日），马克思主义相关网页的数量明显少于佛教相关网页的数量。这也在一定程度上印证了马克思主义意识形态网络阵地建设的不足。

表5—2　　　　　　　　　　搜索引擎检索结果

中文搜索引擎	马克思主义相关网页数量	佛教相关网页数量
百度	7880000	100000000
好搜	55200000	74300002
必应	2240000	13300000
有道	55200000	75200000

资料来源：笔者查询搜索引擎整理而成。

2. 功能差

马克思主义意识形态网络阵地担负着研究、宣传马克思主义意识形态的作用，不仅应当具有意识形态功能，还应当具有教育、服务等功能。而我国在马克思主义意识形态网络阵地建设中对此问题的认识还不够深入。无论是政府创建的网络阵地，还是高校、研究机构、学术团体、社会团体抑或个人创建的网络阵地，都认识到了意识形态斗争的复杂性、严峻性，但对于网络阵地意识形态功能、教育功能、服务功能等的实现重视不够。

一些网络阵地设立有在线阅读马克思主义经典著作的功能，但是相关链接无法打开，形同虚设，例如，某网站的"经典诵读"栏目，笔者在调研中点击《毛泽东选集》《邓小平文选》等页面均显示"操作超时"，无法打开。值得一提的是，该网站是具有官方背景的某著名出版社创建的网站，其金典比对、金典关联、金典找句等栏目非常专业，对于马克思主义理论学习和研究具有重要价值。然而，这些栏目都是收费的，这在一定程度上削弱了该网站在网络意识形态斗争中的影响力和战斗力。

马克思、恩格斯曾经指出，"思想"一旦离开"利益"，就一定会使自己出丑。① 马克思主义意识形态网络阵地不能只满足于空洞的理论宣传，而应当结合现实，结合群众的利益，发挥好服务功能。所谓服务功能

---

① 《马克思恩格斯全集》第2卷，人民出版社1957年版，第103页。

的发挥,首先应当是征询网友的意见和建议,然后根据网友的需求及时作出反馈,并尽量落到实处。但是,当前的网络阵地中,除了人民网(http://www.people.com.cn/)、新华网(http://www.xinhuanet.com/)等少数阵地通过微博、博客、微信客户端等与读者互动外(其中包含大量与马克思主义意识形态无关的国内外新闻的讨论),很多阵地都没有设立咨询性的互动交流栏目,更不用提及时反馈、意见落实了。

马克思主义意识形态网络阵地,不仅具有在国内进行马克思主义理论教育和推广的作用,也承担着对外宣传的功能。但是,据笔者目力所及,我国目前已经建成的网络阵地中,只有人民网(http://www.people.com.cn/)、新华网(http://www.xinhuanet.com/)、光明网(http://www.gmw.cn/)、求是网(http://www.qstheory.cn/)等少数网络阵地具有外文版本,其中具有多种外文版本的网络阵地更是屈指可数;只有人民网(http://www.people.com.cn/)、新华网(http://www.xinhuanet.com/)等少数网络阵地具有少数民族语言版本或繁体中文版本;80%以上的网络阵地仅有简体中文版本。也就是说,大多数的网络阵地可能无法胜任对全体中华儿女进行马克思主义意识形态宣传、教育的任务,而对国外形成强有力的意识形态宣传攻势的任务更是难以完成。

3. 吸引力不足

我国当前的马克思主义意识形态网络阵地中,虽然人民网(http://www.people.com.cn/)、新华网(http://www.xinhuanet.com/)等阵地拥有很高的人气,但是,大多数网络阵地都或多或少地存在着吸引力不足的问题。笔者通过 Alexa 中国(www.alexa.cn)对链接有效的网络阵地进行了访问量查询,很多网络阵地的三个月日均访问量(无论是人均 IP 还是人均 PV)远远低于 5000,部分网络阵地三个月的日均访问量为"—",即访问量少到可以忽略不计(截止到 2016 年 1 月 6 日)。

一些马克思主义意识形态网络阵地只是把纸质版的资料搬到了网上,充其量只是个"搬运工",难以引发网民的关注;一些网络阵地不重视自身宣传,不知道利用外部链接、搜索引擎、网址大全、报纸杂志等推广自己,以至于很少有人知道这些阵地的存在;一些网络阵地内容乏味,无法得到网民的喜爱与支持;一些网络阵地安全性不足,降低了自身的吸引力,比如,调研期间,某网站的页面提示存在风险(该页面可能已经被非法篡改),笔者为了电脑信息的安全,就没有打开该网站;一些网络阵地带有宗派色彩,自上线以来就争议不断,受到了很多批评,所以浏览量不高;一些网络阵地虽然建设得很好,但过于看中经济利益,设立了收费栏目,引起了网民的反感,降低了该网站的吸引力。

此外,还有一些网络阵地信息面窄,千篇一律,特别是一些地方性的网络阵地上传下达式地宣传马克思主义意识形态,充当了中央网络阵地的"传输器",不仅浪费了网络资源,也占用了网民的宝贵时间,使部分网民倾向于直接浏览中央网络阵地,导致这些地方网站沦为"空站"。

4. 表达方式滞后

网络兴起之前,马克思主义意识形态宣教者与受众的信息是不对称的,宣教者处于话语场域的中心,可以按照自己的意志和预先设计好的模式对受众进行单向性的说教,使受众成为可控信息的"接收器"。网络兴起之后,网民不再是被动的信息接受者,他们随时随地可以通过手机、电脑从网络上搜索到自己感兴趣的任何信息,足不出户便知古今中外之事,甚至在某些方面比马克思主义意识形态宣教者知道的还多。获取了丰富网络信息、习惯于幽默新潮网络语言的网民对马克思主义意识形态表达方式提出了更高的要求,但是,当前的马克思主义意识形态表达方式依然以政治话语、文件话语作为主要话语形式,语言表述过于理论化、教条化。这种"套话""官话",使许多网民认为马克思主义意识形态空洞抽象、刻板乏味、脱离生活和实际、缺乏趣味性和吸引力,由此不愿意浏览宣传马克思主义意识形态的网站。

网络赋予了网民尽可能展示自己的平台。他们运用 E-mail、QQ、MSN、博客、微博、微信表达自己的观点,宣泄丰富的情感,使张扬的个性在网络环境下自由绽放。而不少马克思主义意识形态网络阵地却跟不上网民的步伐,依然存在话语霸权的现象。一些宣教者坚守理论的完整性、逻辑的严谨性和叙述风格的宏大严肃性,用说一不二的语气要求网民接受"颠扑不破"的真理,从而激发了部分网民的逆反心理,使马克思主义意识形态网络阵地难以达到理想的宣传教育效果。马克思主义意识形态宣教者掌握话语霸权的训导式宣传教育方法,在网络兴起之前曾经起到过积极的作用,使成千上万的受众成为社会主义的拥护者和建设者。但是现阶段,随着中国经济、社会的巨大变革,人们的思想观念和行为方式也发生了相应的变化。伴随着电脑与智能手机生活的网民与前辈相比,拥有更多的参与教育活动的自主权和价值认同的主动权,他们渴望被关注,喜欢自由地展示思想,具有很强的独立自主意识,敢于质疑甚至反对权威,这与传统的马克思主义意识形态表达方式格格不入。

马克思主义意识形态网络阵地担负着对网民进行马克思主义理论教育的任务,其话语形式大多采用了以意识形态为核心的权力话语。这种居高临下的意识形态话语很难引起接触到多元网络思潮的网民的共鸣,甚至会引发他们的抵触情绪,从而使马克思主义意识形态网络阵地的宣传教育目的难以达到。在多元网络思潮激烈交锋、争夺受众的背景下,网民的头脑不可能是"真空"的,马克思主义思潮不去占领,各种非马克思主义甚至反马克思主义思潮就会乘虚而入。如果马克思主义意识形态网络阵地依然采用僵硬的填鸭式的意识形态灌输话语,不能与时俱进作出相应的调整,就会在这场受众争夺战中败下阵来,影响到中国特色社会主义事业的长远发展。

二 其他网站建设对马克思主义意识形态网络阵地建设的启示

马克思主义意识形态网络阵地很有必要从其他网站的兴盛中借鉴一些有价值的经验。

1. 网站建设者(维护者)的奉献精神

一般来讲,有些网站既没有强大的官方背景,也没有政府的固定资金支持,只能依靠网络团队(包括网站义工)的奉献或网友的捐助来维持运转。例如,一些网站负责人"在北京连房子都没买过",因为"这点钱,基本都补在网站里面了"[1];"几乎全部精力放在网站方面……很多时候都忙到早上三四点才能睡觉,牺牲了大量工作、生活和修行的时间"[2];还有网站的运营团队拥有一支由多种外语专家、大学教授、海归、外国人组成的义工翻译团队"[3]。这些人的奉献精神保障了佛教网站的正常运行。

我国当前的马克思主义意识形态网络阵地建设中,党和政府投入了大

---

[1] 华程:《安虎生:中国佛教网络媒体的探路者》,佛教在线,http://news.fjnet.com/zx-dt/tj/201312/t20131219_215998.htm,2013年12月19日。

[2] 《学佛网是骗子网站?》,学佛网,http://www.xuefo.net/nr/article4/39947.html,2010年9月8日。

[3] 张小兰:《学诚法师:八种语言编织"围脖"的中国和尚》,中国新闻网,http://www.chinanews.com/cul/2011/03-11/2899887.shtml,2011年3月11日。

量的人力、物力和财力，当然，有了这样强大的后盾，更有利于网络阵地发挥作用，但是，在网络阵地的建设过程中，也应当大力提倡奉献精神，而不是"一切向钱看"，尤其是党和政府大力扶持的单位和个人，本身就承担着宣扬马克思主义意识形态的责任，切忌过于看重金钱，辜负了党和政府的信任与支持。

2. 重视网站的内涵建设

网站有无内涵，直接决定了该网站能否拥有稳定的访问量。马克思主义意识形态网络阵地建设过程中，不仅要当好"扩音器"的角色，更应当重视内涵建设，区分真假马克思主义，与假马克思主义划清界限，彰显真马克思主义的魅力，用通俗易懂、生动活泼的语言阐释深奥的理论，使中国化马克思主义深入人心，使网友能够通过访问马克思主义意识形态网络阵地增长知识、陶冶情操、升华思想。

3. 优化网站内容呈现方式

为避免给人留下枯燥乏味的印象而沦为"空站""死站"，许多网站都很重视网站内容呈现方式的优化。

马克思主义意识形态网络阵地建设过程中，也应当根据网民的心理特点和接受模式，优化网站内容的呈现方式，创建醒目的标题以抓住人心，做好美工设计以吸引眼球，增加网页"信噪比"以使网民在单位时间内获得更多信息，采用歌曲、图片、电影等多种形式展示马克思主义意识形态，从而使马克思主义意识形态网络阵地被网民真心喜爱并自觉浏览。

4. 注重交流互动

大多教网站在传播佛教义理的同时，还能够与网民交流互动，服务网民。例如，一些网站设立的解疑释惑栏目，解答网民的疑难问题，引导网民走出心理困惑；还有一些公益组织的网站设立的慈善栏目，指引网民参与爱心行动（义务办学、扶危济困、敬老护幼等）以种植福田。

马克思主义意识形态网络阵地建设的过程中，也应当从现实出发，与解决现实问题结合起来，为访问者提供互动平台，收集网民的意见和建议，并及时作出反馈，使马克思主义意识形态网络阵地不仅能够教化网民，还能够服务网民。例如，为网民答疑解惑，澄清网民认识上的误区，做好网民的心理疏导工作；切实解决网民的困难，使网民感受到社会主义大家庭的温暖；等等。

5. 做好后期维护

为了留住访客，大多数网站十分重视网站内容更新、软硬件升级、服务器和网页防毒等后期维护工作。

如果网站建立之后，内容长时间不更新、登录速度很慢而且网页极易被挂上木马病毒，那么这样的网站是难以具有持久生命力的。因此，马克思主义意识形态网络阵地建设的过程中，不仅应当注意网站的创建，争取数量上的优势；还应当在质量上取胜，做好网站的后期维护工作，及时更新网页内容，防止网络病毒的攻击，确保网站顺畅运行，使马克思主义意识形态网络阵地既能吸引访客，又能留住访客。

第三节　警惕互联网传播被曲解的马克思主义

在互联网上，对马克思主义进行随意阐释的现象屡见不鲜。这些阐释未必符合马克思主义的基本原则，甚至有可能是对马克思主义的歪曲抑或背离。那些歪曲马克思主义的人之中，有的人是因为自身的理论水平有限，对马克思主义产生了误读；有的人则是怀着不良动机，披着"创新"马克思主义的外衣，行反马克思主义之实。一些网友没有认真研究过马克思主义，却不求甚解、人云亦云地用某个"二手"的观点来分析社会现实问题，将一些非马克思主义的东西强加给马克思主义，甚至把阐释者的缺点和过失归咎于马克思主义，并且通过网络载体传播这样的观念，从而对马克思主义的名誉造成了严重的损害。

一　认为马克思主义主张"经济决定论"

有人认为马克思主义主张"经济决定论"或"生产力决定论"，将世间万物都归结于经济因素。这样的观点在网络上并不少见，例如，某网站在关于"经济决定论"词条的解释中指出，经济决定论是"马克思哲学中的关键因素"；某网站在关于"经济决定论是什么"的回答中强调，要"修正摒弃马克思的经济决定论"；有人在网络上公开表示，"坚定地支持马克思主义的'经济决定论'"，"马克思提出了经济决定论的历史观"，（俄罗斯）"'改革'、'向资本主义'的倒退，就并不是逆转革命进程的倒退，相反倒是历史的发展和进步"；等等。这些观点在一定程度上影响着人们对马克思主义,特别是历史唯物主义的认识和评价。

虽然马克思主义强调了经济或物质生产的重要性,但马克思主义也强调了"阶级斗争""劳动""个人的自由发展"的重要意义,所以不能简单地认为马克思主义将世间万物都归结于经济因素。事实上,恩格斯"坚决否定他和马克思曾经说过'经济力量是决定历史的唯一因素'这样的话",他觉得那种说法是"毫无意义的、抽象的、没有任何道理的词组"。① 马克思主义认为,人民群众是历史的创造者,其目标是解放全人类,建立"每个人的自由发展是一切人的自由发展的条件"的联合体。② 这一目标需要"全世界无产者,联合起来"③进行斗争才能实现,而不是坐等生产力自行发展到实现共产主义的地步,因为反动统治阶级"已经把刺刀提到日程上来"④,他们不会主动退出历史舞台。

宣称马克思主义主张"经济决定论"的观点在认识上是错误的,在实践中是有害的。它是西方国家对中国进行和平演变的助推剂,也是造成中国广大群众思想混乱的重要因素之一。

二 将马克思主义等同于平均主义

把马克思主义等同于平均主义的观点在网络上流传甚广。例如,有人指出,"大锅饭是马克思主义固守无产阶级的根本措施";有人指出,"平均主义大锅饭"是"共产党起家发家的大法宝";有人强调,"平均主义大锅饭是人类社会的最高理想。……没有平均主义大锅饭的思想,……我国的两弹一星就不可能成功";也有人认为,"共产主义平均分配资源,却从不考虑人的才能差异","马克思主义是忽视个人的";还有人认为,"'社会主义大锅饭不符合人性,资本主义私有制最符合人性'";等等。将马克思主义视为平均主义进行赞美或鞭挞,在一定程度上体现了"左"和"右"思想的博弈,但"左"和"右"的思想均失之偏颇,都是对马克思主义的误读或曲解。

马克思主义对平均主义是持批判态度的。马克思、恩格斯在《共产

---

① [英]伊格尔顿:《马克思为什么是对的》,李杨、任文科、郑义译,新星出版社2011年版,第112—113页。
② 《马克思恩格斯选集》第1卷,人民出版社1995年版,第294页。
③ 同上书,第307页。
④ 《马克思恩格斯全集》第5卷,人民出版社1958年版,第45页。

党宣言》中对"普遍的禁欲主义和粗鄙的平均主义"①嗤之以鼻；恩格斯在《反杜林论》中痛斥了杜林平均主义的小资产阶级的社会主义；斯大林强调，"马克思主义是平均主义的敌人"②，马克思主义所说的平等，"并不是个人需要和日常生活方面的平均，而是阶级的消灭"③；毛泽东也指出，"在社会主义时期，物质的分配也要按照'各尽所能按劳取酬'的原则和工作的需要，绝无所谓绝对的平均"④。作者在对60岁以上人员的访谈中发现，在毛泽东时代，并不是传闻中的"干与不干一个样"，而是农民按照劳动力强弱（男劳动力、女劳动力和老弱病残者"工分"不同）、技术高低、实际表现挣得"工分"，凭"工分"分配粮食等生活必需品；工人按照经过严格考核评定的等级（例如，钳工分为八级）发放工资，每月请假三天以上或旷工者会被扣除相应的工资。

将马克思主义等同于平均主义的人并不了解马克思主义的真正内涵，而在此基础上宣称马克思主义排斥个人利益的人，更是对马克思主义知之甚少或者佯装不知、故意抹黑。共同富裕是马克思主义的重要价值诉求，但它显然不是平均主义的代名词，它不是同时富裕、同步富裕，而是全体人民通过辛勤劳动和相互帮助逐步实现普遍富裕。

三 认为马克思主义倡导暴力政治或者反民主

认为马克思主义倡导暴力政治或者反民主的观点，在网络上屡见不鲜。例如，有人指出，"真想（而不是假装）坚持人民民主专政，理念上也必须坚持以阶级斗争为纲"；有人认为，马克思主义把"共产主义天堂""强加给全人类，而且要用暴力革命来实现。太可怕了"；还有人认为，"马克思主义是讲阶级斗争和无产阶级专政的"，就是要"坚持无产阶级专政"，"禁提政治体制改革"；等等。这些观点对马克思主义的形象造成了很大的破坏，降低了马克思主义的威信和吸引力。

马克思主义经典著作中确实有关于暴力革命的论述，比如，"暴力是每一个孕育着新社会的旧社会的助产婆"⑤，共产党的目的"只有用暴力

---

① 《马克思恩格斯选集》第1卷，人民出版社1995年版，第303页。
② 《斯大林全集》第13卷，人民出版社1956年版，第314页。
③ 同上。
④ 《毛泽东文集》第1卷，人民出版社1993年版，第84页。
⑤ 《马克思恩格斯选集》第2卷，人民出版社1995年版，第266页。

推翻全部现存的社会制度才能达到"①，等等。但这只是对抗反动统治阶级的手段，或者说是一种临时的措施。马克思、恩格斯从未说过在建立社会主义制度或共产主义制度后要采取暴力统治，更没有说过要剥夺广大人民的自由民主权利。在苏联和中国的社会主义实践中，并没有放弃对比资本主义民主更高类型的民主的追求，列宁强调，社会主义应当实行"充分的民主"，否则"就不能保持它所取得的胜利"②；邓小平也指出，"没有民主就没有社会主义"③。虽然斯大林、毛泽东等人犯过错误，但把他们的过失归咎于马克思主义反民主是有失公允的，为了替他们辩护而宣称"以阶级斗争为纲无比正确"更非明智之举。

认为马克思主义倡导暴力政治而宣扬中国应当实行暴力统治的观点是非常错误的，须知人民民主专政是对广大人民的民主和对少数敌人的专政，中国的一切权利都属于人民；而将马克思主义等同于反民主思潮进而反对马克思主义的言论，若非无知者的哗众取宠，便是某些人的故意毁谤，更需加以警惕。

四 认为马克思主义是乌托邦或人道主义的宗教

认为马克思主义是乌托邦或人道主义的宗教，从而宣称马克思主义不切实际的观点，在网络上层见叠出。例如，有人说，"共产主义的失败之所以是必然的"，是因为马克思的共产主义理论是"荒诞不经的剧本"，"是空想"，根据这样的剧本"不可能拍演出一出好的剧目来"；有人起哄，"马克思主义是乌托邦，马克思是大骗子"；也有人把马克思称为"一位宗教道德家""一个新现世宗教的创始人"；还有人认为，马克思主义"抄袭基督教原教旨主义的人道主义"，"追求人道主义天堂"；等等。这些观点否定马克思主义的现实价值，冲击了马克思主义在我国意识形态领域的主导地位。

马克思、恩格斯对空想社会主义进行了深刻的批判，他们指出了未来社会的发展方向和一般特征，但明确反对对未来社会做出详尽的细节描述，而是把具体情形留给了以后的实践。马克思指出，在将来某个特定的

---

① 《马克思恩格斯选集》第1卷，人民出版社1995年版，第307页。
② 《列宁全集》第28卷，人民出版社1990年版，第168页。
③ 《邓小平文选》第2卷，人民出版社1994年版，第168页。

时刻应该做些什么"完全取决于人们将不得不在其中活动的那个既定的历史环境"①；恩格斯也认为，自己没有向未来社会的人们提出"建议和劝导的使命"，"共产主义社会的人们自己会决定"②。马克思主义体现出人道主义的情怀，"以人为本是马克思主义人道主义的科学命题"③，但马克思主义不是人道主义的宗教，它把宗教作为"人民的鸦片"④加以批驳，并力图在实践领域实现对道德乌托邦的超越。

将马克思主义视为乌托邦或人道主义的宗教，其实质是为了否定共产主义实现的可能性，同时也否定了马克思主义的现实意义，否定了中国特色社会主义的合理性。使这些错误观点不攻自破的最有效方法就是实践，即通过实践显露出中国特色社会主义的魅力，证明社会主义确实比资本主义优越，以坚定人们对马克思主义的信仰和对社会主义、共产主义的信念。

五 认为科学社会主义运动只适用于西欧等发达国家

认为科学社会主义运动只适用于西欧等发达国家，进而指出中国不该过早地搞社会主义的观点，在网络上时有出现。例如，有人说，马克思、恩格斯"告诫人们《宣言》和《资本论》所指引的社会主义道路只适用于西欧"；有人认为，"马克思没有提出过落后国家可以跨越资本主义实现社会主义"；有人指出，瑞典等国家"按部就班地在某种程度上实现了社会主义的目标"，而苏联式的社会主义"难以为继"；有人强调，马克思所说的社会主义国家"是发达的资本主义国家转化的结果"，中国等社会主义国家"是早产的社会主义"；等等。这些观点影响了人们对马克思主义的信仰，消减了中国人民建设中国特色社会主义的热情。

马克思、恩格斯从来没有说过社会主义道路只适用于西欧国家。马克思在论及"资本主义生产的起源"时指出，"这一运动的'历史必然性'明确地限于西欧各国"⑤，但很明显，他所说的"这一运动"不是指社会

---

① 《马克思恩格斯选集》第4卷，人民出版社1995年版，第643页。
② 同上书，第642页。
③ 黄斌：《论整体把握马克思主义与人道主义关系的几个问题》，《科学社会主义》2012年第2期。
④ 《马克思恩格斯选集》第1卷，人民出版社1995年版，第2页。
⑤ 《马克思恩格斯全集》第19卷，人民出版社1963年版，第268页。

主义运动，而是指资本主义运动。马克思曾指出东方的俄国有可能"不通过资本主义制度的卡夫丁峡谷"①。虽然苏联模式的社会主义最终归于失败，但其失败的原因包括国际国内诸多因素，不能简单地归结为科学社会主义运动只适用于西欧发达国家。曾经强大的足以同美国抗衡的苏联在建设社会主义过程中所取得的辉煌成就，不该被人遗忘；曾经落后的中国在建立社会主义制度后所焕发出的夺目光彩，亦不该被人忽略。

认为科学社会主义运动只适用于西欧发达国家，进而指出中国不该过早地搞社会主义的观点，实质上是否定中国社会主义制度的必要性，宣扬中国实行资本主义制度的合理性。这种披着"正统"马克思主义外衣的观点在网络上肆意传播，造成部分网民思想混乱，甚至对马克思主义产生了疑惑，不再认可马克思主义的主导地位。

六　将马克思主义仅仅看作是革命的理论

将马克思主义仅仅看作是革命的理论，进而宣称马克思主义过时了的观点，在网络上屡见不鲜。例如，有人认为，马克思主义对于中国革命的胜利"发挥了关键性的作用"，但是，"马克思主义在和平年代是不可取的"，"在和平年代只能是灾难"；有人说，"马克思的阶级斗争哲学产生有其迫切的现实需要"，但当今中国，"马克思的斗争哲学加重了社会的戾气"，因而"不合时宜"；有人指出，冷战结束后，"在现存的所谓社会主义国家"，"马克思主义只是一条正在被放弃的道路"；等等。这些观点反映出东欧剧变、苏联解体之后，马克思主义遭到了严重的质疑与否定，在社会主义的中国亦不例外。

马克思主义不仅能够指导革命，也能够指导社会主义建设。首先，马克思主义经典作家虽然拒绝对社会主义社会或共产主义社会做出细节描述，但在其著作中涉及了关于未来社会一般特征的描述，例如，"生产资料归社会占有"②，"消灭一切阶级差别"③ 等。这对于我们今天的社会主义建设具有重要的指向作用。其次，马克思主义不是僵化的教条，它具有与时俱进的品质，会随着实践的发展而不断完善。在运用马克思主义解决

---

① 《马克思恩格斯全集》第19卷，人民出版社1963年版，第436页。
② 《马克思恩格斯全集》第22卷，人民出版社1965年版，第593页。
③ 《马克思恩格斯选集》第1卷，人民出版社1995年版，第462页。

中国现实问题过程中所产生的中国化马克思主义理论成果，是对马克思主义的继承和发展，是指导中国特色社会主义建设的重要理论武器。最后，社会主义革命尚未在全世界取得胜利，中国等少数国家的社会主义建设仍处于"摸着石头过河"的阶段，如果要真正坚持走社会主义道路，就绝不能放弃马克思主义的指导。

将马克思主义仅仅看作革命的理论，是"马克思主义过时论"的一种表现。在资本主义平稳发展、社会主义运动陷入低潮的情况下，这种论调在网络上不断发酵，使一些人的马克思主义信仰发生了动摇，甚至对马克思主义"极尽冷嘲热讽之能事"，使马克思主义"处于严重边缘化的境地"[1]。

七 对"重新建立个人所有制"、劳动价值论的误读

对于马克思提出的"重新建立个人所有制"[2]，有人理解为，"消灭私有制不是马克思的主意，他要的是'重建私有制'"；有人认为，马克思"实际上放弃了'消灭'论"，"马克思从不反对个人拥有财产"，恩格斯晚年也"明确承认了当年'消灭私有制'的提法是种失误"；等等。事实上，马克思关于"重新建立个人所有制"的论述中，已经指出了它的前提基础是"生产资料的共同占有"，并明确表示"不是重新建立私有制"[3]，而《共产党宣言》等马克思主义经典文献中也一再强调要"消灭私有制"[4]，所以，把"重新建立个人所有制"阐述成"重建私有制"，是一种显而易见的歪曲。

关于马克思主义劳动价值论，有人指出，"人们受到马克思错误思想的影响"，认为"只有工人的劳动才创造价值"；有人宣称，劳动价值论"只有发展才有出路"，应当把创造价值的劳动从"物质生产劳动"扩大到"非物质生产劳动"，从"第一、二产业劳动"扩大到"第三产业劳动"乃至"全部人类劳动"；等等。其实，马克思并没有把创造价值的劳动局限于工人的体力劳动，他认为"经理、工程师、工艺师"等的脑力

---

[1] 刘祖禹：《试析左、右之争兼谈不争论问题上的误区》，红色文化网，http://www.hswh.org.cn/wzzx/llyd/zz/2015-06-19/32488.html，2015年6月20日。

[2] 《马克思恩格斯选集》第2卷，人民出版社1995年版，第269页。

[3] 同上。

[4] 《马克思恩格斯选集》第1卷，人民出版社1995年版，第286页。

劳动也属于"生产劳动"①，即承认了管理人员和科技人员的劳动也创造价值。把马克思主义劳动价值论等同于体力劳动价值论，认为其否认管理人员和科技人员创造价值的观点是站不住脚的。这只不过是为了否定劳动价值论，进而否定剩余价值论而进行的诡辩。劳动价值论是马克思主义的基石，是剩余价值论的根本依据，否定了劳动价值论也就否定了剩余价值论，从而使马克思主义失去了根基。

与直接批判马克思主义相比，披着马克思主义的外衣抹黑马克思主义，是一种更有效的反马克思主义的方法。一些人打着"创新"的旗号，在网络上肆意歪曲马克思主义，把非马克思主义甚至反马克思主义的东西贴上了马克思主义的标签，败坏了马克思主义的声誉，造成了部分群众思想上的混乱，并在一定程度上降低了马克思主义意识形态网络阵地的吸引力和影响力。

第四节　警惕互联网放大的负面信息冲击网民的马克思主义信仰

当前，我国虽然面临着良好的国际国内环境，但是也处于矛盾凸显期，各种社会问题丛生。这些问题虽然性质不同，轻重缓急不同，但是都与人们的切身利益息息相关。网络虚拟空间与现实社会生活是紧密联系的，因为把"虚拟"和"现实"联系在一起的"人"，是客观存在的，在本质上仍是各种现实社会关系的总和。从某种意义上说，网络舆论不过是对现实社会生活的投射而已。在一个存在诸多矛盾的社会，其各种社会问题必然成为网络舆论关注的对象。就我国而言，随着互联网的普及，大量社会问题通过网络聚集、传播和放大，滋生了社会负面情绪，导致人们对主流价值观不满，从而削弱了人们对马克思主义意识形态的认同感和向心力。

一　转型期我国社会问题的生成逻辑

社会问题是应然状态与实然状态之间的差距，是社会现实状态与公众期待之间的紧张状态。我国当前存在的各种社会问题，既有传统社会遗留

---

① 《马克思恩格斯全集》第49卷，人民出版社1982年版，第100—101页。

下来的老问题，如城乡二元分割问题；又有改革开放后体制转轨所带来的新问题如流动人口治理问题、新生代农民工问题；还有"新老"交织的问题，如户籍制度在改革开放前就加剧城乡差距，但是社会转型启动后，它与考试招生、住房保障等问题联系在一起。但是，无论哪种类型的社会问题，其生成机理都可以从以下几个方面分析。

第一，制度不健全是社会问题产生的根本原因。社会主义制度的建立并不意味着社会主义社会就是一个没有矛盾的"桃花源"。原苏联领导人斯大林一度认为"道义和政治上的一致"才是社会主义社会发展的动力，而不是矛盾。事实上，由于社会主义革命首先在落后的东方国家发生，在落后的政治经济文化条件下，社会主义国家内部不可能没有矛盾，也不可能铲除社会问题滋生的土壤。尽管社会主义基本制度具有无可比拟的优越性，但是在生产关系的某些环节、在上层建筑的某些部分，仍然存在这样那样的缺陷。这些缺陷是我国社会问题产生的制度根源。拿政治问题来说，当前我国民众普遍关注的腐败问题、干部作风问题，其主要根源就是我国政治体制的某些缺陷。国外有学者认为，我国政治体制的建构受政治传统、革命背景、苏联共产主义、中共自身的历史等因素的影响[①]。上述因素中存在不少合理性元素，但是也存在一些不可忽视的弊端。如高度集权是上述因素"一以贯之"的元素。1980年，邓小平指出，高度集权是我国政治体制的主要缺陷之一[②]。而这种缺陷是诸如权力滥用、"四风"之类政治问题的"总病灶"。

第二，政策失误导致社会问题呈蔓延态势。公共政策是解决社会问题的最重要政府工具，但是只有正确的政策和被有效执行的政策才能达到预期的目标。过时的、低效的、错误的政策不仅无益于社会问题的解决，反而会恶化社会问题、带来新的社会问题。例如，20世纪50年代，我国错误地批判马寅初的"人口论"，致使人口政策出现失误，从而造成严重的人口问题，"错批一个人，多生3亿人"。此外，政策搁架、政策执行不力也会使社会问题愈演愈烈。众所周知，环境污染与经济发展之间经常产生目标冲突。在"鱼和熊掌不可兼得"的情况下，不少政府部门的政策

---

① [美]詹姆斯·R.汤森、布兰特利·沃马克：《中国政治》，顾速等译，江苏人民出版社2005年版，第59页。

② 《邓小平文献》第2卷，人民出版社1994年版，第327页。

安排"打架"。在"GDP论英雄"的背景下,环保政策执行不力。当人们对我国的环境问题表示关注时,仔细考察后会发现,我国的环保政策并非处于缺位状态,主要的问题在于有关政策没有得到有效贯彻。

第三,利益关系复杂化加剧社会问题的严重程度。改革开放前,我国生产力发展水平低,"大家都一样穷",人们缺乏追求物质利益的机会,因而人们对自身的物质利益实现问题关注较少。在社会主义理想和革命话语的支配下,"大公无私""奉献社会"等口号深入人心。同时,不断推进的政治运动通过"斗私批修""狠斗私字一闪念"等方式,强化人们对美好道德的信仰。但是,随着体制改革的启动和市场经济的发展,人们的利益意识日渐觉醒。正如有学者指出的,改革开放恰似一阵强劲的春风,"宣告了一个时代的结束,吹来了一个理直气壮地追求利益的时代"①。总而言之,意识形态的"祛魅化"和社会的世俗化,唤起了人们沉睡的利益意识,甚至出现反弹,一些人为了追求个人利益不择手段,从而产生了道德滑坡等问题。在社会的利益结构中,经济利益无疑居于主导地位。当前,我国许多社会问题的实质是经济利益冲突,如土地征用拆迁、企业改制问题。随着社会变迁的推进,我国原有的"大一统"式社会结构逐渐解体,因受教育程度、职业、地域等不同而形成的群体,具有不同的利益诉求。利益分化增加了社会利益关系的复杂性,加剧了社会问题的严重程度。

第四,观念分歧增加社会问题的"不可治理性"。社会问题是客观存在的,但是公众和公共决策者对之有一个主观认识的过程。由于价值观不同、思想认识不同,人们对社会问题的理解并不一致。对于某些问题是否应归于社会问题的范畴,人们有许多不同看法。如同性婚姻是政府应该干预的社会问题吗?人们可能有不同的答案。又如,2012年,一些北京籍学生家长与非北京籍学生家长围绕异地高考问题展开网络辩论,凸显了人们在什么是教育公平问题上的认识分歧②。即便人们在何为社会问题上能够达成一致,但是在治理社会问题的手段上仍会存在诸多不同意见。尽管一般认为公共利益是政府治理社会问题的落脚点,但是不同的人对于公共利益的内涵会有不同的看法,甚至有人否认公共利益的存在,认为公共利

---

① 桑玉成:《利益分化的政治时代》,学林出版社2002年版,第2页。
② 中共中央宣传部理论局:《理性看齐心办》,学习出版社2013年版,第5页。

益是"虚幻"的。观念分歧增加了形成社会"最大公约数"的难度,从而增加了政府调控和解决社会问题的难度。

制度、政策、利益、观念因素是社会问题形成的重要根源。但是一个社会问题能否进入公众议程或政府议程,通常与这个问题是否具有触发机制有关。比如,当恶性环境污染事件频发时,环境保护问题就会引起社会和政府的关注;当重大食品安全违法案件居高不下时,食品安全问题就会进入公众和政府的视野。这些问题也被称为社会的热点问题。2015年,全国"两会"期间,新华网对公众关注的热点问题进行了网络调查,结果如表5—3所示①。

表5—3 2015年全国"两会"期间新华网对社会热点问题的调查结果

社会热点问题	排名
收入分配	1
反腐倡廉	2
医疗改革	3
养老改革	4
环境治理	5
依法治国	6
教育公平	7
从严治党	8
住房保障	9
就业创业	10

二 社会问题丛生与网络负面情绪的关联性

社会问题丛生为何会导致社会负面情绪蔓延?公众为何将网络作为负面情绪宣泄的对象?理解这些问题,是把握社会问题丛生与网络负面情绪

---

① 《2015全国两会热点调查》,新华网,http://www.xinhuanet.com/politics/2015lhdc/index.htm,2015年3月11日。

的关联性的关键。

1. 社会问题丛生导致社会负面情绪蔓延

在我国既定的社会历史条件下，大量存在的社会问题容易成为产生社会负面情绪的"导火索"。究其原因，可从以下几个方面分析。

（1）我国社会问题的特性容易使公众形成对社会的偏见和滋生不良情绪

首先，我国社会问题不仅量大，而且涉及面广，牵涉人数众多，导致政府在应对社会问题时，不可能同时满足方方面面的利益要求，尤其是那些利益受损的群体容易对政府产生不好的印象。当前，我国面临着社会主义国家和发展中国家所面临的几乎所有问题，包括政治问题、经济问题，也包括文化问题；包括结构优良问题、结构适中问题，也包括结构不良问题；包括管制性问题、分配性问题，也包括再分配性问题。随着社会经济发展，我国社会问题覆盖的地域范围不断扩大。例如，征地拆迁问题原来仅存在于经济发达地区，但是近年来已经蔓延至中西部地区。社会问题量大、种类多、关注度高、社会影响大，致使政府在解决社会问题时不可能"有求必应"。基于此，一些利益诉求暂时没有得到满足的群体就会对社会、政府产生愤恨、怨恨情绪。

其次，社会问题的解决具有时效性，由于种种原因，社会问题在"坐大"后，才能引起政府的重视，这导致部分公众对政府产生误解，诱发对现行政治体系的敌意和仇恨。任何社会问题都有一个产生、发展的过程，都有一个从潜性到显性演变的过程。一般来说，当问题尚在萌芽状态时，政府就积极应对，防微杜渐，有利于减少处理问题的成本。有学者指出："精明的人解决问题，有天才的人避免问题。预防疾病比医治疾病容易并且花费较少"①。同时，社会问题都有一个最佳处理时机，错过时机，一些社会问题可能永无最佳解决措施。但是，由于官僚制的缺陷、不当的政绩观和知识上的不足，再加上显性社会问题使政府部门应接不暇，一些政府官员不太注意未雨绸缪，而是经常充当扑灭社会热点问题的"救火队队长"。如当公路堵成一锅粥时，才考虑解决交通拥堵问题；当许多群众无干净水可饮时，才考虑治理水污染问题。在这种情况下，公众付出了

---

① ［美］戴维·奥斯本、特德·盖布勒：《改革政府：企业家精神如何改革着公共部门》，周敦仁等译，上海译文出版社2006年版，第165页。

大量的社会代价。一些公众由此认为,政府官员不作为、渎职、失职,进而对现存体制产生疑虑情绪。

最后,社会问题的系统性特征往往使政府陷入治理困境,容易诱发少数群众对政府的不信任感。英国学者斯宾塞认为,社会是一个有机体①。这一思想反映到社会问题上,就是各种社会问题是相互交织、相互缠绕的。例如,社会治安问题与流动人口治理问题、教育问题、贫困问题等紧密相连。这就形成一个个"问题链",因此,解决社会问题不可抓住一点不及其余。解决某个社会问题的"药方"可能会加剧另一个社会问题的严重性。例如,延迟退休可缓解养老金缺口问题,但是可能增加"就业难"问题。此外,解决旧问题可能带来新的问题。例如,高校扩招政策部分解决了民众"上大学难"的问题,但是也带来大学生就业问题、高等教育质量滑坡等问题。社会问题的相互影响、相互作用,往往使政府部门陷入两难境地。但是,一些公众往往认为这是政府无能的表现,从而对党的执政能力产生怀疑。

(2) 我国社会问题在短期内"一起来"与公众看待问题的方式之间的矛盾容易使公众形成不满足感、失落感

西方发达国家在发展过程中,社会问题是一个一个出现,这使西方国家有充分的时间解决社会问题,化解社会问题的回旋余地也比较大。例如,西方国家在经历宗教改革、建立民族国家、工业革命之后,才逐渐建立了较为稳定的资产主义民主制度,这个过程持续了几百年时间②。但是,在我国,社会问题是集中爆发的,在某种程度上呈现出"蜂拥而至"的特征。我国在短期内经历了西方国家几百年间出现的情况。

改革开放后,我国社会变迁的速度之快、范围之广,前所未有。改革作为一场"革命",对体制、人的价值观念都造成了强烈的冲击。在大变革、大震荡面前,我国的社会问题以独特的、迅速的方式显现出来。以养老问题为例。"人口年龄结构从成年型进入老年型,法国、美国、英国分别用了115年、66年、45年,而我国仅用了18年。这说明,发达国家在长时期分阶段出现的养老问题,在我国却是短期内集中爆发"③。这无疑

---

① 徐大同主编:《西方政治思想史》,天津教育出版社2002年版,第297页。
② 本书编写组:《西方民主怎么了》,学习出版社2014年版,第178—179页。
③ 中共中央宣传部理论局:《理性看齐心办》,学习出版社2013年版,第85页。

增加了解决养老问题的难度。

我国社会问题产生方式的"蜂拥而至"特征与公众期待之间容易产生矛盾。不少群众从自身的现实利益出发看待社会问题,否认社会问题的解决是一个长期的过程,要求政府即时回应自己的利益诉求①。在众多的社会问题面前,这种要求显然是不现实的。在这种情况下,一些群众往往产生利益剥夺感和社会失落感,进而对马克思主义意识形态失去认同感。

(3) 期望与指望之间的落差使公众容易产生社会挫折感

改革开放以来,我国经历了30多年的经济繁荣。但是"好事未必一起来",经济繁荣未必能带来社会满足感。这是美国学者亨廷顿在《变革社会中的政治秩序》中提出的重要思想。"期望"是指人的需求水平,"指望"是指社会满足期望的能力。在现代化进程中,"期望本身的增长比转变中的社会在满足这些期望方面的能力的提高要快得多。因此,在人们的期望与现实可能之间,需求的形成与需求的满足之间,以及期望的功能与生活水平的功能之间,形成了一个差距。这种差距引起了社会挫折感和不满足感"②。托克维尔在《旧制度和大革命》中阐述了相同的思想③。在现实生活中,一些人"端起碗来吃肉,放下碗来骂娘",这正是期望与指望之间的落差的表现。期望与指望之间落差不仅会引发一些社会问题,而且会形成社会负面情绪。

2. 社会负面情绪与网络之间的"亲缘"关系

(1) 利益表达和公民参与渠道不畅通,导致公众偏爱网络政治表达

作为一个马克思主义政党,我们党历来重视发挥人民群众的积极性和创造性,鼓励人民群众参与社会建设、国家建设。但是,由于既定条件的限制,我国民众政治参与渠道和利益表达渠道不是很畅通④。尽管从制度安排上来说,民众可以通过投票、选举、结社、上访等方式向政府部门反映问题,表达自己的愿望和要求。但是,在实践中,有些利益表达渠道要么成本较高,要么存在形式化和虚置问题。例如,听证会一度被称为公民

---

① [美]凯斯·桑斯坦:《网络共和国:网络社会中的民主问题》,黄维明译,世纪出版集团2003年版,第66页。

② [美]塞缪尔·亨廷顿:《变革社会中的政治秩序》,李盛平等译,华夏出版社1988年版,第54页。

③ [法]托克维尔:《旧制度与大革命》,冯棠译,商务印书馆1992年版,第209页。

④ 王立京:《中国公民参与制度化研究》,武汉大学出版社2011年版,第141页。

利益表达的新兴渠道。但是,在现实生活中,听证会被讥讽为"逢听必涨"的游戏。制度化参与渠道不畅通,民众必然寻找非制度化表达渠道。网络的发展适应了民众寻找非制度化表达渠道的需要。因此,各种社会问题通过网络舆情反映出来,包括反马克思主义思想在内的社会负面情绪也通过网络来宣泄。

(2) 网络的"易接近性"导致网络在社会利益表达中扮演重要角色

当前,网络准入几乎是"零门槛"。网络使用的廉价性、技术和知识上的弱限制性,导致网络几乎能够将适龄人口"一网打尽",难以将任何人排斥在网络使用的范围之外。网络比报刊等传统媒体的使用成本更低。有学者指出:"互联网的实质是让每个人拥有一个网站,这并不像广播那样在物理方面有制约,其成本也远远低于传统的发行成本。如果希望的话,网站几乎可以免费得到"①。随着移动通信和互联网的融合,利用手机上网成为一种时尚。这降低了基础设施落后地区群众使用网络的成本,大大扩大了网民的数量,以至于我国网络使用呈现出"农村包围城市"的态势。此外,互联网作为一种技术,操作它需要的知识水平不是很高。个人无须理解互联网的原理,可以随时在互联网上遨游。研究表明,网民学历呈现向下扩散的态势,"随着网民规模的逐渐扩大,网民的学历结构正逐渐向中国总人口的学历结构趋近,这是互联网大众化的表现"②。没有知识和技术障碍,也为民众接近和使用互联网提供了便利。

网络的"易接近性"还表现在信息获取的便捷性上。网络的发展和普及,拓展了信息传播手段和渠道,提高了信息传播的速度,扩大了信息流动的范围。在网络上,每个人可以随时随地获取所需的资讯,在很多时候,这些资讯还是免费的。信息获取的便捷性和低成本,激发了公众网络参与的积极性。在一些经济学家看来,公民获取信息需要付出一定的成本。公民作为理性"经济人",其信息获取行为受制于成本—受益分析。唐斯指出:"每个选民通过应用经济学中基本的边际成本—受益准则来决定收集多少信息"③。如果信息获取成本较高,公民就会放弃信息获取行

---

① [美] 爱德华·赫尔曼、罗伯特·麦克切斯尼:《全球媒体:全球资本主义的新传教士》,甄春亮等译,天津人民出版社2001年版,第154页。
② 郭玉锦、王欢编著:《网络社会学》,中国人民大学出版社2010年版,第41页。
③ [美] 安东尼·唐斯:《民主的经济理论》,姚洋等译,上海世纪出版集团2010年版,第187页。

为，处于"理性无知"状态。

"易接近性"使网络成为民众进行信息交流和利益表达的主要媒介。无论是城市还是农村的网民，无论是高智商的专家学者还是普通学历的公司职员，都可以通过网络反映问题，这些问题"涵盖着政治、经济、法律、文化、哲学、民生等方面的现实问题"[①]。在现实社会问题的影响下，网络的利益表达不可能是完全理性的，其中不乏情绪化表达。网民的情绪化表达经常涉及意识形态问题，且与主流意识形态相悖，从而侵蚀了马克思主义意识形态安全。

（3）网络的自发秩序使之成为社会负面情绪的集散地

在一定程度上，特别是在某些人心目中，网络是"自由女神的象征"。这里没有中心—边缘之分，没有权威与非权威之分，处处洋溢着自由、平等的气息。有学者指出："互联网成了一个绝对'自由'的地方，一个彻底'民主'的地方，一个'无法无天'的地方。任何人都可以按照自己的思维、逻辑和方式说任何话，做任何事"[②]。

网络的普及意味着每个人面前都有一个麦克风，人人都可以当记者。每个人不仅可以在网络上接受信息，而且可以发送、传播信息，这就打破了"我说你听"的传统信息传播模式。在这种情况下，对于已经发生的社会问题，想"捂盖子"已经非常困难。所以，网络上的"议题库"和负面情绪与现实社会生活一样多。

网络的发展拓展了政治社会化场所。与学校、家庭等传统的政治社会化场所相比，这里没有老师的权威、家长的权威。"去权威"倾向激发了一些人的"解放精神"，使他们在网络上如入无人之境，肆意妄为、自由发泄。同时，数字化生产方式导致人们交往的坦率和直白，敢"言人之所不敢言"。人们在现实生活中遭遇的不幸和不公平，隐藏在心中的反社会、反主流思想，也许不敢向传统权威倾诉，但是人们会在网络上畅所欲言，敢于向网友等"熟悉的陌生人"袒露心迹。比如，人们不会在传统媒体上宣扬离经叛道的思想、观点，但是人们会通过 BBS 表达看法，哪怕是极具煽动性的看法。在这种情况下，被现实所压制的负面情绪，就可

---

① 杨蝶均：《论网络虚拟空间的意识形态安全治理策略》，《马克思主义研究》2015 年第 1 期。

② 李伦：《鼠标下的德性》，江西人民出版社 2002 年版，第 16 页。

能在网络上爆发。

作为一种自媒体,网络中的舆论导向政府难以控制。传统媒体的审查制度有效地过滤了政府不喜欢、不满意的言论,因此,传统媒体难以成为社会负面情绪的宣泄渠道。但是,网络信息传播的多渠道特征使审查制度难以奏效。许多学者强调了这一点。王逸舟认为,如果说电话和电视易于受到政府意见的导向,那么,因特网更多具有相反的特征[①]。曼纽尔·卡斯特等人指出:"因特网让用户自由免费地建立他们自己的信息库,起到限制新闻编辑者的作用"[②]。他还指出:"互联网是一项自由的技术。它允许绕过制度上的控制来建立以自己为导向的平等交流网络。"[③] 因此,对于网民散布的不良信息,如反马克思主义言论,政府很难将之扼杀在传播之前,而只能在传播之后应对。

就在人们享受线下难以享受的发表言论的自由时,无政府主义、极端个人主义开始在网络上泛滥。丹尼尔·贝尔指出,现代社会的问题就是放纵本身走过了头,到了没有界限的地步。"现代主义文化是一种典型'唯我独尊'的文化,其中心就是'我'"[④]。贝尔这句话指出了网络言论自由的要害。网络错误信息泛滥、网络谣言四起是网络言论自由的伴生物。在网络的自由环境中,"错误的信息,只需要按一下鼠标,就可以传给几百人、几千人,甚至几百万人"[⑤]。不仅如此,由于从众效应,网络谣言如滚雪球般传播,从而扩大了网络谣言的影响力。有学者指出:"大批群众相信某件事——不管事实是否为真——而他们之所以相信,只是因为和他们相关的其他人也看起来相信该事件为真"[⑥]。一项研究表明,中国

[①] 王逸舟:《国内进步基础上的中国外交》,俞可平等《中国公民社会的兴起与治理的变迁》,社会科学文献出版社2002年版,第168页。

[②] [美] 曼纽尔·卡斯特主编:《网络社会——跨文化的视角》,周凯译,社会科学文献出版社2009年版,第405页。

[③] 同上书,第268页。

[④] [美] 丹尼尔·贝尔:《资本主义文化矛盾》,赵一凡等译,生活·读书·新知三联书店1989年版,第182页。

[⑤] [美] 凯斯·桑斯坦:《网络共和国:网络社会中的民主问题》,黄维明译,上海世纪出版集团2003年版,第56页。

[⑥] 同上书,第58页。

59%的假新闻发于微博①。网络谣言中不乏抹黑党的领导、妖魔化马克思主义意识形态的成分，客观上是在传播反马克思主义言论。

（4）网络的扩音器效应容易增强社会负面情绪的传染性

网络具有议程建构功能。许多社会问题，如果不经过网络的渲染，也许不会产生很大的社会影响力，不会引起公众和政府的强烈关注。从这个意义上说，网络能够影响人们的所看所思。之所以如此，重要原因在于网络拓展了人们交流、交往的范围，突破了时空对人们交往的限制。在网络论坛、新闻组、留言簿、聊天室、微信群、QQ 群中，人们可以打破地域性关系随时进行交流。有学者指出："互联网可以冲破本地交流中的束缚，协调公共参与，并且为基于空间的交流提供新的机会"②。如果说，传统社会人与人之间的交流主要倚重地缘、业缘、血缘的话，那么网络社会则在这"三缘"之外添加了网缘，甚至在某种程度上，网缘之于人际交往的意义已经超过了地缘、业缘、血缘。人们交换意见（交谈）对象的剧增，也就意味着听众的剧增，这显然扩大了自身观点的影响力。另一方面，人们总能在网上找到"同嗜性者"（持相同观点的人），这无疑会引起观点的共鸣和共振，从而扩大了观点的社会知晓度。在某种情况下，网络虚拟交流还会催生"面对面"的真实交流，即借助网络，人们开展线下交流。有学者指出："与未联网的居民相比，联网的居民认识的人数是他们的三倍，平常交往的人数是他们的两倍，并且在前三个月拜访了一半多的邻居"③。

网络的扩音器功能还表现在网络交流不仅仅是一对一而且是一对多的。像公园、街道之类的公共场所，也能实现"一对多"的交流功能，比如，一位演讲者可以面对众多听众发表演说。但是，"正是由于声音的传播范围是有限的，要确保发言者能够被倾听，其聚会的规模也是有限制的"④。以互联网为媒介的交流突破了声音的限制，大大扩大了同步交流

---

① 《新媒体蓝皮书：近六成假新闻首发于微博》，人民网，http：//media.people.com.cn/n/2015/0629/c192372-27223773.html，2015 年 6 月 29 日。

② ［美］曼纽尔·卡斯特主编：《网络社会——跨文化的视角》，周凯译，社会科学文献出版社 2009 年版，第 253 页。

③ 同上书，第 250 页。

④ ［美］罗伯特·A. 达尔、爱德华·R. 塔夫特：《规模与民主》，唐皇凤等译，上海人民出版社 2013 年版，第 5 页。

的人数。

网络可以传播正能量,也可以渲染社会负面情绪。当网络传播的是不良信息时,其扩音器效应就会造成"心理传染病"。各种反马克思主义思潮、反社会主义思潮之所以能够大行其道,重要原因在于网络的扩音器效应在作祟。

三 网络放大的负面情绪对马克思主义意识形态认同的消解

上文已经提到,不少网络负面情绪蕴含着强烈的反马克思主义意识形态色彩。这里需要回答的是,为什么会如此?为什么少数网民会将社会问题引发的不满转向党和政府,进而对马克思主义意识形态产生抵触情绪,乃至加入解构马克思主义意识形态的"凿船党"① 之列?总体来看,这是内外因素综合作用的结果。

1. 意识形态的美好说教减弱了其对社会现实的解释力

马克思主义科学地揭示了人类社会发展的规律,是颠扑不破的真理。但是,真理性认识只有和人民群众的现实生活结合起来,特别是能够对人民群众现实生活状态做出解释,引导人民群众追求美好生活,才能体现真理性认识的生命力和魅力,才能增强人民群众的认同感,才能产生马克思所说的"理论掌握群众"现象②。长期以来,我国意识形态宣传侧重于道德说教,侧重于从应然状态揭示社会主义社会的优越性和共产主义社会的至善至美,侧重于宣传社会主义道德的"高、大、全"。但是,我国长期处于社会主义初级阶段,社会问题"丛生"现象在短期内不可避免,社会的阴暗面尽管非常少见,但是偶尔也是存在的。在网络时代,社会的阴暗面还会被放大。在某些时候,这种现实与意识形态的美好说教、与意识形态对美好社会的允诺相比,形成了反差。这可能会动摇少数群众对马克思主义意识形态的信仰。

萨托利在《民主新论》中认为,马克思主义者是用社会主义民主的

---

① "凿船党"指那些热衷于消解英雄以及一切正能量的偶像的人,他们采用了所谓"扒真相"的办法,来颠覆整体的英雄形象,从刘胡兰、董存瑞、黄继光、雷锋、狼牙山五壮士一直到邱少云。具体的符号被糟蹋了一遍,他们开始糟蹋"英雄"概念。参见《环球刊文:"凿船党"猛攻英雄形象 为无赖奸臣平反》,凤凰网,http://news.ifeng.com/a/20150510/43725078_0.shtml,2015 年 5 月 10 日。

② 《马克思恩格斯选集》第 1 卷,人民出版社 1995 年版,第 9 页。

理想状态与资本主义民主的现实状态相比,结果是,"共产党的教条不过是在私下贩卖以理想冒充事实的假货"①。萨托利的这个观点十分错误,但是他提出问题的方式却值得警惕。意识形态的美好说教与某些社会现实之间的差距也体现在大学生思想政治教育过程中。大学生是社会主义核心价值观的重要践行者,是高校思想政治理论课的主要受众。当前,我国大学生群体的贫富分化现象不容忽视,其背后体现出的是我国居民收入分配悬殊。同是一个班级的学生,一些大学生拥有价值不菲的苹果手机、手提电脑等奢侈品,能够到高档餐馆就餐;而一些大学生却为了温饱四处奔波。在这种情况下,后者可能对思想政治理论课灌输的理论产生疑惑,思想政治理论课的效果就会打折扣。

2. "大政府,小社会"的权力格局使党和政府成为社会矛盾的焦点

改革开放以来,权力和资源从政府流出是普遍现象,社会自主性有了显著增强,但是"大政府,小社会"的权力格局仍未从根本上转变。一般以公民组织化程度衡量社会的自治性。在我国,每万人平均拥有社会组织数量为 1.45 个,远低于美国、法国等发达国家的数量②。不仅如此,数量有限的社会组织普遍存在行政化问题,被称为"二政府"③。在这种情况下,社会组织难以发挥其应有功能,难以成为政府治理社会组织的"帮手"。政府垄断公共事务治理,它就必须承担无限责任。然而这种无限责任与政府能力有限之间必然产生矛盾。

尽管学术界有"全能政府""万能政府""无限政府"等说法,但是,就现实中的政府来说,其功能都是有限的。有学者指出,任何政府都"最大工作能力有限"④。还有学者指出:"当代许多政策问题横跨了若干政策领域,超出了某个特定机构的管辖范围,或者为它们的专业技能所不达"⑤。1980 年,邓小平对政府包办一切也提出了批评,指出谁都没有神

---

① [美]乔万尼·萨托利:《民主新论》,冯克利等译,上海世纪出版集团 2009 年版,第 518 页。
② 俞可平等:《中国公民社会的制度环境》,北京大学出版社 2006 年版,第 159 页。
③ 康晓光等:《依附式发展的第三部门》,社会科学文献出版社 2011 年版,第 98 页。
④ [以]叶海卡·德洛尔:《逆境中的政策制定》,王满传等译,上海远东出版社 1996 年版,第 134 页。
⑤ [美]简·芳汀:《构建虚拟政府:信息技术与制度创新》,邵国松译,中国人民大学出版社 2004 年版,第 84 页。

通，能够解决繁重而生疏的事情①。政府无力承担无限责任，必然使之成为社会矛盾的焦点和公众指责、抱怨的对象。比如，长期以来，政府是公共产品和公共服务的唯一供给主体（近来有所改变），社会组织无力与之共担责任，当供给质量低下或供不应求时，公众就会将怨气撒在政府身上。不仅如此，"全能政府"和"保姆式政府"的长期运作，导致公众的心理预期越来越高，政府的工作表现要使公众满意也越来越难。

党和政府成为社会矛盾的焦点意味着一些人将社会问题产生的原因归于"领导原因"或"制度原因"，对为党的领导和社会主义制度提供合法性论证的马克思主义意识形态产生了疏离感和离心力。这是一些人在网络上反对、诽谤马克思主义意识形态的重要原因。

3. 国内外敌对势力的网络煽动损害了马克思主义意识形态的群众基础

随着交通、通信技术的发展，人类进入了名副其实的"地球村"时代。在小小的地球村，一个国家内部的社会问题往往具有世界意义，各种国内问题与国际问题紧密相连。像卫生问题、安全问题、环保问题、人权问题等越来越具有全球性，"这些问题不是某个国家和局部地区存在的个别问题，而是在全世界范围内普遍存在，并且关系到整个人类利益的问题"②。这从一个侧面说明，国与国之间的相互依赖关系明显增强。在美国看来，"控制相互依赖关系是美国投入资源争取国际领导权力的主要原因，也是新战略的核心"③。美国将管理和操作全球相互依赖关系作为其"软实力"之一，作为一种权力工具来行使。因此，为了巩固世界霸权，美国动辄从"全人类利益出发"，在网络上对中国国内公共政策和政府治理行为说三道四，塑造中国政府不负责任的网络舆论导向，抹黑社会主义制度，进而达到丑化马克思主义意识形态的目的。

社会转型期，我国确实存在着一些社会问题，这为西方国家的网络意识形态进攻提供了口实。一些西方国家敌对势力乘此机会，在网络大肆推销自由主义意识形态，播种西方意识形态的"种子"，企图改变我国公众

---

① 《邓小平文选》第2卷，人民出版社1994年版，第328页。
② 霍淑红：《国际非政府组织（INGOs）的角色分析——全球化时代INGOs在国际机制发展中的作用》，中央编译出版社2011年版，第56页。
③ ［美］约瑟夫·S.奈：《美国注定领导世界？——美国权力性质的变迁》，刘华译，中国人民大学出版社2012年版，第201页。

的思维方式和价值认同,损坏马克思主义意识形态的群众基础。与此同时,国内的敌对分子则成为西方意识形态的"应声虫"。内外敌对分子相互勾结,共同在网络上掀起反对马克思主义意识形态的"大合唱"。

(1) 在网络上放大我国现代化进程中应该解决但尚未解决的社会问题,如下岗失业问题、退伍军人问题、城市外来务工人员问题,力图把网民的注意力转移到这些原来不被社会重视的问题上,激起网民对党和政府的不满,激起网民对马克思主义意识形态的反感和疏离感。事实上,某些社会问题的有效解决需要较长的时间,在西方也是如此。敌对分子这样做,完全是以"有色眼镜"看待我国的马克思主义意识形态。

(2) "将过去的好和现在的坏进行对比"①,在网络大肆传播"今日中国还不如旧社会"的错误言论,美化旧社会,以达到否定马克思主义意识形态的先进性的目的。比如,一些网民说,新中国成立前地主和长工一块吃饭,现在老板和打工者之间的关系还不如地主与长工,夸大当代中国劳动纠纷的严重性。还有一些网民"考证",周扒皮是个厚道人,"半夜鸡叫"纯属虚构。周扒皮对自己的子女要求很严,但对长工还不错。②这种为周扒皮平反的做法实际上是通过另一种方式为上述观点作注解。一些"学者"在网络上刊文,以科学研究的名义,通过"科学数据"比较,"证实"新中国成立后,人民的生活水平反而下降了,言外之意社会主义制度不仅不能解决贫困问题反而加剧了贫困问题。

(3) 割裂改革开放前后两个"三十年",用改革开放前"三十年"的历史否定改革开放后"三十年"的历史,否定改革开放的历史作用,消解改革开放的思想共识,破坏马克思主义意识形态的思想整合能力,消解马克思主义意识形态的权威性,为西方意识形态的传播创造条件。比如,一些网民认为,从人均 GDP 排名来看,2008 年中国经济世界地位,并不比 1960 年高(排世界第 78 位);还有网民认为,"按照美元计算,今天人均 GDP 只有 1976 年 1/5"③。

---

① [美] 约瑟夫·S. 奈:《美国注定领导世界?——美国权力性质的变迁》,刘华译,中国人民大学出版社 2012 年版,第 172 页。

② 《真实的周扒皮是个厚道人:土改时被打死(组图)》,和讯网,http://book.hexun.com/2008-08-08/107988144.html,2008 年 8 月 8 日。

③ 《突然发现,按照美元计算,今天人均 GDP 只有 1976 年 1/5》,天涯社区,http://bbs.tianya.cn/post-worldlook-693344-1.shtml,2013 年 3 月 4 日。

（4）罔顾事实，颠倒黑白，否认我国政府治理社会问题取得的巨大成绩，否认我国廉政建设、环境保护方面取得的巨大进步，夸大社会问题的政治意义，散播"中国政府不能解决问题，反而成为问题的根源"的网络言论，使网民对马克思主义意识形态离心离德。

（5）"以计算机为媒介的交流，其广播功能减少了用在组织当地活动和寻求当地支持上的花费"①。一些敌对分子利用网络的这种异步交流功能，联络对某一社会问题有相同（极端）看法的人，将极端反共、反体制的异己分子组织起来，采取集体行动，加强协调配合，采用"一个声音说话"，加大反马克思主义言论的调门，妄图使反马克思主义言论成为超过主流意识形态的主导言论。

（6）人为炒作社会热点问题，吸引不明真相的群众眼球，形成网络围观效应，"把普通事件炒作成热点事件，把敏感事件炒成政治事件，让不明真相的群众和网民跟进，煽动对政府的不满情绪"②。利用网民的不满情绪，错误引导网民与政府对立，酿成群体性事件，迫使政府采取强制措施"清场"。"虽然可以相信一个大众政府偶尔对人口中的某个大一点的部分实施强制后依然可以生存，但它实施的次数越多，它得以幸存的机会就越少"③。这种做法的目的在于动摇人民民主专政政权的合法性，离间群众与政府之间的"鱼水"关系，使马克思主义意识形态宣传显得苍白无力。

第五节　互联网时代坚持马克思主义意识形态面临的挑战

网络的开放性、互动性、信息多元性削弱了马克思主义意识形态的话语权优势，网络的即时性、直接性、广泛性弱化了党对意识形态工作的领导权，网络的全球性、虚拟性、隐蔽性增加了意识形态的控制难度。如何

---

① ［美］曼纽尔·卡斯特主编：《网络社会——跨文化的视角》，周凯译，社会科学文献出版社2009年版，第249页。
② 《北京锋锐律所被查，揭开"维权"黑幕》，凤凰网，http://finance.ifeng.com/a/20150712/13833836_0.shtml，2015年7月12日。
③ ［美］罗伯特·A.达尔、布鲁斯·斯泰恩布里克纳：《现代政治分析》，吴勇译，中国人民大学出版社2012年版，第112页。

认识和利用网络的诸多特性，以发挥网络对维护我国意识形态安全的积极作用，消除其负面影响，成为摆在马克思主义研究者面前的重大课题。

一　网络的开放性、互动性、信息多元性挑战了马克思主义意识形态的话语权优势

话语权不仅是"一种说话的资格和权利"，也是"一项非常重要的权力"①。在意识形态领域，谁拥有话语权，谁就可以引导和控制舆论，进而掌握意识形态斗争的主动权；丧失话语权者，则会失去舆论支持，或者说失去人心。网络兴起之前，马克思主义意识形态凭借自身的科学性及中国共产党和政府的大力支持，在我国意识形态领域牢牢地掌握着话语权，为我国社会主义制度和中国共产党执政的合法性进行了有效辩护。网络兴起之后，网络的开放性、互动性、信息多元性削弱了马克思主义意识形态的话语权优势，没有任何一个国家和组织能够垄断信息的发布权了。

开放性是网络的根本特征之一。网络的开放性体现在对信息提供者、信息享用者的开放，体现在信息内容的开放、信息传播时空的开放等方面。网络突破了时间和空间的局限，突破了特定的国家疆域的地理界限，"在人类生存的物质空间中编织着一张无形的、纵横交错的网"②，"人们无法发现它的中心，也无法找到它的边缘，让使用者充分领略到了'无限'的意味"③。在这个无限的、开放的空间里，任何一个接点、任何一个网民都可以发布网络信息，一台设备（电脑或者手机）和"一根网线"（局域网络或者移动网络）便能将个人与全球网络紧密连接起来。

初看起来完全自由开放的网络空间，由于表达主体能力的差别和"数字鸿沟"的存在，这里的开放是不平等的开放。在信息的内容和信息传播量上，中国目前主要是一个"信息输入大国"。信息不仅是一种全球共享的知识，更是话语权，正是在这个意义上说，"谁掌握了信息，控制了网络，谁将拥有整个世界"④。突破了时空界限传播的各种信息背后都隐藏着鲜明的意识形态色彩。西方资本主义国家利用其自身的"互联网

---

① 刘国普：《当代中国马克思主义意识形态话语权建设研究》，博士学位论文，华南理工大学，2014年，第1页。

② 王淑华：《互联网的公共性》，社会科学文献出版社2014年版，第83页。

③ 纪秋发：《互联网与青少年成长》，中国青年出版社2007年版，第12页。

④ ［美］阿尔温·托夫勒：《权力的转移》，吴迎春等译，中信出版社2006年版，第32—33页。

优势",通过技术入侵、信息强势等手段加紧了对中国的网络意识形态进攻,把网络变成了破坏和腐蚀中国人民马克思主义信仰的主渠道和主战场。西方国家不仅在网络上直接否定中国特色社会主义制度和马克思主义意识形态,全方位地攻击和诋毁我国的政治制度、价值观念、国家战略等;还煞费苦心地通过网络向中国人民渗透资本主义的政治治理思想、文化社科观念、人生价值标准,把资本主义意识形态中虚假的"安慰试剂"——"自由、民主、平等、博爱"包装成华丽的普世价值向中国人尤其是青年人推送,并大肆地渲染西方政治模式的优越性,鼓吹"金钱政治"的合理性,妄图使中国发生所谓的"和平演变"或"颜色革命"。我国国内有一些人"端起碗吃肉,放下碗骂娘",其中还包括某些拥有大量"粉丝"的网络"大V"和"公知"。他们对中国的政治制度、经济发展、价值观念等吹毛求疵,甚至"吃共产党的饭,砸共产党的锅",与西方势力一起挑战着我国马克思主义意识形态的话语权。

互动性也是网络的根本特征之一。互联网的互动性主要体现在"网民与网络系统的互动"和"网民与网民之间的互动",这"无形中"增大了网民的"自主权、创造权和话语权"[①]。在网络时代,传播者和接收者双向互动,双方的角色是随时互换的。每个人都是传播者,都是"微播",同时,每个人都是受众。双方之间的沟通突破了传统媒体时代的单向度主体—受众的传播模式,成为主体—主体的互动传播模式。

网络的超强互动性使网络言论和新闻事件能够被更多人阅读、评论、传播、转发,导致其影响范围和热度成几何级增加,随之而来的便有可能是不同意识形态和多种价值观的正面交锋。也就是说,网络热点之争可能演变成意识形态之争。在这种情况下,如果国外敌对势力及其国内代理人和一些不良媒体挑拨网民形成舆论压力,并通过他们刻意打造的"意见领袖"来掌控话语权,就会给马克思主义意识形态话语权带来严重威胁,大大削弱官方意识形态的优势。从近几年的网络争论现象来看,争论过程中往往会有一批别有用心之人和"不明真相"的网民有组织、有针对性地进行讨论和反思,而主题思想则是歌颂西方所谓的"普世价值"和资本主义制度;反对和诋毁马克思主义,攻击和责难人民政府及中国共产党,否定和辱骂社会主义制度及新中国的建设,侮辱和玷污人民领袖及人

---

① 郑傲:《网络互动中的网民自我意识研究》,电子科技大学出版社2013年版,第5页。

民英雄等。特别是在微博、微信成为重要的社交和舆论平台的今天，任何一个人的言论或者一个小的新闻事件都有可能成为意识形态论战的导火索，甚至逼迫官方媒体和传统媒体也加入到大论战中来。比如，柴静拍摄的雾霾调查纪录片——《穹顶之下》，被人引导着讨论雾霾产生的根本原因是"增长之痛还是体制之殇"，进而在网络上出现了大量聒噪"中国雾霾是体制之祸"的帖子，随后，就有媒体和"公知"在网络上呼吁，治理雾霾要进行"能源体制改革，破除石化垄断"，实行"能源行业私有化"，"除霾要先除思想和体制上的雾霾"，等等；又比如，"'作业本'烧烤事件"① 直接怀疑和侮辱中国的英雄和先烈，公然损毁人民军队的荣誉，最终迫使烈士的后人通过法律手段来维护烈士尊严，而中央电视台、中国之声等官方传统媒体和人民网、新华网等网络媒体，也对这种抹黑英雄和先烈的言行进行了严厉的批评；再比如，一旦国内出现地震、洪水、火灾等突发灾害或重大事故，就会有一批"大V"和"公知"在网上列举国外的先进做法，赞美西方国家的政治清明、国泰民安，批评和指责中国政府救灾不力，并将最终原因归结为国家体制问题，完全无视中国政府强大的救援能力和对灾民的深切关怀之情，然而当西方国家出现类似事件且政府毫无作为时，这些人却选择性地装聋作哑。近些年来，网络流行的"中国崩溃论""中国威胁论""中国体制是最大的问题根源""中国是最大的输家"成了网民耳熟能详的词句，而中国的发展速度和世界瞩目的成就就是最好的回应。

  信息多元性是网络的重要特征。网络信息的多元性一方面体现在网络内容的涉及面广，与人类生产、生活紧密相关，包含政治事件、经济财经、社会新闻、军事、科技文化、教育等诸多内容；另一方面体现在信息提供者的多元性，既有政府又有组织，既有专家学者又有无知小儿，既有资深媒体又有草根网民，人数众多、身份复杂，而自媒体的兴起更加剧了信息供给的多元化趋势。互联网是一把双刃剑，利用互联网能够方便快捷地掌握海量信息，但这些信息良莠不齐、真假难辨，对网络参与者的思想

---

  ① 2015年4月16日11时28分，网络大V"作业本"转发了一条知名凉茶企业的营销微博（该凉茶企业恭喜"作业本"与"烧烤"齐名），引来一片骂声，这缘于2013年"作业本"曾在微博上戏谑"由于邱少云趴在火堆里一动不动，最终食客们拒绝为半面熟买单，他们纷纷表示还是赖宁的烤肉较好"。

观念、价值取向、思维习惯、行为模式、个性心理等都产生了巨大的影响。

网络的信息多元性也为非马克思主义和反马克思主义意识形态的传播提供了便利，增加了马克思主义意识形态的认同难度。开放的网络必然带来价值观的多元化，特别是近些年来，一大批深受西方思想影响的专家学者、公共知识分子借助互联网的力量不断地宣传、论证所谓的"先进思想"，如新自由主义、民主社会主义、无政府主义等，试图替代或淡化马克思主义意识形态，进而颠覆社会主义政权。网络上的意识形态斗争形势非常严峻，一些人打着"学术研究无界限"的旗号，不断攻击执政党的合法性、损害领袖人物的荣誉、怀疑英雄和烈士的真实性，借助"重读历史"的机会试图改写历史、再造历史；一些人将"苏联模式"说成"苏联马克思主义"，试图论证"苏马非马"，借此证明社会主义制度注定是要失败的；一些人将中国传统文化与马克思主义对立起来，试图"以儒反马""以儒化马""以儒淡马"，即以儒学的标准将马克思主义视为西方的"异族文化"入侵、以儒学的内容将"马克思主义儒学化"、以儒学代替和淡化马克思主义；一些人将并不属于"西方马克思主义"的"西马"观点大肆宣传，以此来判别、重释马克思主义；更有一些人胡编乱造、借助他人的名号肆意曲解马克思主义经典作家的作品，篡改成"自己的马克思主义"，以此混淆和削弱官方马克思主义意识形态的传播内容和话语权优势。①

虽然网络上别有用心之人总体上数量不多、能力有限，而且随着党和政府对意识形态工作的不断重视以及党员干部和普通网民认识的不断提高，网络上拥护社会主义制度和马克思主义意识形态的力量正在不断壮大，但是，我们仍然必须高度重视网络对马克思主义意识形态话语权的冲击，切实维护我国的网络信息安全和网络意识形态安全，巩固马克思主义意识形态的主导地位，增强马克思主义意识形态的话语权优势。

二 网络的即时性、直接性、广泛性挑战了党对意识形态工作的领导权

意识形态领导权"是一种基于公认文化权威自然生出的中心化凝聚

---

① 梅荣政：《对当前几种错误观点的评析》，《红旗文稿》2015 年第 13 期。

力、亲和力和感召力",它具有"认同性""非强制性"和"过程性",是"民众在实践中选择和认同的结果"。① 中国共产党意识形态领导权的实现是以人们对马克思主义意识形态的认同为基础的。新中国成立之后,马克思主义意识形态成为全社会的主流意识形态,而党对意识形态工作的领导权也得到了人们的普遍认可。网络兴起之后,网络的即时性、直接性、广泛性助长了各种意识形态的传播,挑战了马克思主义意识形态的主导地位,弱化了党对意识形态工作的领导权。

网络的即时性主要是指网络内容一经网络参与者提交马上呈现出来并留下痕迹,而网络内容的传播也同步发生,其他参与者对相关网络内容的查阅、评论、转发等互动行为也立即生效,并且能够被内容提交者实时感受到。网络的即时性导致包括各种意识形态在内的海量信息直接显现,冲击着人们的思想,也对党的意识形态领导权提出了挑战。网络的即时性在导致网络信息泛滥的同时,也使得各级党委和政府机关疲于应对突发事件造成的公众信任危机,变相消解着党对意识形态工作的领导权。在传统的意识形态领导方式下,党的机关作为真理的占有者,自上而下地进行强势的意识形态宣传、管理。虽然这种方式有些刻板,但党对意识形态工作的掌控能力极强。在网络背景下,人民群众越来越多地开始通过网络渠道关注政府政策、社会新闻、国家动态等,"网络民意"因此受到领导者的重视。同时,意识形态工作者也开始学习网络语言,接受互联网思维,意识形态内容的宣传形式也更加形象化、生动化起来。这在一定程度上对党的意识形态领导权提出了新的要求,主动适应新形势、适度放松强势领导成了题中之义。网络信息的泛滥一方面使得海量信息的占有者拥有了强势"话语权",另一方面也分散了党和政府的权力。党和政府不再成为大量信息的占有人和发布员,甚至成了部分网民的出气筒和批评对象。近几年来,多次出现突发事件后政府没有及时作为而被网民围攻、批评的事件,个别案例中出现了"网民引导政府作为"的现象,也从侧面反映出网络对党的意识形态领导权的弱化。此外,在网络意识形态斗争中,有一批自认为正义的网民,动辄将网络即时曝光的负面信息归罪于改革开放,迁怒于以邓小平为首的中国共产党人,甚至将中国特色社会主义道路定性为资

---

① 曾令辉、陈敏、石丽琴:《论加强我国社会主义意识形态领导权建设》,《马克思主义研究》2014年第1期。

本主义的复辟,这也对党的意识形态领导权形成了强烈冲击。

网络的直接性主要是指网络内容是网络参与者提交内容的直接呈现,无论是文字、图片、声音、视频都是网络参与者意见的直接表达,并没受到太严格的审查和修改。网络的直接性导致信息内容真伪难辨,有可能引发大规模的意识形态争论,进而形成舆论引导媒体、媒体绑架意识形态领导权的现象。现如今,网络成了新闻的扩音器和放大镜,再普通的事件或人物经过炒作都能成为网络热点而备受关注,一些所谓的"意见领袖"更是热衷于将一切事件与意识形态争论挂钩,并有计划地形成舆论风暴,吸引更多的网民参与其中且扩大事件的影响力,同时推动舆论向他们需要的方向发展,最终将普通事件演变为政治事件。在此过程中,一些网络主体和敌对媒体有意绑架意识形态领导权,试图达到其不可告人的目的。他们先将"受害人"的信息公布在网上,再利用收买的网民多渠道、多方式地进行扩散和舆论炒作,同时纠集"访民"闹事、攻击政府机关和工作人员等,并将相关照片转发到境内外网站,"引发对中国政府的批评和攻击",试图影响政府决策、干扰司法机关的工作。这从侧面反映出党的意识形态领导权受到了极大的挑战。网络意识形态工作者处置此类事件的能力和方式亟待提高,同时,更需要通过法律等多种手段切实维护党对意识形态工作的领导权。另外,网络参与者直接提交的内容往往缺乏理性思考,其中涉及的意识形态争论更有可能偏离了基本的理论探讨,甚至会演变成漫骂和人身攻击。部分网民在个人利益受到损害时会迁怒于党和政府,并在网络上发布大量辱骂党和政府的言论,而这些言论又会得到一些网络"愤青"和别有用心之人的声援,从而形成攻击党和政府、批判马克思主义意识形态的舆论风暴,使网络意识形态工作者疲于应付。这些网络舆论也对民众的心理和理性判断能力造成了不良的影响,甚至蛊惑某些人习惯性地对党和政府产生不满心理和对抗情绪,削弱了党对意识形态工作的领导权。

网络的广泛性主要是指网络参与主体广泛,网络内容覆盖面广。网络内容几乎无所不包,不仅全天候、全方位、全视角地展示人类的生产和生活,也放任了各种思想、意识形态的传播;网络参与主体的广泛性和议论话题的广泛性更是给网络权威的树立和网络意识形态领导能力的形成带来了一定挑战。截至 2016 年 12 月,中国的网民数量为 7.31 亿(手机网民达到6.95亿），网站总数达到482万个，域名总数增至4228万个。① 互联网对国民经济和个人生活方式的影响进一步加深。随着"互联网+"政策的出台，特别是在云计算、物联网、网络智能机器人和大数据等应用的带动下，互联网的发展呈现井喷之势，网民在网络阵地上的舆论之争和意识形态之争也越来越白热化，网络俨然变成了意识形态斗争的主战场。同时，网络的方便快捷性打开了公众广泛参与政治的渠道，激发了弱势群体互相团结、表达政治心声的热情；网民组成结构复杂、年龄跨度大、主体网民学历偏低、学生群体和中低收入群体人数众多的特征也促使网络成为宣泄不满情绪、赢得他人同情、引发政府重视的重要场所。由于特定群体更容易相互亲近，形成了"法不责众"的"大无畏"心理，其言行和情绪往往容易走极端，甚至对他人和社会展开攻击，试图通过网络舆论绑架政府行为，这给党的意识形态领导权带来了无形的障碍。特别是一些别有用心之人和敌对势力相互勾结，企图操纵网络舆论，引导网民的意识形态和价值取向，并图谋将一个个分散的网民个体组织起来，形成强有力的特定舆论群体来迫使党和政府就范，这种网络操纵行为更是直接损害了党的意识形态领导权。此外，几百万个网站的"野蛮生长"也分散和消解着党的意识形态领导权。各个网站在强调自身个性化发展的同时，也不断吸收和借鉴其他网站的特点，使得相同主题的网站数量激增，形成了规模效应，这些网站往往有能力将舆论热点或突发事件等进一步挖掘，形成话题，并以特定网页或滚动播放的方式吸引网民的注意，形成舆论的高潮。在这个过程中往往掺杂有复杂多样的意识形态争论，甚至有个别居心叵测的网站媒体会采用技术手段或雇佣网络水军来宣传特定的意识形态和价值主张，图谋获得暂时的意识形态领导权，引导舆论朝着预期的方向发展。这种利用网络的广泛性实施网络操纵，再通过特定的话题或观点点燃网民的激情以形成网络舆论力量，并借此力量实现不可告人目的的行为，近年来屡见不鲜，不仅干扰了政府的正常工作，而且严重弱化了党对意识形态工作的领导权。

党和政府应高度重视网络意识形态领导权问题，有针对性地对网络的即时性、直接性、广泛性等特点带来的冲击进行防范，合理应对、正确区

---

① 《第39次中国互联网络发展状况统计报告（全文）》，中共中央网络安全和信息化委员会办公室，http://www.cac.gov.cn/2017-01/22/c_1120352022.htm，2017年1月22日。

分、加强管理,真真正正在网络阵地上将党对意识形态的领导工作做好做实,在营造宽松网络环境的同时,又能掌握意识形态领导权。

三 网络的全球性、虚拟性、隐蔽性增加了对意识形态的控制难度

网络的全球性、虚拟性、隐蔽性等特性"突破了党和政府传统的管控手段,大大增加了党和政府调控意识形态的难度,甚至逍遥在法律和道德的调控之外",导致"任何国家既没有控制互联网上信息流通的权力,更缺乏进行控制的实际能力"①。一旦这些特性的弱点被国内外敌对势力所利用,必定会增加我国对意识形态控制的难度,威胁我国的意识形态安全。

网络的全球性主要体现在它能够超越国界,将全球的网民联系到一起,实现信息和沟通的全球化,并影响着世界各国和地区的政治、经济、文化。网络的全球性一方面使西方敌对势力利用其技术优势更容易侵入我国的意识形态空间,另一方面也加剧了西方对华的文化渗透,这些都增加了意识形态的控制难度。互联网是西方第三次科技革命的重要成果,西方国家占据明显优势,在网络协议制订、网络标准和代码语言、操作系统等方面居于统治地位,中国等发展中国家与之相比存在极大差距。西方国家利用这些优势对中国等国家进行正常登入、黑客攻击、"后门"入侵等,以获取有价值的情报和利益,例如,美国国安局自1998年以来,"一直从事侵入中国境内电脑和通讯系统的网络攻击","中国成为网络攻击的主要受害者……并为此蒙受了巨大的损失"②。最为恐怖的是,个别网络强国致力于进行"网络战争"③,用网络病毒来攻击目标国家的核心部门和基础设施,导致目标国家网络瘫痪、多种设备设施无法正常使用,给目标国家的人民带来巨大困难,以迫使这些国家屈服;并且针对中国培训网络"第五纵队",以网络为主战场,"以心理战和思想战为主战形式",以

---

① 王永贵等:《马克思主义意识形态理论与当代中国实践研究》,人民出版社2013年版,第345页。
② 《入侵中国网络15年 美国政府看到了什么?》,新华网,http://news.xinhuanet.com/world/2013-06/14/c_124852456.htm,2013年6月14日。
③ 《美国最新"网络战揭秘"史诗纪录片(中文字幕)》,搜狐网,http://it.sohu.com/20151123/n427603286.shtml,2015年11月23日。

"完成其征服中国的战略目的"①。通过类似的物理手段和技术手段来达到网络意识形态论战目标的事例更是数不胜数，入侵他人电脑后发表非法言论、窃取后台权限屏蔽和修改特定内容、编写网络"僵尸机器人"对相关内容进行抓取和互动、利用黑客技术攻陷政府网站后发表反政府言论等都曾出现在网络的意识形态斗争中，可以想象，若没有高素质的技术人才队伍和高度的全局协调能力，是很难对网络阵地进行有效控制的。

网络的全球性和网络信息技术差距形成的监管壁垒，导致党和政府很难对网络意识形态言论的来源和传播过程进行有效控制，再加上网民数量众多，知识构成和安全意识差距明显，也使政府很难使用统一的技术手段进行高效的全局控制。基于以上原因，通过网络可以实现规模大、成本低、覆盖面广的文化思想和意识形态、价值观渗透，网络成了西方资本主义世界企图"终结社会主义制度"的武器。通过文化娱乐、电影电视、新闻书籍、电子杂志等数字化产品的大量推送，包含在其中的西方思想文化、意识形态等便合法地影响着中国等社会主义国家的人民；通过有计划、有组织、有影响力的"学术交流""思想论战""舆论报道""事件评析"活动，西方国家就可以对中国的网络意识形态进行引导和干涉。近年来，国内比较大众化的网络舆论平台的一些热点活动背后都有境外势力的影子（美国国家民主基金会、美国国际开发署、福特基金会等在其中扮演着重要角色），而讨论的话题基本围绕中国近现代史、新中国成立后的政治运动、革命领袖和英雄人物、改革开放前后两个30年的对比、党和国家领导人、中国的重大决策和方案等展开。西方国家扶植的"反华网特"② 以普通网络参与者的身份进行着政治性活动，试图抓住一切机会进行"颜色革命"，而网络的无声与无形就是他们最安全的伪装，这在无形中增加了我国意识形态的控制难度。

网络的虚拟性是指"有形的事物以及现象在网络中以数字、图像、

---

① 《戴旭：中国最大威胁——美国文化战略及其"第五纵队"》，凤凰网，http：//news.ifeng.com/a/20140428/40077935_0.shtml，2014年4月28日。

② "反华网特"是指在网络上散布谣言、歪曲事实、混淆视听、扰乱人心、煽动民族宗教对立、党群关系对立情绪、故意挑起事端的网络特务。反华网特主要来自美、日和中国港台地区以及国内的第五纵队，他们妄图破坏中国稳定、抹黑形象、摧毁民族信心、颠倒价值观，制造混乱，危害巨大。参见《千钧客：解读境外渗透 解读舆论心战》，360doc个人图书馆，http：//www.360doc.com/content/14/1115/19/1941668_425371744.shtml，2014年11月15日。

声音等抽象方式表达的特性"①，网络将现实的事物和人类具体的实践活动抽象地表达出来，变成了文字作品、思想观点等，将人的生活进一步分化成现实世界和虚拟世界，一定程度上造成了人格的分化；同时，网络的虚拟性与国家边界的物理性构成了天然的矛盾，一定程度上给国家安全带来潜在威胁，其根源在于虚拟世界的无法掌控带来的治理真空。

网络的虚拟性主要表现在网络环境、网络主体和网络交往对象的虚拟化，同时虚拟化的网络世界与真实的物质世界既有联系又互相对立，容易使人产生逃避现实、远离道德、拒绝社会等异化现象，增加了意识形态控制的无力感。面对虚拟的网络环境，再强有力的政府部门都可能会感到无从下手，而数字化的文字、图片、音频、视频却在真实地影响着人们的头脑，改变着个人的思想观念和行为举止。层出不穷的非法内容令管理工作百密一疏，简单粗暴的治理方式又往往引来强烈的抵抗，导致一些漏网之鱼变本加厉地搞破坏，于是，控制与引导便成了新的难题。网络主体的虚拟化使网络行为主体获得了可以自由更换"马甲"的能力，在一个个虚拟的角色之间不断切换，从而造成人的异化——个人被虚拟的网络和信息技术手段所奴役，个别意志力薄弱、政治立场不坚定的青少年乘机变换身份，"把深藏在潜意识中的、不为正常社会意识所允许的各种需求和愿望在网上尽情的发泄"②、浏览色情内容、"翻墙"查询用来攻击政府的信息，甚至成为国外敌对势力的间谍，还有一些网民将自己包装成"权威学者""公众名人""打假斗士""青年导师"等博人眼球的网络角色，利用自身的"明星效应"胡乱评价中国取得的一系列伟大成就、挑拨党和人民群众的血肉亲情、利用网络事件推波助澜从而激化政府与民众的对立关系、策划和参与群体性事件等。网络上一部分无法查找来源的媒体和个人利用我国网络管理技术的缺陷，大肆宣扬非社会主义意识形态，辱骂拥护党的路线、方针、政策的党员和群众为"五毛""爱国贼"，致使"淡化甚至排斥社会主义意识形态的舆论氛围已经在网络上出现。需要警惕的是，这样的舆论氛围将可能导致社会主义主流价值观的感召力、信服力弱化，导致社会主义主流意识形态在网络世界被边缘化，进而导致网民

---

① 徐春：《人的发展论》，中国人民公安大学出版社2007年版，第480页。
② 陆玉林：《当代中国青年文化研究》，人民出版社2009年版，第231页。

群众的信仰危机"①。网络交往对象的虚拟性更是隐藏着巨大的风险，普通网民难以知晓与自己进行互动的对方是什么样的人，无法确定对方的国别、容貌、经历、真实想法，甚至无法确定对方是否是一台网络机器人，更别谈有任何深刻的了解。正是因为这样的缺陷，少数西方国家借助自身高超的网络技术水平和先进的网络智能化工具，经过长期营销和伪装拥有了一大批较有影响力的网络平台账号，利用这些看起来很正常的账号向中国网民长期宣传、渗透西方的思维方式、生活方式、价值观念、政治发展模式、意识形态等，一旦中国相关部门对其采取限制手段，便鼓动网民一起攻击中国政府限制"言论自由"，使党和政府防不胜防。虚拟的网络世界与真实的物质世界的联系和对立，导致政府很难用既有的行政办法来管控网络世界，甚至形成了网络舆论和网民监督"倒逼"控制政府的现象。虚拟的网络容易使人形成与社会相反的双重人格，生活中的"好孩子"可能会是网络世界里的"不良少年"，自控能力差和道德自律能力低的青年更是在接触网络后迅速堕落，成为敌对势力的"拉拢目标"。缺乏有效指导和监督的网民中，有一些人把网络世界当成了"自由的天堂"，凭借其"虚拟身份"放心大胆地开始尝试在现实生活中从来不敢做的事情、发表在现实生活中不敢说出来的言论，将道德的谴责和法律的制裁置于脑后，而要从数以亿计的信息中找到犯罪的证据和留下的痕迹非常困难，不仅需要大量的人力、财力、物力，而且很难找到适用的法律并给出合理的处罚，这在一定程度上增加了意识形态控制的难度。

　　网络的隐蔽性表现在，互联网是通过物理连接和协议交换的方式组建起来的虚拟网络，任何物理线路和网络终端都难被清晰地标示出来，再通过一定的加密或者伪装手段就更加难以被查找到痕迹。网络的隐蔽性使一些人有恃无恐，抱着"没人知道我是谁"的心态在网络上随意浏览并发表言论，甚至有可能进行发布虚假信息、篡改网络数据、进行人身攻击或人肉搜索、传播网络病毒、实施网络入侵和盗窃等违法犯罪活动。网络的隐蔽性也掩盖了非法信息的生成和传播，造成政府对网络信息控制难度的增加。热火朝天的网络世界是由一根根冰冷的网线和一台台冰冷的电脑构成的，任何人都有拔掉网线的自由，也有发表言论、查阅信息的自由，任何管理部门都无法对每一台电脑及海量的信息进行编号登记，更难做到对

---

① 李艳艳：《如何看待当前网络意识形态安全的形势》，《红旗文稿》2015 年第 14 期。

每一条网络信息都仔细审查,这样的物理难度和技术困境给了不法分子以可乘之机。国内外敌对势力通过地址克隆、病毒植入、物理地址修改等技术手段即可轻松骗过政府的监管,而非法的言论或者信息通过变换形式、改变表达顺序等手段便可以直接显现在网络上,这给网络意识形态的控制带来了极大的麻烦。看似简单的网络事件背后有可能隐蔽着惊人的阴谋。例如,2015年7月发生在山东威海文登的"7·22"事件①,表面看像是网络意见不合引起的"约架"形为,但随着网络舆论的发酵和网民的深入调查,发现了隐藏在其背后的、长期发表"反党反华反社会主义"言论、侮辱党和国家领导人的网络政治集团(与境外势力联系密切的"纳年纳兔纳事吧"),引起了中共中央的高度重视,被定性为一起网络意识形态斗争事件。从此类事件中可以发现,一些看似独立的网络信息之间往往隐藏着紧密的联系。信息数据的交换通常是以加密数据包的形式发送的,这些经过加密的数据虽然能通过非法的技术手段进行窃取和解密,但是面临政府正常的管理手段也无能为力的。政府一般通过在用户的客户端进行敏感词查找而对网络信息进行过滤和筛选,这种初级的手段很容易被突破,常见的办法是将文字转换成图片或将文字图片做成视频、音频进行传播,更高级的办法是运用程序软件直接越过或攻破政府的防护墙传播非法信息,后者已经超越了传统的网络技术手段,并不是一般的网络技术管理人员能够阻止的。此外,网络的隐蔽性允许组织和个人以匿名的方式发布信息,并且为他们发布非法信息、进行非法活动之后销毁作案工具、转移作案地点提供了方便。总的说来,利用网络的隐蔽性,国外敌对势力和一些打着慈善、公益、学术旗号的"非政府组织",与国内的"第五纵队"及其"豢养的一批网络打手"②相互勾结,借助技术优势和我国的管

---

① 2015年7月22日,威海文登青年侯聚森在学校门口被多名不明身份人士用甩棍、辣椒喷雾等器具殴打,导致头部和背部受伤,起因是,侯聚森在"纳年纳兔纳事吧"上经常看到辱骂政府和爱国人士的言论,自己就回骂过去,因此不断遭到骚扰,并遭到"人肉",直至7月22日被打伤。文登警方将此事定性为"治安事件"。随后,新媒体、传统媒体、政务微博、"大V"、智库、警务人员等各色网络活跃力量介入,舆论场陷入了严重的分化。最终,"纳年纳兔纳事吧"被揭露与境外势力、暴力团伙关系密切,并被依法查封。参见《文登"群殴事件"舆情回望——一场因无视法治引发的舆论对冲》,中国网信网,http://www.cac.gov.cn/2015-11/04/c_1117038670.htm,2015年11月4日。

② 《千钧客:解读境外渗透 解读舆论心战》,360doc个人图书馆,http://www.360doc.com/content/14/1115/19/1941668_425371744.shtml,2014年11月15日。

理漏洞大量发布非马克思主义甚至反马克思主义的信息、侮辱爱国青年和优秀的党员干部、诋毁社会主义伟大进程、指责社会主义宪法和劳动群众、攻击人民军队和人民英雄等。网络的隐蔽性给我国的意识形态控制带来了巨大的压力，但同时也为提高党和政府做好意识形态工作的能力提供了动力。

在网络全球化的大背景下，社会主义中国的意识形态工作一定要高度重视网络的开放性、互动性、即时性、广泛性、虚拟性、隐蔽性等带来的负面影响，提高本国的技术实力、培养优秀的技术人才和管理人员，牢牢掌握意识形态的话语权、领导权和管理权，打赢新形势下的马克思主义意识形态保卫战！

第 六 章

互联网时代坚持和巩固我国马克思主义意识形态主导地位

中国共产党在马克思主义意识形态建设方面已经取得的先进经验，对于网络时代我国马克思主义意识形态主导地位的维护具有重要的启迪意义。第一，坚持马克思主义理论的指导地位不动摇。坚持马克思主义理论的指导地位，牢牢把握思想领域主导权，才能在瞬息万变的局势和复杂的网络环境下，从容面对各类社会思潮的挑战，科学引领伴随网络传播的多样化思潮。第二，坚持马克思主义理论与中国实际相结合。正是由于党将马克思主义普遍原理与中国具体国情相结合，才使马克思主义意识形态能够在中国大地上生根发芽并成为主导意识形态。网络环境下亦需要坚持马克思主义的中国化、时代化，使马克思主义意识形态保持勃勃生机。第三，坚持"以人为本"在马克思主义意识形态中的地位。马克思主义意识形态具有鲜明的人民性，在复杂多变的网络环境中，更应该坚持"以人为本"，将"关怀人、关注人"提上一定高度，争取民心，从而巩固马克思主义意识形态的主导地位。第四，正确处理马克思主义意识形态主导地位与其他意识形态的关系。无论是在网络环境中，还是在现实环境中，都应当在坚持马克思主义意识形态主导地位的同时，适度允许多样化意识形态的存在，以更好地满足人民群众的精神需求。第五，加快马克思主义理论大众化进程。网络时代马克思主义理论大众化的切实推进，依然需要使群众从内心真正认可马克思主义理论，这就势必要解决好群众的切身利益问题。只有得到群众的衷心拥护，马克思主义大众化步伐才能更快推进，马克思主义意识形态主导地位才能得到有效维护。

海纳百川，有容乃大。党和政府也应当从国外关于意识形态建设的经验中汲取有益成分，以更好地维护我国的马克思主义意识形态安全。第一，将意识形态内部结构适度分离，使其内核转化为民众可以接受的政策。例如，欧洲绿党奉行的是"生态主义"的价值观，突出强调全人类整体利益，并将其意识形态的内核转化为民众能够理解并接受的生态永续、草根民主、社会正义、世界和平政策，因此得以迅速崛起，拥有了大批支持者。第二，注重发挥意识形态网络载体的功能，增强意识形态的影响力。例如，法国社会党建立了涵盖全国所有支部的社会党人共享的网站，使所有社会党党员都能够及时了解党的政策和行动。第三，通过立法加强网络管理，维护意识形态安全。例如，美国出台的《电信法》《通信内容端正法》规定，政府有权对涉及国家安全的内容进行审查，不得在互联网上传播威胁到总统和国家安全的言论。第四，官民联合净化网络环境。例如，日本政府非常重视动员社会力量共同管理互联网，鼓励互联网各相关部门加强自律，并提倡网络实名制。对此，我们应当加以借鉴、利用。

网络已经成为意识形态斗争的前沿阵地。若要捍卫马克思主义意识形态主导地位，党和政府就必须调动一切积极因素，应对网络带来的挑战和冲击，加强马克思主义意识形态网络阵地建设，强化网络舆论导向，健全网络法规，创新与发展马克思主义意识形态整合功能的实现机制与方式，兑现马克思主义的信念承诺，夯实马克思主义意识形态的民心基础。

第一节　加强马克思主义意识形态网络阵地建设

马克思主义意识形态网络阵地，作为传承马克思主义的载体、宣传党和政府政策的平台、弘扬先进文化的渠道，在马克思主义意识形态主导地位维护、中国特色社会主义文化建设、社会主义核心价值观传播中起着重要的作用。但是目前，我国大多数网络阵地都或多或少地存在吸引力不高、影响力不够大的问题。因此，党和政府应集合宣传部门、教育行政部门、工业和信息化部、高校马克思主义学院、党校系统、社科院系统等力量，打造德才兼备的网络阵地人才队伍，并鼓励拥护马克思主义的个人、企业和社会团体，采取行之有效的、具有针对性的措施加强马克思主义意识形态网络阵地建设，提升马克思主义意识形态网络阵地的吸引力和凝聚力，增强其竞争力和辐射力。

一　进一步壮大网络阵地的力量

互联网不仅影响着人们生活的方方面面，而且影响着人们思维方式的转变。在这种背景下，任何一种意识形态如果不想被边缘化，就必须借助网络的力量使自己发扬光大，马克思主义意识形态亦不例外。在多元网络思潮激烈交锋、争夺受众的背景下，网络意识形态阵地不可能是"真空"的，马克思主义意识形态若不能成功占领，各种非马克思主义甚至反马克思主义的意识形态就会乘虚而入。所以，党和政府很有必要加强网络阵地建设，"建立具有鲜明的马克思主义特点的网站系统"①，抢占意识形态传播的制高点。

1. 统合现有阵地

当前，我国的马克思主义意识形态网络阵地已经粗具规模，但大多数网络阵地之间缺乏必要的交流和互动，千篇一律的现象比较严重，这不仅浪费了资源，也在一定程度上影响了网络阵地的吸引力和竞争力。因而，党和政府很有必要统合现有力量壮大马克思主义意识形态网络阵地。

首先，网络阵地之间应当建立广泛的链接，及时互通有无，尽量避免没有必要的资源浪费。例如，中央编译局等权威网站已经设立了马克思主义经典著作的在线阅读栏目，其他网络阵地只需要添加链接即可，没有必要再耗费巨大的人力、财力把这些经典著作重复扫描上传。

其次，扬长避短，把一些网络阵地从"大而空"变成"小而实"。某些地方性的网站看上去内容很多，但大多是照搬人民网、新华网等网络阵地的内容，毫无新意，难以得到网民的垂青，这样的网站不如根据本地特色改造成专题性网站，勿求面面俱到，但求言之有物，脚踏实地地发挥传播马克思主义意识形态的作用。

最后，网络阵地之间应加强团结，争取用一个声音说话。马克思主义意识形态网络阵地虽然都高扬着马克思主义的大旗，但是在某些具体问题上存在着意见的分歧，比如，关于当前主要是防"左"还是防"右"的争论等。对此，中国共产党中央委员会应该给予明确的信号，以此引领马克思主义意识形态网络阵地齐心协力，争取网络意识形态斗争的主动权。

---

①　郭明飞：《网络发展与我国意识形态安全》，中国社会科学出版社2009年版，第240页。

2. 再兴建一批专业的马克思主义理论教育网站

一般来讲，专业的网站更容易得到网民的信赖，获得较高的点击率；不专业的网站会受到排斥，甚至被误认为"垃圾网站"而影响点击率。我国现有的网络阵地中，具有鲜明马克思主义特点的专业网站数量不多，所以，国家应提供必要的支持，集合党和政府宣传部门、教育部、高校马克思主义学院、党校系统、社科院系统等的力量，再兴建一批专业的马克思主义理论教育网站。

首先，推进"马克思主义理论教育上网"工程。① 马克思主义理论教育上网并不仅仅是把马克思主义（包括中国化马克思主义）经典著作和相关研究成果等上传到网络，还应当培养一支德才兼备的网上马克思主义理论教育队伍，把我国在马克思主义理论教育方面长期积累的宝贵经验贯彻到网络世界。

其次，研发马克思主义理论教育软件。在研发软件时应注意技术性与教育性的结合，针对不同群体、不同年龄段的网民，挑选合适的素材进行软件开发，把马克思主义理论设计成生动形象的计算机程序，以达到寓教于理、寓教于乐的效果。

最后，鼓励建立民间马克思主义理论网站。一些研究马克思主义理论的专家学者和民间团体建立的网站，与带有政府背景的马克思主义理论教育网站相比毫不逊色，因此，应当支持拥护马克思主义的个人、企业或社会团体建立此类网站并加以有效的引导，使之成为官方网站的有益补充。

3. 利用微信等移动网络平台拓展阵地

移动互联网在人们生活中扮演的角色越来越重要，"截至2015年1月，我国移动网络用户总数达8.75亿人，手机网民占网民总数超80%"②，微信用户已经突破了6亿③。微信、米聊、网易易信、阿里来往等移动网络平台在马克思主义意识形态传播中的作用不容小觑，马克思主义意识形态网络阵地人才队伍利用微信公众平台拓展网络阵地已然成为应时之需。

---

① 郭明飞:《网络发展与我国意识形态安全》，中国社会科学出版社2009年版，第240页。
② 宋丽丹:《维护移动网络时代国家意识形态安全》，《红旗文稿》2015年第6期。
③ 《微信如何做到6亿用户？腾讯员工揭秘》，腾讯网，http://henan.qq.com/a/20150216/024567.htm，2015年2月16日。

首先,应学习和了解微信等移动网络平台,并熟悉这些平台的每一项功能。"好学才能上进"①,要做好意识形态工作,就应当善于学习新鲜事物,绝不能对近几年蓬勃兴起的微信等移动网络平台视而不见。

其次,打造优秀的微信公众账号、米聊公共 VIP 账号、易信公众账号、来往公众账号等,开拓马克思主义意识形态的移动网络阵地。事实上,申请这些公众账号,就是要在移动网络平台上做网站,通过平台上的微型窗口传播马克思主义意识形态。

最后,应用"朋友圈"渗透性、策略性地扩张阵地。微信"朋友圈"等对于个人来讲是个封闭的圈子,但是,由于社会联系的多样性,在一个圈子发布的信息可能被不断转发扩散,从而"一传十、十传百,辗转无穷"②。因此,微信"朋友圈"等对于进一步壮大网络阵地的力量具有重要作用,要充分加以运用。

二 区分真假马克思主义以夯实网络阵地的理论之基

网站只是工具,换言之仅是外包装而已,如果没有真材实料,即便包装得再精心也不会得到人们的青睐。因此,马克思主义意识形态网络阵地人才队伍应当重视阵地的内涵建设,区分真假马克思主义,与假马克思主义划清界限,彰显真马克思主义的魅力,夯实马克思主义意识形态网络阵地的理论之基。

1. 准确解读马克思主义经典著作

恩格斯指出:"一个人如果想研究科学问题,首先要学会按照作者写作的原样去阅读自己要加以利用的著作,并且首先不要读出原著中没有的东西。"③ 区分真假马克思主义,首先应了解真正的马克思主义,这就需要对马克思主义经典著作进行完整准确的解读,而不能随意演绎。

首先,把马克思主义各组成部分有机结合起来,并编写高质量的导读材料帮助人们学习马克思主义经典著作。④ 长期以来,我国沿袭苏联的传统,将马克思主义分为马克思主义哲学、政治经济学和科学社会主义三个

---

① 《习近平谈治国理政》,外文出版社 2014 年版,第 407 页。
② 宋丽丹:《维护移动网络时代国家意识形态安全》,《红旗文稿》2015 年第 6 期。
③ 《马克思恩格斯文集》第 7 卷,人民出版社 2009 年版,第 26 页。
④ 赵家祥:《完整准确解读马克思主义经典著作》,《人民日报》2015 年 6 月 8 日。

部分，由此形成了三个单独的专业研究领域（各专业分属不同的学科，按不同的标准进行研究生等人才培养），造成了搞马克思主义哲学和科学社会主义的可能不懂政治经济学的尴尬局面。事实上，马克思主义经典作家在《资本论》《共产党宣言》等著作中，都是把这三部分融为一体的。因此，准确解读马克思主义经典著作，应当把马克思主义作为一个整体来看待，而不是孤立地、片面地对待马克思主义。

其次，以发展的观点对待马克思主义，不能教条式地对待经典著作，也不要对经典著作中的一些概念、观点做过分的解读。"马克思的整个世界观不是教义，而是方法。它提供的不是现成的教条"[①]。僵化地理解经典作家在特定历史条件下提出的一些概念和观点，将之奉为亘古不变的真理而生搬硬套于网络时代的中国实际，并不符合马克思主义经典作家的本意；为了所谓的创新，对经典著作中的内容做过分的解读，也是不可取的。

最后，不能盲目采纳西方马克思主义的观点。西方学者在研究马克思主义经典著作方面固然取得了一定的成果，提出了一些颇有影响力的观点，但是，他们的观点不一定是完全正确的，尤其是那些对苏联和中国怀有偏见的学者的观点更是有失偏颇，所以不能全盘接受。

2. 客观分析中国国情

能否正确认识中国国情对于能否区分真假马克思主义至关重要。"中国仍处于并将长期处于社会主义初级阶段"[②]，这是我国的基本国情。脱离了中国国情，就可能陷入主观主义的臆想中，与马克思主义渐行渐远。

首先，中国已经进入了社会主义社会，任何打着创新马克思主义的名义行复辟资本主义之实的思想都属于假马克思主义。无数革命志士历经千辛万苦，才在中国大地确立了社会主义制度，使人民翻身当家做主。中国进入社会主义社会之后，一改近代以来落后挨打的形象，成为举世瞩目的政治大国、经济大国、军事大国、体育大国，"我国社会主义制度的优越性必将进一步显现"[③]。因此，任何以创新马克思主义名义复辟资本主义的思想都应该受到批判。

---

① 《马克思恩格斯文集》第10卷，人民出版社2009年版，第691页。
② 《习近平谈治国理政》，外文出版社2014年版，第41页。
③ 同上书，第22页。

其次，当前中国"处在社会主义的初级阶段，就是不发达的阶段"①，那些超越阶段的看法背离了马克思主义实事求是的原则。罔顾客观实际，用马克思、恩格斯关于社会主义高级阶段甚至共产主义高级阶段的设想来衡量处于社会主义初级阶段的中国，并以此彻底否定改革开放的言论是有害的。"改革开放是决定当代中国命运的关键一招"②，盲目地以超越当前阶段的标准评价中国现实，否定改革开放的历史作用，违背了马克思主义的基本原则。

最后，中国正处于改革的攻坚期，以这一时期凸显出的问题否定中国化马克思主义的论调也不符合马克思主义。一些人以理论研究的名义，"翻炒"民主社会主义代表人物伯恩施坦和机会主义代表人物考茨基多年前提出的观点，妄指中国社会主义为"早产儿"，把改革攻坚期凸显的矛盾和问题归咎于中国化马克思主义，否定毛泽东思想和中国特色社会主义理论体系的价值。这种论调不是真正的马克思主义，只不过是鹦鹉学舌而已。

3. 以实践作为检验真假的标准

实践是检验真理的唯一标准，也是区分真假马克思主义的标准。辨别真假马克思主义，关键看其实践效果，而不是看旗帜举得多高，口号喊得多动听。

首先，是否促进了生产力的发展并切实改善了最广大人民的生活水平。马克思、恩格斯指出，"'思想'一旦离开'利益'，就一定会使自己出丑"③，阶级斗争"首先是为了经济利益而进行的"④。真正的马克思主义是以工人阶级和最广大人民利益为出发点的，不仅能够促进生产力的大幅提高，还能够切实改善最广大人民的生活水平。假马克思主义的口号可能喊得很动听，但群众的眼睛是雪亮的，不仅会听其言，还会察其行。"挂着羊头卖狗肉"的假马克思主义会被广大人民轻而易举地识破。

其次，保障最广大人民的权利还是保障利益集团的特权。马克思主义认为，人民群众是历史的创造者。列宁强调，共产党的政权是"绝大多

---

① 《邓小平文选》第3卷，人民出版社1993年版，第252页。
② 《习近平关于全面深化改革论述摘编》，中央文献出版社2014年版，第3页。
③ 《马克思恩格斯全集》第2卷，人民出版社1957年版，第103页。
④ 《马克思恩格斯选集》第4卷，人民出版社1995年版，第250页。

数人的专政",它依靠的力量来自"人民群众"。① 毛泽东等中国共产党领导人也多次重申了相同的观点。保障最广大人民的权利是马克思主义的题中应有之义。保障利益集团的特权,使之凌驾于群众之上,是非马克思主义甚至反马克思主义的。那些满口马列主义却在实践中只是为特定利益集团谋福利的人,不是真正的马克思主义者,其宣扬的假马克思主义理论根本经不起推敲。

最后,是否促进了人的全面发展。促进人的全面发展是马克思主义的价值理想,是马克思主义者孜孜以求的价值目标。而假马克思主义却能够使人异化,使人蜕变堕落。例如,有些人片面地理解马克思关于"随着经济基础的变更,全部庞大的上层建筑也或慢或快地发生变革"② 的相关论述,误将马克思主义等同于"经济决定论",以经济论英雄,忽视了人的全面发展问题,催生了一些道德滑坡现象。这就需要大力宣传真正的马克思主义,践行社会主义核心价值观,在全社会形成良好的风尚。

三 以创新的精神丰富网络阵地功能

习近平指出:"做好宣传思想工作,比以往任何时候都更加需要创新。"③ 马克思主义意识形态网络阵地人才队伍也应当重视创新精神,不仅要强化网络阵地的意识形态功能,还应当深化其教育功能、增强其服务功能、重视其对外宣传功能。

1. 强化意识形态功能

在马克思主义意识形态网络阵地建设的过程中,要始终牢记网络阵地最主要的功能是意识形态功能,所以不能喧宾夺主,为片面追求浏览量而纵容非马克思主义和不良思想的散播。马克思主义理论是马克思主义意识形态网络阵地的灵魂,马克思主义意识形态网络阵地的主要任务就是维护马克思主义在我国意识形态领域的主导地位,捍卫以马克思主义作为指导思想的中国共产党政权的合法性,为马克思主义理论传播提供新渠道,为马克思主义理论宣传和展示提供新平台,为马克思主义理论研究和创新提供新契机。马克思主义意识形态网络阵地应当态度明确地高扬马克思主义

---

① 《列宁全集》第39卷,人民出版社1986年版,第378页。
② 《马克思恩格斯选集》第2卷,人民出版社1995年版,第33页。
③ 《习近平关于全面深化改革论述摘编》,中央文献出版社2014年版,第84页。

的大旗,明确马克思主义始终坚持诚心实意为最广大人民谋利益的宗旨,澄清网民思想上的误区,使网民能够体会到真正的马克思主义的魅力,从而心悦诚服地接受马克思主义主流意识形态,主动关注马克思主义意识形态网络阵地。

2. 深化教育功能

单纯强调网络阵地的意识形态功能,强势灌输马克思主义理论,有可能激发一部分网民的逆反心理,"使本来正确的理论在人们心中越来越失去威信"①。因此,马克思主义意识形态网络阵地不能只注重意识形态功能,还应当深化教育功能,以隐蔽的、渗透的方式,使网民在充满正能量的环境中增长知识、陶冶情操、升华思想。"马克思主义具有开放性"②,它不排斥人类文明发展的优秀成果,而且善于从各种社会科学文化中汲取营养来发展壮大自己。例如,马克思、恩格斯当年创立马克思主义的时候,就对人类19世纪创造的优秀成果(德国古典哲学、英国古典政治经济学、英法空想社会主义)进行了继承和超越。马克思主义意识形态网络阵地也应该具有开放性和包容性,在坚持导向性的前提下添加符合网民兴趣的内容,比如,设置中华优秀传统文化板块等,使网民在接受马克思主义洗礼的同时,进一步获得知识的增长和心灵的充实。当前,比较稳妥的做法是把马列主义、毛泽东思想、中国特色社会主义理论体系、中华优秀传统文化等健康思想融入到网民喜闻乐见的音乐、动漫、微电影、文学著作等作品中,潜移默化地完成对网民的教育任务。

3. 增强服务功能

马克思主义意识形态网络阵地不能满足于空洞的理论说教,而应该以最广大人民的根本利益为出发点,理论联系实际,增强服务功能,为访客提供互动平台,采集网民的意见和建议,了解网民的思想实际,并及时作出反馈,努力尝试解决问题,使马克思主义意识形态网络阵地实实在在地服务网民。例如,设立公益慈善栏目,征集志愿者并募集爱心捐款,扶危济困,体现社会主义大家庭的温暖,促进社会主义和谐社会的构建;开展

---

① 王永贵等:《马克思主义意识形态理论与当代中国实践研究》,人民出版社2013年版,第348页。
② 《胡锦涛〈在全党深入学习实践科学发展观活动动员大会暨省部级主要领导干部专题研讨班上的讲话〉学习读本》,人民出版社2009年版,第104页。

网上咨询服务，对网民进行心理疏导，为网民答疑解惑，使网民成为心理健康、信仰坚定的中国特色社会主义合格建设者；建立生活资讯服务栏目，帮助网民解决实际问题，为网民排忧解难，为网民增添快乐，使马克思主义意识形态"接地气"，能够被大家接触到、看得懂；等等。马克思主义意识形态网络阵地只有在切实地为人民服务中，才能够真正为网民所接受，从而实现其意识形态功能。

4. 重视对外宣传功能

我国的马克思主义意识形态网络阵地，不仅承担着对内进行马克思主义理论教育的重任，还肩负着对外宣传的职责。但当前的网络阵地中，大多只具备中文简体版本，远远不能满足对外宣传的需要，甚至不能完成对全体中华儿女进行马克思主义意识形态宣传、教育的任务。因此，开通多语言版本已经成为当务之急。首先，所有的马克思主义意识形态网络阵地都应该开通繁体中文版和英文版，拓展马克思主义意识形态的宣传空间，把真正的马克思主义理论及中国特色社会主义的伟大成就展示出来，消除一些海外人士对中国化马克思主义的偏见。其次，尽量开通多民族语言和方言版本，使无论在国内还是在国外的各民族、各地区的网民能够在更熟悉、更亲切的语境中，感受马克思主义意识形态的魅力。最后，尽量开通多国语言版本，使更多的外国人了解真正的马克思主义理论，了解中国化马克思主义的价值。

四 以多种方式提升网络阵地的关注度和知名度

网络世界丰富多彩，各种思潮都在争夺受众，而网民的时间和精力是有限的，不可能浏览所有的网络信息，所以马克思主义意识形态网络阵地"酒香也怕巷子深"。网络阵地人才队伍必须采取多种方式以提升阵地的关注度和知名度，吸引网民"走进来"并且"愿意来""经常来"，避免出现"养在深闺人未识"[①] 的尴尬境地。

1. 打造马克思主义意识形态网络阵地的品牌栏目

如果马克思主义意识形态网络阵地想拥有持续的吸引力和影响力，就必须重视网站内容的原创性，打造特色品牌栏目，而不是仅仅把马列著作

---

① ［唐］白居易：《白居易全集》，丁如明、聂世美校点，上海古籍出版社1999年版，第158页。

等文本资料从书上搬到网上、把时事新闻等信息从别的网站复制到网络阵地。打造特色品牌栏目，需要真懂、真信马克思主义的专业人才参与到网络阵地的建设中来，去粗取精地把马克思主义理论相关成果等上传到网上；约请国内外研究马克思主义的知名专家为网络阵地撰写高水平稿件，增强网络阵地的权威性。打造特色品牌栏目，必须突破传统的强制灌输式的思想宣传工作作风，允许不同观点的争锋，使真理越辩越明，比如，可以尝试设立"观点争鸣"等栏目，邀请有影响力的马克思主义专家学者、政府官员、网络意见领袖等人就社会热点问题发表看法，达到既能使马克思主义意识形态网络阵地引发关注，又能使网民弄清思想、分清是非的目的。

2. 优化内容的呈现方式

俗话说，"人靠衣服马靠鞍"。马克思主义意识形态网络阵地的内容即便再充实，如果不在乎"外包装"（不重视内容的呈现方式），也会使其吸引力大打折扣。为避免给人留下枯燥乏味的印象而沦为没有价值的"空阵地"，马克思主义意识形态网络阵地应根据网民的心理特点和接受模式，适当增强内容的趣味性、通俗性、实用性，使网民舍不得离开、忍不住点击更多内容。例如，重视首页建设，创建醒目的标题以抓住人心，做好美工设计以吸引眼球，把网络阵地最核心的信息在首页精彩呈现；重视内容布局的主次轻重，实现权重合理分配，为重点内容配备足够煽情的标题和图片；增加网页"信噪比"以使网民在单位时间内获得更多有价值的信息；采用图片、FLASH、音频、视频等丰富多彩的形式展示中国共产党领导人民进行革命和建设所取得的伟大成就，从而使马克思主义意识形态网络阵地所宣传的内容更容易被网民接受。

3. 拓宽网络阵地的推广途径

马克思主义意识形态网络阵地在加强内涵建设的同时，还应当注重开放性，扩大受众面，利用各种渠道进行宣传推广，以提高网站的影响力。比如，编辑通顺、精确的推广关键词，通过百度、搜狗等知名搜索引擎推广；在一些大型网站或人气旺盛的论坛、贴吧、QQ群、微信群等发布马克思主义意识形态网络阵地部分精品内容及链接，提升关注度；注册一批博客、微博、微信账号，经过一段时间的用心经营，聚集相当数量的粉丝、好友之后，将网络阵地更新的内容链接适时转发到博客、微博、微信朋友圈里；组织各种"红色主题"活动并因时制宜地制造新闻热点，提升马克思主义意识形态网络阵地的知名度；不仅在同类网站之间，还要与其他高权重、高质量的网站交换友情链接,提高马克思主义意识形态网络阵地的访问率;通过百度知道、SOSO问问等问答网站搜索相关的提问,进行巧妙的推广回答,假如没有相关提问,也可尝试自问自答,隐蔽地推广网络阵地;必要时可以进行付费推广;等等。

五 重塑话语以增强网络阵地的说服力

马克思主义意识形态网络阵地对广大网民进行着以"讲道理"为主要方式的宣传教育活动,"道理"能否被网友认可,话语的表述是重要因素。传统的宣传教育话语已经不能适应受到多元网络文化熏陶的网民的特点,使马克思主义意识形态网络阵地沦为部分网民眼中的"垃圾站""无用站"。因此,马克思主义意识形态网络阵地人才队伍应注意重塑宣传教育话语,以唤起网民的兴趣。但重塑话语并不意味着全盘否定"旧"话语、抛弃"老祖宗",也不能一味迎合网友的口味而丧失了马克思主义意识形态话语的科学性、严谨性、政治性。

1. 通俗但不媚俗

马克思主义意识形态具有很强的理论性,容易使网民对其产生抽象、晦涩的印象。如何把深奥的理论通俗化,使网民能够看得懂、听得懂、愿意看、愿意听,就成为网络阵地话语重塑必须解决的问题。当前,一些网络阵地也在积极尝试用通俗易懂的语言传播马克思主义意识形态,但大多数网络阵地对网络流行语的关注度不够高,未能充分认识到这些新鲜语言的重要作用。"截至2015年6月,我国网民以10—39岁年龄段为主要群体,比例达到78.4%",① 作为网民主体的青少年追逐新潮事物,喜爱和关注网络流行语,如果马克思主义意识形态网络阵地适当地使用这些语言,不仅能够增强网络阵地的趣味性,还能够引起广大网民的共鸣,从而达到良好的宣传教育效果。

马克思主义意识形态宣传教育话语固然应当贴近网民,用通俗的话语向网民传递马克思主义相关知识,但是如果过分迁就迎合网民,甚至用戏谑的、庸俗的网络语言取悦网民,就会被打上媚俗的烙印,不但无法树立话语的权威性,还会降低网络阵地在网民心中的地位,从而影响网络阵地

---

① 《第36次中国互联网络发展状况统计报告》,中国互联网络信息中心,http://www.cnnic.net.cn/hlwfzyj/hlwxzbg/hlwtjbg/201507/P020150723549500667087.pdf,2015年7月22日。

的战斗力。比如，网络阵地宣传教育话语中应尽量避免使用"拆哪"（中国 CHINA 的谐音）、"天朝"（中华人民共和国的贬称）、"斯巴达"（十八大）、"软妹币"（人民币）、"屁民"（普通老百姓）、"河蟹"（和谐）、"碉堡了"（太厉害了）等网络俚语，适当保持马克思主义意识形态宣传教育话语的严肃性。

2. 生动但不失理性

很少有网民会喜欢枯燥乏味的网站。因此，马克思主义意识形态网络阵地如果想真正发挥作用，就必须重视宣传教育话语的生动性。恰当举例、巧用比喻、适度幽默可以使网站内容更具感染力和说服力。比如，论及西方国家对我国的"和平演变"时，以"美分党"（拿西方国家的钱并按其指示发布网络反动信息的人）为例，说明中国意识形态安全受到的威胁和挑战；论及社会主义生态文明建设的时候，以"万雾生"（2013年10月的一场大雾笼罩东北三省）为例，配以诙谐幽默的网络歌曲，说明中国特色社会主义生态文明建设的重要性；论及反腐败是一场意识形态较量时，可以举"表叔"（在不同场合佩戴不同名表的官员杨达才）、"铁路一哥"（原铁道部部长刘志军）的例子，批评某些党员干部的腐化变质败坏了党和政府的形象，强调党和政府对腐败的"零容忍"；等等。这些生动的例子可以使网络阵地取得事半功倍的宣传教育效果。

马克思主义意识形态宣传教育话语重塑的过程中，既要注重语言的生动性，还应保持理性，一定要避免使用粗暴的攻击性语言和网络谣言。例如，网上曾经流传甚广的"张海迪拥有德国国籍""罗源的哥哥在德国西门子公司任高管""杨澜骗钱诈捐"等信息，曾经引起了一片愤怒的声讨，一些网民言辞激烈，对张海迪等人侮辱漫骂，但是后来经过警方调查却证明这些事情完全是网络推手"秦火火"为了出名而制造的谣言。① 如果马克思主义意识形态网络阵地未加甄别地采纳这样的例子，再义愤填膺地进行一番谴责，那么当真相浮出水面的时候，网络阵地就会陷入尴尬的境地，被网民轻视甚至排斥。

3. 有效互动但不放弃积极引导

马克思主义意识形态网络阵地若想得到网民的认可，就必须尊重网民的独立人格和话语权，以有效的互动激发网民浏览网站的热情。如果网络

---

① 《"秦火火"当庭向杨澜张海迪等人道歉》，《东南早报》2014年4月12日。

阵地只是机械地向网民传达马克思列宁主义、毛泽东思想和中国特色社会主义等理论，要求网民无条件接受这些内容，可能会造成网民的逆反心理。但是，如果网络阵地能够结合当前社会的热点、难点问题，与网民展开互动，引导网民参与到网络讨论中来，就能够改变网民对马克思主义意识形态网络阵地的看法，使网民释放情感、畅所欲言、搞清理论、升华认识，从而达到理想的宣传教育效果。

网络阵地的工作人员在与网民进行互动的时候应当坚持积极引导，传递"正能量"。一些网民受到网络负面信息的影响，思想偏激，言语犀利。在这种情况下，工作人员一定要掌控好互动气氛，因势利导，不要让以增强阵地说服力为目的的互动变成了降低宣传教育效果的"剑拔弩张"；更不能被网民牵着鼻子走，与网民一起大发牢骚。例如，一些网民就"房妹"拥有11套经济适用房而"蚁民"却只能"蜗居"等现象义愤填膺、慷慨陈词，在这种情况下，网络阵地的工作人员既不能顺着网民说，也不能直接对其进行粗暴的批评，比较妥帖的做法是，用一句网络流行语"我捍卫你说话的权利"（我虽不赞同你说的话，但我捍卫你说话的权利）婉转地否定其观点，然后为网民讲述"房妹"父亲及相关人员受到法律惩处的情况，并且介绍党和政府为做到群众"有房住"所采取的各种措施——保障房（廉租房、公租房、两限房、安置房、经济适用房等）建设和房产税改革等，积极引导网民保持乐观阳光的心态，为建设中国特色社会主义和实现"中国梦"添砖加瓦。

4. 坚持政治性但不脱离生活

马克思主义意识形态网络阵地就是为了传播马克思主义意识形态，捍卫人民政权，因此不能放弃话语的政治性。正如马克思所说，"占统治地位的思想不过是占统治地位的物质关系在观念上的表现，不过是以思想的形式表现出来的占统治地位的物质关系；因而，这就是那些使某一个阶级成为统治阶级的关系在观念上的表现，因而这也就是这个阶级的统治的思想"。① 中华人民共和国是无产阶级领导的人民民主专政的社会主义国家，所以马克思主义应在我国意识形态领域占据主导地位。这就决定了网络阵地的话语必须具有"战斗性"，用马克思主义理论武装网民，增强其对中国特色社会主义的信心及对党和政府的信任。

---

① 《马克思恩格斯选集》第1卷，人民出版社1995年版，第98页。

网络阵地宣传教育话语坚持政治性本无可厚非，但是，如果脱离了生活、脱离了实际，就会给网民留下"假、大、空"的印象。因此，网络阵地宣传教育话语一定要贴近生活、贴近网民的思想实际，把宏大的叙事与网民的日常生活结合起来，拓宽网络阵地与个人之间的对话语境，增强网络阵地的吸引力和感染力。例如，在论及社会主义核心价值观的"诚信、友善"时，如果只是单纯的理论说教，可能不会引起网民的兴趣，但是，如果以国内知名企业失信破产第一例——南京某知名食品有限公司的破产（该公司因使用陈馅制作月饼被曝光而声誉扫地，最终破产，被拍卖）为例说明不诚信的严重后果；以"中国好室友"黄昱舟（四川师范大学学生，地震时"抱着六个电脑，背着三个单反，提着一个小乌龟冲出宿舍，他一个人拯救了全宿舍的财产"）①为例诠释"友善"的含义，则可以引起广大网民尤其是青少年网民的共鸣，取得与空洞说教截然不同的宣传教育效果。

5. 重视创新但不全盘否定"旧"的话语

话语滞后是影响当前网络阵地宣传教育效果的重要因素，因此，以创新精神进行话语重塑就成为加强网络阵地建设的必然要求。首先，网络阵地应根据网民的心理特点、思想实际、接受情况，有选择地吸纳网络语言等的合理成分，少讲或不讲空话套话，用网民喜闻乐见的话语阐述马克思主义及相关理论。其次，网络阵地工作人员与网民互动时，应在坚持正确导向的前提下，根据自身的特点，尝试形成自己的语言风格（幽默风趣型、情感激扬型、循循善诱型、质朴自然型等），以鲜明的个性化语言吸引网民、感染网民，使网民"爱屋及乌"，自觉接受工作人员所传递的信息。

网络阵地在重视话语创新的同时，还应当注意不能全盘否定"旧"的话语，"传统马克思主义的标志性话语决不可随意弃用，流行的西方主导性话语决不可盲目套用，面对各种敌对的意识形态话语决不可'沉默失语'"②。网络阵地肩负着维护马克思主义意识形态主导地位的责任，因

---

① 《呼唤更多"中国好室友"》，新华网，http://news.xinhuanet.com/edu/2013-04/24/c_115526285.htm，2013年4月24日。

② 侯惠勤：《意识形态的变革与话语权——再论马克思主义在当代的话语权》，《马克思主义研究》2006年第1期。

此不能为创新而舍本逐末，弃用马克思主义的标志性话语，比如"劳动价值论"等。有人否定"劳动价值论"，认为资本等生产要素也参与了价值的创造，但是如果按照这样的逻辑，承认资本也能创造价值，就会否定"剩余价值论"，而"剩余价值论"是马克思主义政治经济学和科学社会主义的根基，否定了"剩余价值论"就等于否定了马克思主义政治经济学和科学社会主义，进而否定了整个马克思主义。由此可见，网络阵地在进行话语重塑的时候，既要重视话语创新，又不能轻率舍弃"旧"话语，较为恰当的方式是"旧"话"新"说、添"新"慎去"旧"。

六　做好网络阵地的维护工作

马克思主义意识形态网络阵地的建设并不是一劳永逸的。为了保证网络阵地的长期稳定性，还需要投入足够的人力、物力、财力做好维护工作，及时修补漏洞，升级杀毒软件，确保网络阵地的安全性；更新充实网络阵地的内容，使网络阵地保持持久的生命力，不断吸引更多的浏览者。

1. 确保网络阵地的安全性

由于意识形态的敏感性，马克思主义意识形态网络阵地容易成为敌对势力和不法分子的攻击目标。例如，据中国新闻网 2014 年 6 月 5 日公布的信息，红网（http：//hnxx. rednet. cn/）被黑导致 19 人受害，北京科技大学马克思主义学院网站（http：//marx. ustb. edu. cn/）被黑导致 8 人受害[①]；2015 年 10 月 10 日，笔者发现马克思主义中国化论坛（http：//www. marxism. org. cn/）的页面被非法篡改，遂放弃了浏览打算。马克思主义意识形态网络阵地一旦被攻击就会造成网站形象的损伤和访客的流失，因此必须保证网络阵地的安全性。要使用安全的虚拟主机，设置安全性较强的复杂密码，防止 SQL（Structured Query Language 结构化查询语言）注入，保持更新脚本，充分利用 SSL（Secure Sockets Layer 安全套接层）和 SFTP（Secure File Transfer Protocol 安全文件传送协议）。要从服务器、Web 网站等方面进行安全维护，全面禁毒，及早发现漏洞并修补漏洞，一旦发生黑客攻击、网页挂马等事件，立即触发安全应急响应服务，快速恢复网站的正常运转，使网民可以放心浏览。

---

① 《360：黑客攻陷北大官网　植入假淘宝网页》，中国新闻网，http：//www. chinanews. com/it/2014/06 - 05/6248193. shtml，2014 年 6 月 5 日。

2. 及时更新网络阵地内容

网民大多是喜欢尝鲜的，如果他们发现一个网站的内容新鲜有趣，就会兴致勃勃地分享给自己圈子里的人；如果发现某个网站的内容更新总是慢人半拍，就可能会失去浏览的欲望。因此，马克思主义意识形态网络阵地若想具有旺盛的生命力，就要紧跟社会步伐，关注时下热点，不断给网络阵地注入新鲜血液，吸引更多的网民访问，给网络阵地带来长期的流量。当前，应把群众路线教育实践活动的成效、社会主义核心价值观和"中国梦"的最新研究成果、"四个全面"的贯彻落实等内容及时补充到网络阵地上；建立评论和投稿系统，适时发布经过审核的"红色题材"作品，并根据访客的反应"有的放矢"地调整网络阵地的内容；为更新的内容设置精准的关键词以方便搜索引擎收录，从而拓展访问源；把实时更新的栏目放在首页并配备醒目的标题和精彩的图片，以提高网络阵地的点击率。

3. 筑牢网络阵地的人才之基

习近平认为，"实现中华民族伟大复兴，人才越多越好，本事越大越好"①，建设马克思主义意识形态网络阵地也是如此，应当加强人才队伍建设。首先，这支队伍应当具有较高的思想政治觉悟，真懂、真信马克思主义。马克思主义意识形态网络阵地的主要任务是传播马克思主义、宣传党和政府的政策方针、弘扬先进文化，其网络宣传队伍自然应该对党忠诚、热爱人民、真懂真信马克思主义，否则根本无法胜任工作。其次，这支队伍应具有较强的责任心，甘于奉献。网络阵地的建设不是一锤子买卖，在网站建成上线后还有许多劳心劳力的事情要做，这就要求网络阵地的人才队伍尽职尽责、乐于奉献，持之以恒地发挥光和热。最后，熟练掌握网络技术，了解网络心理学。既然是网络阵地的人才队伍，自然应当熟练掌握网络技术才能胜任这项工作，同时，还应当根据受众的心理需求及时调整网站的运营策略，使网络阵地能够吸引并留住访客。

4. 提供必要的资金保障

"巧妇难为无米之炊"，马克思主义意识形态网络阵地的建设也需要一定的资金做后盾。除去前期购买域名、网络空间、服务器和应用程序的花费，后期的维护仍然需要必要的资金投入。例如，购买性能优良的软硬

---

① 《习近平谈治国理政》，外文出版社 2014 年版，第 127 页。

件，提升网络阵地的登录速度和登录成功率，防范网络黑客、病毒的攻击；支付网络阵地除义工之外的工作人员的薪酬，解决其基本的生存之需；等等。虽然笔者曾在研究中发现，佛教网站在没有得到政府固定资金支持的情况下依然可以发展起来，但佛教网站与马克思主义意识形态网络阵地有着本质的不同。佛教网站并没有谋求使佛教思想成为国家的主导思想；而马克思主义意识形态网络阵地肩负着维护马克思主义在意识形态领域主导地位的重任，对于党和政府意义重大。所以，党和政府在鼓励个人、企业、社会团体等自筹资金建立马克思主义意识形态网络阵地的同时，也应该为所有的马克思主义意识形态网络阵地提供必要的资金支持，以保障网络阵地的持续战斗力。

第二节　强化网络舆论导向

网络不仅是当代中国人学习知识、获取信息的重要途径，也成为人们表达思想、交流感情的重要平台。强化网络舆论导向，对于维护马克思主义在意识形态领域的主导地位、促进中国特色社会主义长远发展具有非常重要的意义。所以，习近平总书记强调，要"理直气壮唱响网上主旋律"，"要把网上舆论工作作为重中之重来抓"[①]。相对于西方而言，我国的网络信息技术相对落后，对网络问题的监管与应对措施还不完善，引导网络意识形态发展方向的能力亟待提高，网络意识形态的宣传内容和形式还有很大的提升空间。党和政府应高度重视网络舆论的引导工作，以网络阵地人才队伍（包括网络发言人和拒止、过滤各种网络不良信息的网络安全管理员等）为主力，积极鼓励各级党委和共青团组织的工作人员以及有影响力、有正确价值观、爱党爱国、充满正能量的网络名人、专家学者、公共知识分子等网民群体传播正能量，唱响网上主旋律。

一　有针对性地展开马克思主义网上宣传攻势

在网络日益成为意识形态斗争主要阵地的今天，我们应该将马克思主义理论与网络的具体特点相结合，与时俱进、旗帜鲜明、勇于担当地展开马克思主义的网络宣传攻势，牢牢掌握网络阵地上意识形态的领导权。毛

---

① 《习近平总书记系列重要讲话读本》，学习出版社、人民出版社2014年版，第98页。

泽东曾告诫全党同志:"所谓领导权,不是要一天到晚当作口号去高喊,也不是盛气凌人地要人家服从我们,而是以党的正确政策和自己的模范工作,说服和教育党外人士,使他们愿意接受我们的建议。"① 因此,马克思主义意识形态网络人才队伍在网络上宣传马克思主义一定要在不过于曲解逢迎、不过于夸张引申的前提下,将宣传内容与具体的社会实例或网络内容相结合,在活学活用马克思主义经典理论的同时实事求是地发展马克思主义,使马克思主义宣传教育话语与网络文化融为一体,而且要抓住一切可能引导和升华网络文化,使马克思主义既保持权威性,又不失大众性,能够被网民主动学习、自觉传播。

1. 在内容上,实现马克思主义的大众化

马克思主义的网络宣传应当满足不同群体的差异化需求,使宣传的"内容符合需求"。首先,要继续大力推进马克思主义经典作品的数字化出版及大众化传播,并且保证其内容的准确性和权威性,使具有官方权威标识的马克思主义作品能够被顺利地搜索和阅读。这有利于实现经典作品的共享、转载与正确解读,有利于拉近经典作品与网民的距离,有利于经典作品更加方便快捷地传播,有利于形成广大网民学习马克思主义、运用马克思主义的良好局面。其次,在回应网民提问、主动进行网络评价、开展网络互动等过程中,要适当选取和引用马克思主义经典作品的语句或篇章来增强马克思主义的大众化、生活化、网络化的质感;同时,针对不同知识背景、不同社会阶层的网民要"量体裁衣",既能让网民感受到回复内容的诚意,又能让网民体会到马克思主义就在身边,消除网民对马克思主义的抵触情绪和陌生感。例如,青年学生群体常常苦恼于如何选择个人职业等问题,官方网络媒体、党员干部及热心的网友就可以推荐青年学生阅读马克思在中学毕业时写成的论文《青年在选择职业时的考虑》。通过阅读全文,使青年学生在解决苦恼的同时,又能理顺人生目标与生活道路的关系、理解幸福的真正含义、树立为人类服务的崇高理想。再譬如,针对网络上大量歪曲中国近现代史的言论,可以从《毛泽东选集》等中国马克思主义经典作家的作品中摘取文章并结合翔实的史料予以反击。如果这样的行为成为网络的"新常态",一定有助于马克思主义赢得网络民心,而网络民心的向背往往决定网络事件和网络意识形态斗争的发展

---

① 《毛泽东选集》第2卷,人民出版社1991年版,第742页。

方向。

2. 在形式上，要勇于创新

网络兴起之前，人们是可控信息的"接收器"；网络兴起之后，人们不再是被动的信息接受者，可以随时随地通过手机、电脑从网络上搜索到自己感兴趣的任何信息，足不出户便知古今中外之事，甚至在某些方面比专职的马克思主义教育工作者知道的还多。传统的居高临下、命令式、空洞抽象的教育形式很难引起获取了丰富网络信息、习惯于幽默新潮网络语言的社会大众的共鸣，甚至会引发他们的抵触情绪，从而使马克思主义的教育目标难以完成。所以，我们要大胆地利用互联网的诸多工具和应用，使马克思主义的宣传形式生动活泼起来，让网民兴致勃勃地了解并学习马克思主义，从而取得网络意识形态的领导权，赢得意识形态斗争的主动权和最大多数网民的民心。通过互联网技术，可以将单调的文字设计得千变万化、色彩斑斓，在吸引人们目光的同时，还能简洁高效地表达思想；将文字与图片相结合，能够将文字内容变成形象直观的多彩画面，降低文字理解的难度，淡化文字阅读的枯燥无味；将马克思主义的内容以动画、视频等形式表达出来，可以使网民在享受视听感观的同时，加深对思想内容的甄别与理解；将宣传内容以语音的形式上传到网络上，播放收听或者下载的网民更可以将内容轻松地携带，随时重复收听。千变万化的形式是引人注意的重要手段，准确且便于接受的内容是影响人们思想的关键步骤，不管形式怎样变换，保持宣传内容的统一性、连续性、准确性是最高要求。在此基础上，勇于创新马克思主义的宣传教育形式，使网民"爱听爱看、产生共鸣"[①]，才能保持马克思主义在网络思想阵地中的主导性地位。

3. 重视宣传人才队伍建设

网民数量众多，信息量巨大，面对海量的宣传和监管对象，人才队伍建设就愈发凸显出了其重要性。第一，打造由中共中央统一领导的马克思主义和主流意识形态宣传官方媒体，以各级党委和共青团为核心，各级党委和共青团部门要开通各个地方市、县一级的网络宣传媒介，如微博官方号、微信公众号、博客等，壮大宣传队伍的官方组织力量，提高宣传队伍的权威性；第二，鼓励和引导各级党委和共青团组织的工作人员以个人身

[①] 《习近平谈治国理政》，外文出版社2014年版，第155页。

份开通微博、微信等网络应用,以相对自由和大众化的身份与官方媒介形成良性互动,积极与网民开展各种各样的线上线下活动,增强网民的爱国爱党意识,凝聚网络向心力,强化官方宣传的现实效果;第三,积极投资和建设一批高质量的门户网站,作为政府的发声筒,以官方媒体的身份对新闻、消息、舆论等进行及时的报道和查证,降低敌对势力利用突发事件制造网络暴力的可能性;第四,积极组织和教育引导一大批网络名人、专家学者、公共知识分子等有影响力、有正确价值观、爱党爱国、充满正能量的网民群体,扩大网络意识形态斗争的民间力量,提高普通民众的思想觉悟水平,强化网络群体自觉维护、宣传和斗争的意识,形成既有思想、又懂斗争手段的新型网络力量;第五,想方设法感染和鼓励青年学生自发成为维护马克思主义意识形态的生力军,利用学校的教学资源和宣传氛围,让马克思主义意识形态和社会主义建设的光辉事迹"走进课堂、进入头脑",鼓励青年学生在利用网络获得信息资源的同时自觉主动地对非法信息进行鉴别、对敌对势力"敢于亮剑",自觉主动地维护马克思主义意识形态、宣传网络正能量。

新形势下,应当展开马克思主义网上宣传攻势,与时俱进地将真正的马克思主义内容与多种多样的网络宣传手段结合起来,"帮助干部群众划清是非界限、澄清模糊认识"①,走"从群众中来,到群众中去"②的网络宣传道路,使网络上的敌对势力和不法分子陷入"人民战争的汪洋大海"之中,巩固马克思主义在意识形态领域的主导地位。

二 用社会主义核心价值观引领多元网络思潮

自由开放的网络环境人声嘈杂、乱象丛生,各种社会思潮竞相登场,腐朽的思想和价值观沉渣泛起,享乐主义、拜金主义、恐怖主义、极端个人主义等思想更是借助全球化的互联网络疯狂传播,极大地影响着我国社会主义精神文明建设。网络思潮越是多样化,就越需要官方主导思想来引导。2013年12月,中共中央办公厅印发了《关于培育和践行社会主义核心价值观的意见》(以下简称《意见》),强调社会主义核

---

① 《习近平总书记系列重要讲话读本》,学习出版社、人民出版社2014年版,第99页。
② 《毛泽东选集》第3卷,人民出版社1991年版,第899页。

心价值观是社会主义核心价值体系①的高度凝练和集中表达,"积极培育和践行社会主义核心价值观",对于"巩固马克思主义在意识形态领域的指导地位、巩固全党全国人民团结奋斗的共同思想基础"具有重要的意义。②《意见》还明确提出:"建设社会主义核心价值观的网上传播阵地。适应互联网快速发展形势,善于运用网络传播规律,把社会主义核心价值观体现到网络宣传、网络文化、网络服务中,用正面声音和先进文化占领网络阵地。做大做强重点新闻网站,发挥主要商业网站建设性作用,形成良好的网上舆论环境,集聚网上舆论引导合力。做好重大信息网上发布,回应网民关切,主动有效进行网上引导。推动中华优秀传统文化和当代文化精品网络化传播,创作适于新兴媒体传播、格调健康的网络文化作品。"③ 这是加强社会主义核心价值观宣传教育的重要举措。一方面,党和政府利用互联网来宣传社会主义核心价值观,扩大社会主义核心价值观在网络阵地的占有空间;另一方面,通过宣传教育使社会主义核心价值观的内容成为互联网参与各方共同遵守的行为准则,并进一步强化社会主义核心价值观在网络意识形态斗争中的主导地位,形成"理论宣传"与"实践运用"并重的良好局面,真正使社会主义核心价值观成为国家强盛的精神支撑,成为民族进步的文明助推器。这就要求党和政府充分发挥马克思主义意识形态网络阵地人才队伍、各级党委和共青团组织工作人员的作用,并引导鼓励有影响力、有正确价值观、爱党爱国、充满正能量的网络名人、专家学者、公共知识分子等网民群体,积极建设社会主义核心价值观的网上传播阵地,用社会主义核心价值观引领多元网络思潮。

1. 加强宣传社会主义核心价值观

网络已经成为国内与国外、正义与邪恶、马克思主义与非马克思主义、社会主义与资本主义斗争的重要战场,"无声的较量"与"看不见的硝烟"不断发生,且激烈程度越发高涨,已经到了必须"亮剑"的关键节点。在这种状况下,党和政府要明确发声、表明态度,坚持网络文化发

---

① 社会主义核心价值体系的基本内容包括马克思主义指导思想、中国特色社会主义共同理想、以爱国主义为核心的民族精神和以改革创新为核心的时代精神、社会主义荣辱观。社会主义核心价值观是社会主义核心价值体系的内核。

② 转引自《培育和践行社会主义核心价值观》编写组编著《培育和践行社会主义核心价值观》,人民出版社2014年版,第4页。

③ 同上书,第8—9页。

展的社会主义方向,坚持马克思主义的指导地位,明确社会主义核心价值观对网络文化发展的主旋律作用,不断宣传社会主义道德和科学知识,传播社会主义先进文化,以社会主义核心价值观的 24 个字作为培养"四有新人"、弘扬社会正气的基本要求。我们应当以《关于培育和践行社会主义核心价值观的意见》为总的指导原则来加强社会主义核心价值观的网络宣传和建设工作,以社会主义核心价值观来统领党和政府的网络思想宣传、网络文化建设和互联网服务等,真正达到党的十七大和十八大要求的加强和改进网络内容,唱响主旋律,推进依法管理互联网等目标,管理和引导网络舆论的社会主义方向。党和政府要主动发现和掌握网络宣传规律、网络语言特点、网络宣传路径,强化意识形态领导权,提高宣传引导的技术水平和艺术水平,同时,借助大数据、云计算等互联网信息通信新技术,加大社会主义核心价值观的网络宣传力量和传播能量级别,保障宣传内容与网络热点相结合、与网民的心意相结合,有效应对突发事件,化解网络舆情危机,达到凝聚民心、汇聚力量的目的。宣传社会主义核心价值观,还应当把社会主义核心价值观的内容与国家的政治、经济、文化实践、社会生活等相结合,使社会主义核心价值观能够被网民感知、领悟,使社会主义核心价值观的影响真正"像空气一样无处不在、无时不有"①。

2. 积极引导多元网络思潮

随着信息化技术和物理通信技术的不断进步,互联网技术得到了迅猛发展,全球互联互通网络的组建扩大了网络的覆盖范围,巨大的受众群体、海量的数据信息、高效便捷的传播手段使得互联网成为新兴媒体的重要媒介平台,也成为多元思潮交织斗争的舆论场。党和政府应在坚持马克思主义指导地位不动摇的前提下,尊重多元化网络思潮的差异性和合理之处,利用社会主义核心价值观三个层次的具体要求广而化之、分而治之。在坚持"百家争鸣、百花齐放"的政策、鼓励文化市场繁荣发展的同时,要有区别、有针对性地对待当前涌现的各种思潮,以社会主义法律法规为前提,允许各种思潮发展、传播和正常交流。对于多元思潮中的合理成分,我们要积极地借鉴和吸收,为我所用;要善于将社会主义先进文化与多元思潮的发展结合起来,使其思想内容符合社会主义核心价值观的要求,从而形成一元主导、多元并存的局面,形成网络舆论引导合力。对于

---

① 《习近平谈治国理政》,外文出版社 2014 年版,第 165 页。

敌对势力大肆宣扬的反动观念、腐朽思想、反党反华言论要给予坚决的打击，要敢于采取有效的法律和行政手段来发挥社会主义核心价值观在网络空间中的引领作用，维护马克思主义在网络意识形态中的主导地位，促进我国主流意识形态的正常发展。网络现象的根源在现实生活中，只要各方面齐抓共管、同心同力，形成有助于培育和弘扬社会主义核心价值观的生活情景和社会氛围，必定能够形成社会主义核心价值观引领和改造网络多元化思潮的有利局面。

3. 弘扬中华优秀传统文化

习近平同志指出，"牢固的核心价值观，都有其固有的根本"，中华优秀传统文化就是中国"在世界文化激荡中站稳脚跟的根基"，培育和弘扬社会主义核心价值观"必须立足中华优秀传统文化"，抛弃传统文化，"就等于割断了自己的精神命脉"①。中华优秀传统文化源远流长、内容丰富，社会主义核心价值观的诸多内容都能在传统文化中找到很好的注解。马克思主义意识形态网络阵地人才队伍应当以社会主义核心价值观为内核，借助数字信息技术和成像技术，丰富和发展社会主义精神文明，弘扬和发展博大精深的华夏文明，"推动我国优秀文化产品的数字化、网络化，加强高品位文化信息的传播，努力形成一批具有中国气派、体现时代精神、品位高雅的网络文化品牌，使积极健康的网络文化产品占据网络主导地位。充分运用技术创新成果，以新技术新业务吸引网民，占领网络信息传播制高点，推动网络文化发挥滋润心灵、陶冶情操、愉悦身心的作用，为社会提供优质便捷的网络文化服务"，②实现社会主义文化与优秀传统文化的融合、传统文化产业与"互联网+"的深度融合，增加文化市场的数字刊物出版量，满足网络文化宣传和网络用户需求。弘扬中华优秀传统文化，要处理好继承与发展的关系，坚持"古为今用、推陈出新"，深入挖掘中华优秀传统文化的时代价值，对传统文化进行创造性转化、创造性发展，使"中华优秀传统文化成为涵养社会主义核心价值观的重要源泉"③。

---

① 《习近平谈治国理政》，外文出版社2014年版，第163—164页。

② 《培育和践行社会主义核心价值观》编写组编著：《培育和践行社会主义核心价值观》，人民出版社2014年版，第96页。

③ 《习近平谈治国理政》，外文出版社2014年版，第164页。

4. 净化网络环境

当前的网络环境有待改善,"好事不出门,坏事传千里"俨然成为网络传播的真实写照。真假难辨的观点、"极左"与"极右"的互相攻讦、腐朽思想与生活方式的炫耀、庸俗文化的盛行、网络"水军"的操纵、虚假新闻的出现、黑客和病毒的入侵、网络语言暴力与网络搜索暴力的涌现等,弱化了网络空间里正面声音和先进文化的影响力;同时,西方敌对势力利用先进的技术和隐蔽性的商业文化传播手段对我国展开全方位的网络意识形态渗透,损害了党和政府的形象,扰乱了网民的思想。因此,党和政府应加强互联网文化内容的审查力度,坚决打击网络黄色、暴力、恶意、非法信息的泛滥,坚决取缔一批恶意炒作、公然反党反政府、影响极坏的网站媒体及文化机构。互联网文化市场需要繁荣发展,但不能野蛮生长,在鼓励和大力繁荣互联网的同时,要运用技术手段和科学有效的手段来加强互联网文化的审查和管理工作;除了敢于取缔和通报批评相关非法、违法网站之外,还要善于将行政手段与法律手段相结合,依靠法律法规和技术取证使相关网站的恶劣行径无所遁形;要积极鼓励和引导网络大众对互联网文化的企事业媒体、法人团体、名人以及个人等有关媒介的监督,完善互联网举报通道,及时处理和纠正举报案件,坚决打击任何侥幸行为。各级思想宣传部门还要积极运用互联网的众多应用工具,大力提倡全社会文明办网、文明上网,自觉净化网络环境,为社会群体和网络大众营造健康文明、积极向上的网络环境,使网络空间真正地清朗起来。

5. 创新网络文化的管理方式

固定互联网络和无线网络的发展扩大了网络的辐射范围和参与群体,满足了不同收入群体、不同知识结构、不同需求的网民的需要,但网络群体的自发行为和网络的无序化也带来了很多问题,使网络文化管理方式的创新成为当务之急。当前,应建立健全包含各级党政思想文化宣传部门的网络宣传管理体系,加强对网络文化的社会管理。首先,要坚持以人为本,转换宣传思路,将网络多元意识形态的参与者和网络文化的传播者作为管理、服务的重点,形成党内党外民众一起、政府工作人员与企业媒体从业者共同维护网络环境的良好局面。其次,要下大力气建设一批新闻网站,作为党和政府思想意识形态宣传工作的阵地,加强和改进对网络多元意识形态思潮的引导作用,积极研究网络传播规律、网民心理规律和行为规律，积极开展多种形式的网民互动交流活动，听取网民心声、赢得网络民心，夯实网络文化管理的群众基础。最后，各级宣传部门还要学会运用大数据、云计算等先进的网络信息技术，学会研究和创新网络文化管理手段，多部门、多渠道、多平台地履行政府职能，多形式、多维度、多层级地引导社会民间力量参与共同管理，多点开花、凝神聚力，以社会主义核心价值观引领网络文化发展方向，开创主流意识形态占领舆论新高地的大好局面。

只要党和政府坚持正确的社会主义舆论导向，牢记"守土有责、守土负责、守土尽责"①的历史使命，依法加强网络社会管理，齐抓共管、多措并举，坚持用社会主义核心价值观引领多元化网络思潮，就一定能使网络空间清朗起来。

三 拒止、过滤各种网络不良信息

互联网信息技术的迅猛发展，使得信息量剧增，网络的全球化更增加了信息的海量化和管理难度，大量不健康的内容通过网络传播，造成了极坏的影响，一些不法分子更是将网络暴力带入现实社会生活中，制造了大量社会暴力和治安问题，如何在政府执法部门发现问题之前就阻止不良信息的传播成为网络管理部门一直努力的方向，研制能防止、过滤各种不良信息的软件及监控系统也成为当前亟待解决的问题。另一方面，西方发达国家是现代计算机和互联网络的发明者，拥有绝对的技术优势、标准优势和话语权，如何在这种情况下维护中国的国家安全和信息安全，把我国从网络大国建设成网络强国就成为实现中华民族伟大复兴中国梦的战略需求。习近平指出，"网络信息是跨国界流动的，信息流引领技术流、资金流、人才流，信息资源日益成为重要生产要素和社会财富，信息掌握的多寡成为国家软实力和竞争力的重要标志。信息技术和产业发展程度决定着信息化发展水平，要加强核心技术自主创新和基础设施建设，提升信息采集、处理、传播、利用、安全能力，更好惠及民生。没有网络安全就没有国家安全，没有信息化就没有现代化。"② 党中央和政府部门高度重视互联网信息技术、网络技术发展战略，力争在互联网络信息设备、技术、人

---

① 《习近平谈治国理政》，外文出版社2014年版，第156页。
② 同上书，第198页。

才、标准等方面缩小与西方发达国家之间的差距,以"国产化"替代大量进口、以自主创新实现网络信息技术的关键点突破,争取与"两个一百年"奋斗目标同步推进,完成建设网络强国的战略部署。

1. 在网络设备方面,继续强力推进国产化进程

随着"互联网+"的深入发展和全球基础网络的全面升级以及各层面数据应用、交互的爆炸式增长,互联网络作为信息时代的标志和数据载体,正快速改变着人类生存及生活的模式,网络已不仅仅是提高人们沟通效率的一个简单工具,它已渗透到科研、教育、医疗、金融、交通、电力等社会生活的各个层面。网络安全备受政府部门重视,国家网络安全顶层设计也将相继出台,中国网络设备市场的国产化进程将大大提速。近些年来,特别是2013年的"棱镜门事件",引发了全球各国对美国监听计划的谴责,同时引发了各国对数据泄露、信息安全的空前关注,以及对自身的网络和信息系统能否自主可控的重新审视。在"2013中国指挥控制大会"上,中国国防科技中心高级工程师谭玉珊表示,"中国应该短期内紧急开展安全自查,尤其要全面清查以思科为代表的网络设备使用情况","同时,通信、海关、邮政、金融、铁路、民航、医疗及军警等国家要害部门要紧急制定国外设备的淘汰替换计划,必要情况下要进一步严格网络连接访问限制,考虑加密等手段"[①]。2014年2月27日,中央网络安全和信息化领导小组成立,习近平担任组长,李克强、刘云山任副组长。2014年5月,国务院新闻办公室正式对外宣布,"我国将对关系国家安全和公共利益的系统使用的重要技术产品和服务进行网络安全审查"[②]。以此为契机,国家正在大力推进网络设备,尤其是核心网络设备的国产化进程。

当前,我国国内政府部门和企业的办公系统、生产系统等对国外网络设备过分依赖的情况有所改变,政府、海关、邮政、金融、铁路、民航、医疗、军警等关系国家命脉的关键信息基础设施也在快速摆脱思科、IBM、谷歌、高通、英特尔、苹果、甲骨文、微软等美国"八大金刚"的影响,具有我国自主知识产权的操作系统和计算机芯片、数据库、路由

---

① 万南君:《专家建议中国开展紧急安全自查 思科等厂商设备成首要目标》,C114中国通信网,http://www.c114.net/news/16/a784961.html,2013年8月7日。

② 白阳、史竞男:《我国将对重要技术产品和服务进行网络安全审查》,人民网,http://it.people.com.cn/n/2014/0523/c1009-25054400.html,2014年5月23日。

器、交换机、服务器等核心技术,以及互联网领域的核心基础服务也开始见诸报端。2015年7月25日在西昌发射的2颗新一代北斗导航卫星和将2颗卫星准确送入轨道的"远征一号"上面级火箭,全部使用国产微处理器芯片,这是国产宇航级CPU首次在实用卫星上担当主纲。此前媒体报道的国产CPU芯片"龙芯"更是国产芯片的先行者,经过数十年的研发,给中国积累了不少必要的经验。2015年3月在北京召开的"CPU与网络交换芯片新品发布暨成果推广会"上,网络交换芯片"智桥"SDN智能高密度万兆交换芯片和"飞腾"FT-1500A系列CPU处理器横空出世,未来可以实现对莫特尔中高端"至强"服务器芯片的替代,并可以广泛应用于政府办公和金融、税务等各行业信息化系统之中,也可以用于构建网络前端接入服务器、事务处理服务器、邮件服务器、数据库服务器、存储服务器等产品。随着网络设备国产化进程的不断加快,以及拥有自主知识产权的网络核心设备的大规模使用,我国的政府机关、关系到国家命脉的关键信息部门以及企事业单位的生产组织系统都将使国外敌对势力难以捣乱,而我国也将在根源上控制和解决网络空间里不良信息的泛滥和非法信息的入侵。

2. 在信息技术方面,要大力实施国产化战略

习近平指出:"要制定全面的信息技术、网络技术研究发展战略,下大气力解决科研成果转化问题。要出台支持企业发展的政策,让他们成为技术创新主体,成为信息产业发展主体。"① 特别是在中央网络安全和信息化领导小组成立后,我国整体互联网信息安全形势基本平稳,互联网络整体环境、网络安全基础设施、产业发展及自主技术研发等方面,都取得了显著成就。但我国的网络安全仍然面临较大的外部压力,网络攻击发生的频率更高、后果也更严重,国与国之间围绕网络空间治理主导权的争夺也更加激烈,尤其是大数据时代的到来,更是对我国信息技术的国产化提出了挑战。大数据是信息数据爆炸式增长的结果,并且成为新的战略资源,在带给我们各项好处的同时,也蕴藏着巨大的信息安全危机。因此,只有大力实施信息技术国产化战略,依靠自身实力和过硬的技术堵住存在于路由器、操作系统、服务器等主要产品的安全漏洞、后门或隐蔽通道,防止恶意人员或情报机构利用这些漏洞窃取我国核心敏感信息和个人隐私

---

① 《习近平谈治国理政》,外文出版社2014年版,第198页。

信息、控制大量僵尸计算机，或利用他人计算机作为"跳板"搞窃密、破坏。只有不断地发现漏洞、堵塞漏洞，才能解除潜在的恶意行为对我国互联网络和系统的威胁，才能保障我国国家安全及网络空间的安全。

伊拉克防空系统曾经出现过瘫痪，伊朗的核设施出现过突然的停止，都与网络系统漏洞和病毒感染有重大关系。正如中国工程院院士倪光南所说的那样，对于互联网络中的计算机而言，谁掌控了操作系统，就掌握了这台电脑上所有的操作信息，操作系统厂商可以很容易取得用户的各种敏感信息，其借助于大数据分析获得的国家经济社会活动情况比统计部门的数字还准确。"棱镜门事件"的主角斯诺登所透露的资料显示，微软公司已与美国政府合作，"帮助美国国家安全局（NSA，简称国安局）获得互联网上的加密文件数据"①。对于这些问题，我国政府很早就开始重视，并不断出台政策支持和引导中国企业的发展，而国内也涌现出大量优秀的企业，如天玑科技、浪潮信息、东方通、卫士通、绿盟科技和启明星辰等在金融服务业的国产信息产品开发中占据重要地位；华为、中兴、方正等实力雄厚的科技企业也已经在计算、网络和存储方面加大开发力度，并开始走向国际市场。国产操作系统的研发不断取得进展，一大批以 Linux 为基础进行二次开发的操作系统正被大量运用于国内外电信运营商、电子政务、金融、交通、航天、教育、军工等众多领域，在嵌入式操作系统、服务器操作系统和桌面操作系统方面真正开始掌握自己的命脉。只有在大力推动网络设备等计算机"硬件"国产化的同时，加快以计算机操作系统为核心的计算机网络技术等"软件"的国产化，做足软硬件工夫，才能真正从互联网络信息安全的核心关键点根除和制止不良信息。

3. 在网络安全人才培养方面，推动自主研发型人才培养

在 2014 年 2 月 27 日召开的中央网络安全和信息化领导小组第一次会议上，习近平总书记明确指出，建设网络强国需要高素质的网络安全和信息化人才队伍，"要把人才资源汇聚起来，建设一支政治强、业务精、作风好的强大队伍"，"要培养造就世界水平的科学家、网络科技领军人才、卓越工程师、高水平创新团队"②。我们要善于发挥我国的人口优势和智

---

① 陈璐：《斯诺登最新爆料：微软助美国安局获取网络加密数据》，中国日报网，http://www.chinadaily.com.cn/hqzx/2013-07/12/content_16766621.htm，2013 年 7 月 12 日。

② 《习近平谈治国理政》，外文出版社 2014 年版，第 199 页。

力红利，大胆起用一批新人，鼓励创新，推动自主研发型人才培养。人才是国家网络安全建设的核心资源，国家网络安全人才队伍的数量、质量及结构是国家互联网络安全软实力和竞争力的重要标志。建设网络强国，首先要制定好我国网络安全发展战略，加强顶层设计，完善国家网络安全人才培养战略，制定目标、真抓实干；其次，学习国外先进经验，建立国家网络安全人才培养体系，保证从小学到高校的网络安全人才培养的连贯性，畅通专业从业人员和业余人员的交流、学习渠道，利用职业教育、宣传教育等方式培养和提高网民的安全意识；再次，要培养一批网络安全理论高等人才，以战略的高度加强对专业型、复合型、领军型人才的培养和选拔，同时还应发掘具有自主研发能力的网络安全专业技术人员，有针对性地培养人才队伍；最后，还要加强对党政机关工作人员、教师、青年学生、老年人等特定群体的网络安全教育，普及安全知识，提高安全技能。我们要通过人才培养和教育的方式汇聚人才，建成网络强国，有效防止不良信息的泛滥。

4. 在网络关键资源管理和安全标准制定方面，提升中国话语权

中国要主动作为、积极发声，参与互联网关键资源管理体制改革，提升我国网络空间治理话语权。当前的互联网世界里，西方国家尤其是美国掌握了大量关键资源，如互联网协议地址的空间分配、协议标识符的指派、通用顶级域名、国家和地区顶级域名系统以及根服务器系统等，这些关键资源是全球互联网络的命脉，其出现的任何漏洞和问题都有可能导致全球互联网络的瘫痪，所以，可以说是美国在掌控着全球互联网的主导权。如何抓住互联网关键资源管理体制改革的历史机遇，改革当前的互联网治理体系，打破美国为首的西方国家对互联网关键资源的垄断，提升我国在全球互联网空间的话语权，是中国面临的重要课题。同时，还要抓紧制定网络安全标准。2002年4月15日在北京正式成立的全国信息安全标准化技术委员会在互联网安全技术、安全机制、安全服务、安全管理、安全评估等领域的标准制定工作取得了显著成绩，已经发布了将近300项国家标准，包括信息安全基础、安全技术与机制、安全管理、安全评估以及保密、密码和通信安全等多个领域，有力地保障了我国的网络安全。2014年12月，我国的中兴通讯、华为、联想、小米、奇虎360、中油瑞飞、联信摩贝、安天、鼎普科技9家企业共同签署《企业移动智能终端安全标准合作协议》，开启了我国企业自发联合制定网络安全标准的新模式、

新途径，标志着网络安全产业的发展开始由政府主导向企业自治转变，为我国的网络安全标准制定工作注入了新的力量。完备的网络安全标准体系是推出网络安全战略和法律法规、依法治理网络环境的前提，能够为我国防止、过滤不良信息提供有力保障。

5. 在具体行动方面，坚持真抓实干

党和政府应坚持以疏为主、疏堵结合的原则，指导我国科研人员积极开发针对黄色暴力信息、境外非法信息、个人身份信息、非法言论等网络内容的屏蔽、拒止、保护和删除软件，防止类似信息的泛滥和传播。与此同时，我国已开展多次互联网治理专项行动：2015 年 3 月，全国"扫黄打非"办公室部署开展"扫黄打非·净网2015"专项行动；5 月 8 日，国家工商总局依法整治利用网络交易平台擅自销售彩票的行为；5 月 24 日，公安部等八部门联合发布公告，要求坚决制止和严厉查处擅自利用互联网销售彩票的行为；5 月 20 日—6 月 7 日，国家互联网信息办公室在全国范围内开展"护苗2015·网上行动"，针对以少年儿童为主要用户的重点网站、重点应用和重点环节的集中治理；6—11 月，国家版权局、国家互联网信息办公室、工业和信息化部、公安部联合开展了第十一次打击网络侵权盗版专项治理"剑网行动"。只要将技术手段与具体行动结合起来，"以踏石留印、抓铁有痕的劲头，切实干出成效来"①，稳步推进网络安全基础工作，就一定能够根除互联网不良信息，真正使网络空间清朗起来。

建设网络强国是实现中国梦的基石和重要组成部分，也是从根本上掌握网络舆论斗争主动权、维护健康网络环境的重要举措。我们一定要在中央网络安全和信息化领导小组的集中统一领导下，做好网络安全顶层设计，扎实推动网络核心设备和信息技术国产化进程，完善网络安全人才队伍培养体系，积极参与网络安全标准制定和全球互联网关键资源管理体制改革，争取互联网管理的主导权和话语权，不断增强国家网络安全保障能力，把我国建设成为网络强国，为实现中华民族伟大复兴的中国梦打下坚实的基础。

---

① 《习近平总书记系列重要讲话读本》，学习出版社、人民出版社2014年版，第185页。

四 建立健全网络发言人制度

2008年12月30日,"睢宁县网络发言人"设立,并在当地的开放式社区平台"西祠胡同"网站正式注册,ID号为15885917,受权上网跟帖或发布信息,由此"网络发言人"成为一个专有名词。2009年2月12日,江苏省睢宁县正式发文实施网络发言人制度,随后,睢宁全县113家政府单位全部设立"新闻发言人",每天浏览网站办理网帖反映事项,回应网民的线上线下监督,经过努力探索和协调解决,成功处置了大量通过网络反映的治理问题,赢得了民心民意,受到好评。网络发言人制度在虚拟的互联网世界里为普通民众与政府之间搭起了一条政策与民意互动的新通道,利用虚拟的网络使现实的民意得到释放与表达,利用网络的便捷性及时为网民答疑解惑、解决问题,因此,该制度在全国范围内得到了迅速推广。这对于维护党和政府的形象、强化舆论导向、维护马克思主义意识形态主导地位具有重要价值。

1. 继续建立和完善网络发言人体系

网络发言人具有答疑解惑、驳斥谣言、澄清真相、凝聚共识等重要作用,因此,很有必要继续建立和完善网络发言人体系,打造一支专兼职结合、政治坚定、责任心强、综合素质过硬的网络发言人队伍,为做好网上舆论工作、壮大网上正面声音、打好网络意识形态斗争主动仗提供保障。当前,采用网络发言人制度已经成为政府管理部门工作的"新常态"。政府网站、论坛、微博、微信公众号等众多网络应用为网民参政、议政、表达意见等提供了方便快捷的渠道,而通过各种网络平台和网络发言人,"政府即时、主动、准确地发布官方权威信息,澄清虚假信息,消除误解空间,化解矛盾纠纷,引导网络舆论,推进了政府依法行政和信息公开,保障了群众的知情权、参与权、表达权和监督权,受到人民群众欢迎"[①]。各级党政宣传部门、企事业单位等也日益认识到了网络发言人的重要性。设立网络发言人不仅有利于维护政府的网络形象、构建和谐政群关系,也有利于正确引导网络舆论、凝聚党心民心、促进社会和谐。因此,应鼓励和要求有条件的党政部门、企事业单位、学术研究机构、媒体等多来源、多渠道地设立网络发言人,形成中央到地方的网络发言人体系,使全国各

---

① 魏礼群主编:《社会管理创新案例选编》(下册),人民出版社2011年版,第1135页。

地的网民有渠道、有机会反映自己的问题、表达自己的心声,并且得到回应和安抚。各级党政机关工作人员、共青团体工作人员、有影响力且有坚定政治立场的共产党员和专家学者、长期传播正能量的热心网民等都可以纳入网络发言人体系,根据各个人员的专长、特色,努力将其培养成能够影响网络舆论的正能量"精神导师",形成网络上的良性互动,壮大网络正义势力,巩固网络民心基础。在网络意识形态斗争日益白热化的新形势下,我们更应该重视建立完善的网络发言人体系,尤其是培养优秀的核心网络发言人,强化网络舆论导向,积极宣传马克思主义和社会主义核心价值观,"弘扬主旋律,激发正能量",实时把握和调控"网上舆论引导的时、度、效"①,使思想文化宣传部门顺利开展工作,使马克思主义主流意识形态居于网络主导地位。

2. 进一步健全和规范网络发言人制度

健全和规范网络发言人制度,第一,要建立健全网络发言人选拔制度,即选好人,保持网络舆论引导不变向。应根据德才兼备、公平公正、竞争择优原则,从不同行业、不同部门严格选拔政治可靠、业务精湛、具备上网时间和条件、热爱网络宣传、善用网络语言、擅长分析说理的综合性人才担任网络发言人。这些网络发言人应具有一定独立处置突发事件的权限和能力。也可以设置专门的网络联络员,但要求网络联络员充分了解、熟悉本地区、本单位的工作情况,并且要有坚定的政治立场、过硬的业务素质、高度的责任心,还要掌握有效引导互联网舆论工作的方法与技巧。总体上看,网络发言人就是要有坦荡的胸怀面对网民,要有求真务实的态度赢得信任,要有高尚的人格赢得公众,对于网络上的非法言论和敌对情绪要敢于亮剑、坚决维护正确立场,要善于疏导、合理平复网民情绪。

第二,要建立健全网络发言人使用制度,即办好事,保证网络问题回馈的时效性。网络发言人的使用应当因事择人、量才使用、扬长避短、发挥优势,把好钢用在刀刃上,充分发挥网络发言人引领舆论、传递正能量的作用。网络发言人要积极回应网民提出的问题,表达真诚的关切,积极给予正确的处理方法和有效的应对意见。同时,对于合理的访求和建设性建议,相关部门要认真研究建议和意见,吸收合理成分,在实际中多方协

---

① 《习近平谈治国理政》,外文出版社2014年版,第198页。

调，争取解决实际难题，完善和提高政府治理能力，以避免相关网络问题的相同诉求者积累情绪，形成人多势众、热点炒作、线下聚集等意想不到的问题。凝聚网络民心民意是艰难的过程，网络发言人要能够吃苦、长期坚持、一点一滴地聚集提高关注度、一件小事一件小事地赢得网络民心。

第三，要建立健全网络发言人培训制度，即学好习，培育和提高网络发言人的权威性和职业素养。对于网络发言人的培训，应坚持全员性，即提高全体网络发言人的综合素质和业务能力；坚持针对性，即针对实际需求进行有目的的培训；坚持计划性，即根据培训要求制订培训计划并严格按计划执行；坚持全面性，即对网络发言人进行全面综合性培训；坚持跟踪性，即定期检验培训结果。网络发言人还要善于学习和总结，积极主动地学习网络的新语言、新方式，积极吸收和借鉴其他网络发言人或者媒体的成功经验。网络发言人应该尽量避免"说官腔""摆架子"等网民普遍反感的行为，真心实意、和善可亲地拉近与民众的距离。同时，网络发言人应积极关注网络舆论热点，以马克思主义意识形态来引导和纠正舆论方向，保障思想文化宣传部门的政策和思想在网络空间得到良好传播。

第四，建立健全网络发言人监督制，即监督好并制订适当的考核机制和奖惩机制以汰劣扶优。网络发言人的工作相对来说是"透明的"，他们的言论及与网民的网络互动都处于众人的监督之下。虽然"群众的眼睛是雪亮的"，可以对网络发言人进行监督，但群众的权利却是有限的，所以，政府部门应该制订长效性、科学化的考核机制，以网民的满意度为核心标准、以网民的评价作为最高要求进行网络打分，对于不合格的网络发言人要及时处理和更换，对于有严重错误、影响恶劣的网络发言人要坚决通报、批评甚至淘汰，以避免网络发言人以"官方"的权势乘机犯错，引导网络舆情向不利的方向发展。网络行为的无序化使得任何网络制度都应该不断地修改与完善，网络发言人制度作为新推行的制度更应该如此，切不可因噎废食、一票否决。

总之，网络发言人"是一个完整的团队和制度，涉及信息的收集、整理、汇报、交办、回应等环节，网络新闻发言人的创立，对于网络时代的民意表达与政府社会治理而言，都有着相当大的现实意义"。[①] 新形势

[①] 郭光华、侯迎忠主编：《对外传播理论与实务论集——基于全球化的视野》，人民出版社2013年版，第78页。

下，我们要继续建立健全网络发言人制度，建立官方网络问政平台和发言人群体，建设一批有影响力的新闻信息网站，吸纳和引导一大批积极倡导主流文化的商业门户网站和新闻网站，重用一批有坚定政治立场的共产党、老同志、专家学者和网络"意见领袖"，要善于发掘和敢于使用有一定政治鉴别能力、优秀文字表达能力、愿意传播正能量、人气高的站长、版主和优秀写手，在做好统一战线工作的同时，形成马克思主义意识形态与网络多元意识形态的良性互动与争论交流，使真理越辩越明，真正唱响主旋律、形成正能量，从而推动中国特色社会主义网络文化的形成，开创网络时代意识形态工作新局面。

第三节 健全网络法规

随着电信网、广播电视网和计算机通信网的"三网融合"，网络已经成为人们工作、生活、休闲娱乐的重要内容。基于网络的虚拟性"马甲"，许多网络上的非马克思主义、反马克思主义以及各种侵权和网络犯罪情况多发易发。然而，虚拟性无法将网络与现实生活割裂开来，网络空间是社会现实的延伸和扩展。与现实社会一样，网络空间不仅需要道德自律，而且需要法律法规层面的他律。我国从1991年以来出台了多部法规，初步建立起来网络法规体系雏形，但还存在立法内容交叉冲突、立法的层级低、立法空白、立法的操作性不强等多方面的问题，严重影响了马克思主义意识形态的传播效果，制约了马克思主义意识形态的影响范围，削弱了马克思主义意识形态的主导地位。因此，网络时代的马克思主义意识形态主导地位维护，需要全国人民代表大会及其常务委员会、国务院、中央网络安全和信息化领导小组、工业与信息化部等有权制定或指导制定网络法规的机关部门从立法的指导思想和基本原则、立法模式等方面入手，通过制定网络基本法、清理现有网络法规、填补网络法规空白等方式，不断地健全社会主义网络法规。

一　网络法规是维护马克思主义意识形态主导地位的重要保障

1. 网络法规是网络自由的边界

自由是人之为人的本质特征，它具有普遍性。"自由确实是人的本质，因此就连自由的反对者在反对自由的现实的同时也实现着自由。"①既然这样，自由在实现的过程中，就会遇到与其他人的自由之间的关系问题。换句话说，自由只有在不影响别人实现自由的前提下，才是现实的，自由不是肆意妄为。在现实生活中的自由不是绝对的，而是相对的。例如，A开车在路上走，有正常通行的自由，B开车在路上走，也有正常通行的自由，但若遇到窄路口，如何安排对向行驶的A、B之间的自由通行顺序呢？若双方在这个问题上，互不相让，则可能撞车，导致双方都无法实现自身的自由；相反，若利用交通法规"右侧通行""红灯停绿灯行"来对他们进行规范和限制，则尊重并保障了双方的自由。自由也不是抽象的、理念的，而是现实的、与一切社会物质文化条件相结合的。法律能将观念中的自由外化为具体的权利和义务，并以这种方式对自由加以确认和保障。"自由是做法律所许可的一切事情的权利；如果一个公民能够做法律所禁止的事情，他就不再有自由了，因为其他的人也同样会有这个权利"②。一方面，法律法规是自由的限制，是自由的边界；另一方面，法律法规是自由的确认和保障，只有能被法律承认，并能得到法律救济的自由才是真实的自由。所以说，"法律不是压制自由的措施，正如重力定律不是阻止运动的措施一样"③。法律首先要通过具体规范确认某些自由，保障自由的实现；法律还通过对破坏自由的违法者进行惩罚来保障自由的实现；通过塑造和保障自由的实现条件来对自由进行确认和保障。自由的实现需要一定的社会物质条件，这些条件需要主体间的承认与合作。例如，要行使自己的监督权，必须以法律对被监督对象的信息公开进行规范为前提；要行使自己的受教育权，必须由国家提供相应的教育设施和教育经费。

　　网络空间作为现实世界的延伸，它的自由也是相对的，需要得到法律法规的限制和保障。网络因为其虚拟性和隐蔽性，曾被人称为自由的"第五空间"或"网络主权区"，被认为是绝对自由、无国界、无政府的空间，因此，一些人主张在网络上的完全自由。如美国人约翰·P. 巴洛在其《网络独立宣言》一文中宣称："工业世界的政府们，你们这些令人

---

① 《马克思恩格斯全集》第1卷，人民出版社2002年版，第167页。
② [法]孟德斯鸠：《论法的精神》（上），张雁深译，商务印书馆1961年版，第154页。
③ 《马克思恩格斯全集》第1卷，人民出版社2002年版，第176页。

生厌的铁血巨人们,我来自网络世界——一个崭新的心灵家园。作为未来的代言人,我代表未来,要求过去的你们别管我们。在我们这里,你们并不受欢迎。在我们聚集的地方,你们没有主权。"① 其实,虚拟性只是网络行为的一个行为特征。网络空间依然是现实世界的延伸和扩展,只不过改变了人们生产、生活、交往、娱乐的方式,拓宽了人生存的空间。丹·希勒指出:"互联网绝不是一个脱离真实世界之外而构建的全新王国,相反,互联网空间与现实世界是不可分割的部分。互联网实质上是政治、经济全球化的最美妙的工具。互联网的发展完全是由强大的政治和经济力量所驱动,而不是人类新建的一个更自由、更美好、更民主的另类天地。"② 因此,在网络世界里,自由是相对的。网络不是自由狂欢节,网络上的言论和行为同现实生活中的言论和行为一样具有相对性。网络的虚拟性并不代表网络可以游离于规则之外,超出完全的恣意妄为。网络世界里,个人发表日志、交友、购买商品时,不影响其他人正常的活动和整个社会秩序,就是自由的;其言行一旦开始对他人、对社会产生影响,达到法律规定的范围,就会被限制。例如,当网友在网上展开对某个人信息的搜索和发布,行使自己的"自由权",就会遇到被搜索者的"隐私权"问题,在这种情况下,如何权衡二者之间的法益,如何保护人的权利,是法律本身无法回避的问题。"有关部门对世界42个国家的相关调查表明大约33%的国家正在制定有关网络的法规,而70%的国家在修改原有的法规以适应网络的发展"③。我国现有的网络法规,已经通过自由确认、侵犯自由的法律责任、保障自由实现的条件等多种方式体现了法对网络自由的规范。例如,在网络中保留自己的隐私和身份信息的自由,以隐私权和信息权的相关法律内容规制在《关于加强网络信息保护的决定》。在网络上要行使自己的权利,还需要具备一定的技术条件,这一点在法律规范中也有体现。《中华人民共和国电信条例》第38条规定,"电信业务经营者应当及时为需要通过中继线接入其电信网的集团用户,提供平等、合理的接入服务。未经批准,电信业务经营者不得擅自中断接入服务"④。这一规定

---

① 转引自刘品新《网络法学》,中国人民大学出版社2009年版,第4页。
② [美]丹·希勒:《数字资本主义》,杨立平译,江西人民出版社2001年版,第289页。
③ 王雪飞等:《国外互联网管理经验分析》,《现代电信科技》2007年第5期。
④ 《中华人民共和国电信条例》,中华人民共和国工业和信息化部网,http://www.miit.gov.cn/n11293472/n11294912/n11296257/16519133.html,2009年9月14日。

一方面是对网民使用网络自由的一种确认和保障,另一方面则是对电信业务经营者的一种限制。

2. 网络行为的社会性是网络法规发挥作用的前提

法区别于道德、宗教等社会规范的标准就在于调整对象。法的调整对象是人的行为,即有意识的身体动作。法只约束人的外在的行为,而不将内在的思想和情感归于自己的规范疆域。正是在这个意义上,马克思指出,"只是由于我表现自己,只是由于我踏入现实的领域,我才进入受立法者支配的范围。对于法律来说,除了我的行为以外,我是根本不存在的"①。法通过对人的行为的允许、授权和禁止来建立特定的权利义务关系,进而间接地调整社会关系。例如,法规可以禁止对马克思主义意识形态的攻击言行,但是却无法规制一个人内心深处对马克思主义的忠诚和热爱程度。法律规范调整的是社会关系,调整那些外在的,且与他人发生联系和互动的关系。一般情况下,纯粹私人行为不作为法律规范调整的对象。法规只规范那些具有法律意义的行为。网络行为是外在的,它不仅仅是一个人思想、情感的表达,而且是通过编码和扩散具有了公共性,成为社会行为。在网络世界里,网民们通过邮件、论坛、QQ、微信等方式进行交往,通过购物网站进行网上交易,通过网游、从网上下载音乐、在线观看或收听来进行娱乐,这些行为都有外在的表现特征和外显行为。信息社会的"自媒体"时代定位本身就意味着一个网民的行为并不单纯是个体行为、私人行为,而是通过编码转换成了公共行为、社会行为。

随着网络技术的发展和网民数量的增多,网络的公共性体现得越来越明显,网络行为不断地向现实生活中延展。例如,网络舆论的影响力越来越大,以至于"舆论审判"等已经成为一个社会广泛关注的问题。因此说,相对于传统的交往交易方式,网络行为不仅是外在行为,而且是社会性更强的、影响力更大的社会行为。近年来出现的网络犯罪、网络侵权、网络舆论、网络参政等网络现象,不断证实着网络的社会力量。特别是随着"互联网+"引领创新 2.0 时代,网络不仅仅是一种信息媒介,而且成为极为重要的沟通渠道;不仅是人与机器、人与机构的联结,更是人与人的互动平台。在网络上,人与人之间的沟通已经超越了地理的限制,沟通更加充分,所以,在网络空间,"物理位置是无关紧要的。真正的友谊

---

① 《马克思恩格斯全集》第 1 卷,人民出版社 2002 年版,第 121 页。

不受条件的限制，人与人之间的友情来自心心相印，而不是因为他们住在同一个城镇。而且，通过网络，人们无需见面便可以建立关系"①。原来从南京到北京，写封信需要在路上寄几天，还需要买信封，写地址，贴邮票。如今，人们之间不仅可以通过打字即时聊，而且可以通过语音即时聊，甚至通过视频即时聊，想说什么就说什么，想什么时候聊就什么时候聊，不必担心费用（只需花费很少的流量费），不用担心距离。网络中的去中心化，也使人与人之间沟通起来更加平等。例如，在课堂上，学生或许因为顾忌老师的权威而不敢提出不同意见，但在网络论坛上，则可以平等地发表意见，展开讨论。网络提供的虚拟"马甲"，使人更容易敞开心扉，表露真实观点；但"一些人在网络匿名'马甲'的掩护下到处起哄，以发泄在现实生活中积累的情绪和怨气"，"形成暴力性舆论"，使他人"身心受到严重伤害"，"影响了社会的和谐稳定"②。网络一方面拓宽了人们的生存空间，增加了人们获取信息的途径；另一方面，网络信息泥沙俱下，真假难辨，容易造成信息污染，危害人们的身心健康，还会虚耗个人和社会的资源，让人难以获得充分的有效信息。因此说网络行为能够也需要受到法律法规的调整。

3. 网络中攻击意识形态和违法犯罪行为是网络法规的着力点

我国网络发展起步较晚却速度惊人，再加上网络的虚拟性和我国网络法规滞后，所以，网络失范行为多发易发。由于网络的即时性和扩散性，网络失范行为的影响极容易扩大，原本一个小小的社会问题，放在网络的聚光灯下，被网友们"围观"，短时间内就能放大，甚至成为"社会事件"。因此，在网络空间中，网络行为亟须法律法规的规制。总结起来，在网络空间中主要存在着两个方面的失范行为，一种是通过推行意识形态渗透来削弱马克思主义意识形态的主导地位，抢占马克思主义意识形态的传播空间的网络行为；另一种是网络侵权、网络犯罪等违法犯罪行为。由于网络发展的不平衡，网络还不能形成一个真正的"公共领域"，各种观点难以真正平等地进行碰撞、交锋，或者讨论、沟通，往往是西方发达国

---

① ［美］迈克尔·沙利文—特雷纳：《信息高速公路透视》，程时端等译，科学技术文献出版社1995年版，第195页。

② 杨永志、吴佩芬等：《互联网条件下维护我国意识形态安全研究》，南开大学出版社2015年版，第97页。

家输入的信息流多，发展中国家则主要是信息接收者和信息受影响者，所以，作为发展中国家的中国面临着非常严峻的意识形态斗争形势。

在网络时代，随着"无国界数字化空间"的全面铺展，地理空间对网络行为已经显得微不足道。跨国的网络交易、跨国犯罪都让现实的国家主权和国家安全观难以应对。西方国家利用其对网络信息的控制权和发布权对我国进行意识形态的渗透和瓦解，"并在外交上无理指责我国的互联网政策，公然干涉我国内政"，"这种网络霸权主义严重地突破了有关的国际法原则和人类普遍遵循的道德底线，干扰到我国主流意识形态的健康发展"①。以美国为首的西方国家非常重视对社会主义国家的意识形态渗透行动，美国前总统尼克松早在20世纪80年代就强调了意识形态力量的关键作用，认为"如果我们在思想战争中输掉，我们所有的武器、条约、贸易、对外援助以及文化纽带都将无济于事"②，他非常重视隐蔽行动的重要意义③，其中当然包括意识形态的渗透。提出"软实力"概念的美国前助理国务卿、助理国防部部长约瑟夫·S.奈也强调，"由于使用更具威胁性和强制性的方法成本高昂，威胁性较小的权力资源类型就变得更有用了"，他认为这种威胁性较小的权力资源类型主要是包括意识形态吸引力在内的"同化性权力"④。在网络世界里，隐蔽的意识形态渗透往往穿着平等的外衣并且依靠各种各样的信息进行，而隐含着西方意识形态的信息在网络上的广泛扩散、复制，对马克思主义意识形态产生了比直接攻击更强的杀伤力，也导致国家公权力更加难以对西方意识形态的传播进行有效控制。意识形态被人们看作是一种"无形的国家主权"，但是，我国接入互联网的时间较晚，在信息技术等方面较为落后，而以美国为首的西方国家却占据着明显的优势，是越境数据流的绝对发送者和操纵者，所以中国"无形的国家主权"极易受到侵犯。在网络时代，信息成为各国继陆地、海洋和天空之后的"新边疆"，哪个国家在网络上传输复制的本国文化传

---

① 杨永志、吴佩芬等：《互联网条件下维护我国意识形态安全研究》，南开大学出版社2015年版，第37页。

② [美]理查德·尼克松：《1999：不战而胜》，杨鲁军等译，生活·读书·新知三联书店1989年版，第92页。

③ 同上书，第100页。

④ [美]约瑟夫·S.奈：《美国注定领导世界？——美国权力性质的变迁》，刘华译，中国人民大学出版社2012年版，第160—161页。

统、思想观念、生活方式等内容越多,信息控制权越大,"无形的国家主权"就越大。值得警惕的是,一些发达国家持双重标准,一方面极力倡导网络的自由传播,借机利用自己占优势的信息流影响和干涉别国的思维方式和行为方式;另一方面又在暗地里利用自己的先进技术去窃取、阻拦他国信息,如斯诺登爆料出来的窃听丑闻。所以,我国迫切需要掌握网络意识形态斗争的主动权,精选一些在现实生活中或是理论界有影响力的马克思主义相关文章、资料,通过各种规范支持版权所有者传输到网络上去;另一方面要提供信息防护,建立起信息防护墙,在技术和内容等方面阻止不法分子窃取、歪曲、毁坏我们的信息。我们一定要理性地分析网络上的各种信息,通过网络法规的完善,过滤和阻止那些攻击马克思主义意识形态的相关信息和行为。

网络侵权和网络犯罪等网络失范行为,在微观层面腐蚀和削弱着马克思主义意识形态的地位和影响力。据《2012年中国互联网违法犯罪问题年度报告》显示,"2011年7月至2012年7月,中国估计有超过2.57亿人成为网络犯罪受害者,直接经济损失达人民币2890亿元","每天有超过70万名中国网民遭受网络犯罪的侵害"[1]。目前形势依然严峻,据公安部网络安全保卫局局长刘新云2015年12月16日在第二届世界互联网大会上的介绍,"今年以来,我国公安机关已经侦办网络违法犯罪案件173万起,已经抓获违法犯罪嫌疑人29.8万人"[2]。网络世界中的很多具体行为与现实中的行为存在差别,而现有的法律规范难以调整网络上的违法行为,所以需要进行网络法规的健全和完善。例如,针对网络虚拟财产的犯罪,能否将QQ号、微信号、QQ币、游戏装备等作为法律中所称的"财物",如果不能,通过窃取这些虚拟财产获利的违法行为如何处理?尽管如今我国加大了对网络违法犯罪行为的查处力度,严厉惩处了"秦火火""立二拆四""薛蛮子""边民""格祺伟"等人,依法关闭了"这不是历史"等133个传播歪曲党史国史信息的微信公众账号[3],但整体的网络违

---

[1] 魏永忠等:《2012年中国互联网违法犯罪问题年度报告》,中国警察网,http://www.cpd.com.cn/attachment/2012baogao.pdf,2013年1月27日。

[2] 开可:《今年以来我国公安机关已侦办网络违法犯罪案件173万起》,中国青年网,http://news.youth.cn/gn/201512/t20151216_7427636.htm,2015年12月16日。

[3] 《国家网信办:依法关闭133个传播歪曲党史国史信息公众账号》,新华网,http://news.xinhuanet.com/2015-01/19/c_1114051917.htm,2015年1月19日。

法犯罪行为依然未能得到较好的规制。

二 现有网络法规难以规制网络不法行为

1. 出台更新速度较快但缺乏整体性规划

网络法规出台与网络发展及人们对网络的认识密切相关。1994年至2012年底出台了很多网络法规，并且在2000年、2005年和2010年出现了三个高峰，如图6—1所示。① 1999年被媒体称为"网年"，在网络上办公、购物、娱乐的网民数量迅速飙升，政府上网工程也开始启动，另外，中国允许了外资注入ICP（Internet Content Provider，网络内容服务商），正基于此，2000年出台了17个网络法规，达到一个高峰。2003年，湖北青年孙志刚在广州被收容并遭殴打致死，整个网络舆论发挥了巨大的参与、监督作用，促使有关部门破案，并推动了原有《城市流浪乞讨人员收容遣送办法》的废止和《城市生活无着的流浪乞讨人员救助管理办法》的发布和施行；2004年，新浪、搜狐和网易先后公布了2003年度不菲的业绩报告，其中，新浪网的全年营业收入超过1亿美元，网络的社会力量

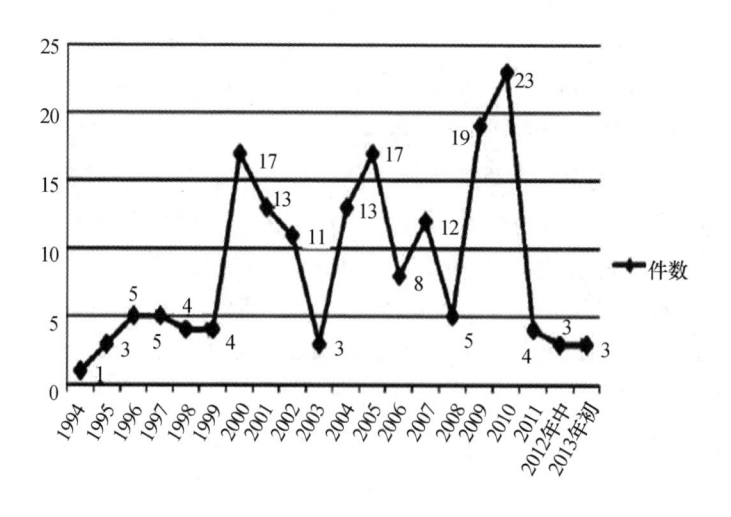

图6—1 1994—2013年初网络立法整体趋势

① 于志刚、邢飞龙：《中国网络法律体系的现状分析和未来建构——以2012年12月31日为截止时间点的分析》，《辽宁大学学报》（哲学社会科学版）2013年第4期。

和经济力量再一次势不可当地呈现在公众面前，于是在 2005 年又迎来了网络法规的一次高峰，出台法规 17 件。2009 年，网上支付成为用户增长最快的网络应用，针对网络应用范围不断扩展、移动网络用户不断增多等特征，2010 年共出台了 23 件法规，达到了新的高峰。2013 年 1 月至 2015 年 12 月，又出台了《互联网用户账号名称管理规定》《通信短信息服务管理规定》《即时通信工具公众信息服务发展管理暂行规定》《最高人民法院关于审理利用信息网络侵害人身权益民事纠纷案件适用法律若干问题的规定》等法规。

　　由于网络的发展日新月异，各种网络应用变化多端，因此在整个法规出台过程中，"应急"的迹象明显，例如 2014 年出台的《微信十条》（《即时通信工具公众信息服务发展管理暂行规定》）。往往是发展到什么阶段，出现了什么问题就头疼医头、脚疼医脚地进行相关的立法。我国在网络发展初期，比较担忧网络安全问题，并且面临着网络的各项技术、服务和基础设施的建设和规范问题，因此网络法规将这些方面的内容作为重点关注对象，出台了《计算机信息系统安全保护条例》《中国网络域名注册暂行管理办法》《计算机信息网络国际联网出入口信道管理办法》等。随着网络的发展，涉及的内容越来越多，网络法规的内容也不断扩展，从著作权保护到网络文化管理、网络游戏管理，从计算机病毒防治到涉及国家秘密的计算机信息系统集成资质管理、信息系统审批管理、通信网络安全防护管理，从网络医疗卫生信息服务管理到网上银行业务管理、网络商品交易及有关服务行为管理、网络销售彩票管理、网络高等学历教育招生与统考数据管理等内容。从这些网络法规涉及的内容可以看出，网络已经成为我们工作生活不可或缺的重要组成部分，对网络的规范也随着网络的不断发展而逐步深入化、精细化。但这里有个不容忽视的问题是，现有的网络规范往往是在短时间内就对某个问题进行立法，结果后来就需要不断地进行法规的改废工作，使法规缺乏必要的稳定性、确定性、整体性和协调性，有可能造成网络立法前无法可依，草草订立网络法规后有法难依的尴尬局面。

　　2. 总体较多但层级较低

　　据于志刚等的统计，从中国正式实现与互联网的全功能链接、被国际正式承认真正拥有全功能的互联网的 1994 年开始，截至 2012 年底，大约出台了172个现行有效的、直接规范网络行为的规范性文件。①2013年，涉及网络信息保护和网络交易的最新《中华人民共和国消费者权益保护法》发布，另外还有《最高人民法院、最高人民检察院关于办理利用信息网络实施诽谤等刑事案件适用法律若干问题的解释》《网络发票管理办法》《信息安全技术公共及商用服务信息系统个人信息保护指南》《电信和互联网用户个人信息保护规定》《互联网接入服务规范》《关于网络查询、冻结被执行人存款的规定》《网络文化经营单位内容自审管理办法》等规范性文件的面世。2014年，《网络交易管理办法》《加强网络保险监管工作方案》《最高人民法院关于审理利用信息网络侵害人身权益民事纠纷案件适用法律若干问题的规定》等法规出台。2015年，《互联网用户账号名称管理规定》《互联网危险物品信息发布管理规定》《网络零售第三方平台交易规则制定程序规定（试行）》《通信短信息服务管理规定》《网络商品和服务集中促销活动管理暂行规定》《非银行支付机构网络支付业务管理办法》等规范性文件出台。2016年，《中华人民共和国网络安全法》等法规出台。就目前来看，针对网络的法规不可谓不多。

总体来看，网络法规的层级较低，法律和行政法规所占的比重较低，大多以部门规章和其他规范性文件形式出现。这些部门规章和规范性文件由于产生的机构较多，涉及各个部门的利益和立场，在法规中屡屡出现不一致的情况。例如，针对论坛经营者对网民发表违反社会公德或法律法规禁止的内容时是否要承担法律责任的问题，有关部门先后颁布的一个行政法规和两个部门规章的内容不尽一致。2000年9月国务院发布的《互联网信息服务管理办法》规定"应当立即停止传输，保存有关记录，并向国家有关机关报告"；2000年10月信息产业部发布的《互联网电子公告服务管理规定》规定"应当立即删除，保存有关记录，并向国家有关机关报告"；2002年8月新闻出版总署和信息产业部联合发布的《互联网出版管理暂行规定》中规定"应当立即停止登载或者发送，保存有关记录，并向所在地省、自治区、直辖市新闻出版行政部门报告并同时抄报新闻出版总署"。这样，在法律的实施过程当中，难免会出现"无所适从"的现

---

① 于志刚、邢飞龙：《中国网络法律体系的现状分析和未来建构——以2012年12月31日为截止时间点的分析》，《辽宁大学学报》（哲学社会科学版）2013年第4期。

象，影响法律的确定性。

3. 缺乏系统性和操作性

现有法律规范当中，对互联网直接进行规范的专门性法律有3部，其中，《电子签名法》的目的在于规范电子签名行为，确立电子签名的法律效力，维护有关各方的合法权；而《全国人大常委会关于维护互联网安全的决定》和《全国人大常委会关于加强网络信息保护的决定》的主要内容都在于维护国家安全和社会公共利益，保护网络信息安全。这些直接规范网络的专门性法律只涉及网络的部分内容，都没有对网络行为进行综合的整体指导，难以对其他层级的法规内容起到真正的指导作用。例如，主要的行政法规《计算机信息网络国际联网安全保护管理办法》《计算机信息系统安全保护条例》《计算机信息网络国际联网管理暂行规定》《互联网信息服务管理办法》《计算机软件保护条例》《互联网上网服务营业场所管理条例》《信息网络传播权保护条例》《中华人民共和国电信条例》《外商投资电信企业管理规定》等都不是以这些法律为依据的。另外，这些法规之间的关联度也不高，《计算机软件保护条例》和《信息网络传播权保护条例》是根据《中华人民共和国著作权法》制定的；《计算机信息网络国际联网安全保护管理办法》是根据《计算机信息系统安全保护条例》和《计算机信息网络国际联网管理暂行规定》制定的；《外商投资电信企业管理规定》是根据《中华人民共和国电信条例》制定的。网络法规如此"单门独户"，难以形成一个相对完整的法规体系来对网络行为进行全面调整。

针对网络进行专门立法的3部法律中，《全国人大常委会关于维护互联网安全的决定》只有7款条文，只对基本的行为模式有一个大致的笼统说明，法律责任不明确，前5个条款都就法律责任表达为"构成犯罪的，依照刑法有关规定追究刑事责任"，第7条更是将宣示性、劝导性意味表现得淋漓尽致，对从事互联网业务的单位、利用互联网的单位和个人、政府的相关部门的行为都进行了倡导性表示。《全国人大常委会关于加强网络信息保护的决定》有12条文，条文中的动词更多地体现为"不得……""应当……""有权……"，但是如果违反了这些规定，如何定性定罪量刑，如何进行具体的法律救济，则只有第11条的内容进行笼统覆盖。这样过于粗略的内容实际上只是表明了一种对待网络中某方面问题的态度和决心，而法律规范的确定性要求法律行为的主体与客体、权利与义务、行为与后果都是具体而明确的,这也是法律规范所具有的可操作性和预测性的基础。被誉为"中国首部真正意义上的信息化法律"的《电子签名法》在结构、体例和内容上都比那两部法律更"法律化",但由于《电子签名法》仅仅涉及电子商务中的一小部分内容,且具体的法律责任不够明确,难以在现实法律生活中发挥其应有的作用。

4. 存在网络立法空白

尽管我国网络法规出台的速度很快,且已经有多部法规面世,但这些法规依然难以追上网络发展的脚步。罗斯扎克说:"我们在计算机和远程通讯的领域里可以清楚地看到法律和技术之间这种戏剧性的差异","这如同一辆牛车和超音速飞机的竞赛"。[①] 如今在很多领域还存在立法空白。例如,我们还没有专门的个人信息保护法来具体保护个人信息,涉及公民隐私的信息如信用卡开户数据等,"在网络上形同'赶集'公开贩卖。而种种例外条款、免责规定,往往让消费者问责无门"[②];在网络购物中,因描述不符而退货产生的快递费支付问题,还有一些商家利用给消费者返利的行为来鼓励消费者违背自己的意愿进行好评以欺骗其他消费者的问题,在法规中都没有进行规定。我国传统的立法指导思想是时机成熟了再立法,有学者主张在网络空间里继续延续这一传统。但是,刘品新则认为网络法规,包括美国多如牛毛的网络法规也是宣示意义大于实际意义,法规的意义在于在法律上对网络一些行为进行定性,进而为网络的发展保驾护航,中国不应该等到条件成熟再立法。[③]

网络不仅是意识形态空间,也是文化产业平台,不仅有着相应的政治影响,而且有着客观的经济效益。正是因为如此,最近的网络法规在网络经营、网络经济管理等方面关注颇多。意识形态由于其本身的抽象性,体现在法规中的比较少。违反社会公德和法律法规的言行也基本局限在反对宪法所确定的基本原则、危害国家安全、损害国家荣誉和利益、破坏民族团结、破坏国家宗教政策、散布谣言、扰乱社会秩序、暴力色情、侮辱诽谤。内容不够具体,不好把握和操作。

---

① 转引自孟威《网络互动:意义诠释与规则探讨》,经济管理出版社2004年版,第245—246页。
② 《新华视点:你的信用卡个人信息"只花5毛钱就能在网上买到"?》,新华网,http://news.xinhuanet.com/fortune/2015–01/11/c_1113952292_2.htm,2015年1月11日。
③ 刘品新:《网络法学》,中国人民大学出版社2009年版,第14—15页。

5. 网络法规的目标：网络管理和权利保护

在马克思主义的指导下，我们国家的国家利益、社会公共利益和个人的权利是内在统一的。我国网络法规的目标在网络管理和权利保护两方面并重。例如，《全国人民代表大会常务委员会关于加强网络信息保护的决定》的开篇指出，"为了保护网络信息安全，保障公民、法人和其他组织的合法权益，维护国家安全和社会公共利益，特作如下决定"。个人在网络上的权利是实现人权的重要途径，国家利益和社会公共利益是实现个人权利、保障个人利益的基础和前提。网络法规的直接目的在于限制不法行为。网络法规在具体的表述上，以具体的权利义务关系和相应的法律责任对网络不法行为进行限制，这是最直接的作用和表达。无论是公共利益、国家利益，还是个人权利的维护，最终都要体现在具体的行为中、具体的规则中。网络法规的最终目的在于通过网络规范，使网络能够健康发展、公民权利得以切实保障。不管你喜不喜欢、愿不愿意，网络已经成为现代人工作、生活和休闲的重要组成部分，深刻地改变着人们的思维方式和工作方式，只有通过规范和管理，才能趋利避害。"一方面，必须加强意识形态安全管理，使之呈现出有序发展的格局；但另一方面，又不能越界滥管，甚至扼杀互联网的活力和发展"[1]。网络法规并不是为限制而限制，为保护而保护，最终还是要通过限制不法行为，鼓励网络良性发展，进而把网络变成人们自我实现、自我发展的重要途径，为实现最终的所有人的自由全面发展贡献力量。

现有关于网络法规的目的，在表述上更多地使用"管理"的字眼。例如，从法规的名称上看，目前为止直接规范网络的行政法规中，管理类法规占了绝大多数，如《计算机信息网络国际联网管理暂行规定》《计算机信息网络国际联网安全保护管理办法》《互联网信息服务管理办法》《外商投资电信企业管理规定》《互联网上网服务营业场所管理条例》《出版管理条例》等，仅有3项法规名称中有"保护"字眼。尽管说网络管理和权利保护是一个硬币的两面，只有进行了很好的网络管理，才能真正保障网民的权利，如对网络谣言的打击本身就是为了更好地保障网民获取真实信息的权利；另一方面保障网民权利也是网络管理的体现，如在电子交易、网络购物中，消费者的权益得到保障了，网络管理的任务也完成

---

[1] 李殿仁：《高度重视网络意识形态安全》，《中国社会科学报》2014年6月13日。

了。只不过我们现有的网络法规中,更多的是从管理的这一面来表述和认识,给人一种只注重管理、不注重权利的错觉,也引起了学界的一些讨论。

三 构建以护佑马克思主义意识形态为核心的网络法规体系

1. 指导思想和基本原则

网络时代马克思主义意识形态的传播和发展,不仅需要网络法,而且需要"网络良法"。因此,在建构网络法规体系中,首先要明确指导思想和基本原则,做到有的放矢、有所为有所不为。健全和完善网络法规,要以马克思主义为指导,以科学性、民主性、他律与自律相结合为基本原则。

我国网络法规体系的构建中要坚持马克思主义,因为马克思主义揭示了人类社会发展的本质和规律,是科学的世界观和方法论,马克思主义在中国的指导地位不是单凭一个党或某个人的主观意志决定的,而是历史的选择、人民的选择。法律是对自由的确认和保障,但并不是所有的法律都是这样。"没有一个人反对自由,如果有的话,最多也只是反对别人的自由。可见,各种自由向来就是存在的,不过有时表现为特殊的特权,有时表现为普遍权利而已"①。在马克思主义指导下的法律建立在人人平等的基础上,维护普遍权利,以追求全人类的自由全面发展为最终目标。

构建网络法规体系,必须符合客观规律,坚持科学性原则。马克思主义认为,法律作为上层建筑的重要内容,其最终受到经济基础的决定。法律并不是凭空制定的,而是依据现实的经济社会发展的状况,在总结事物发展的规律和必然性基础上制定的。立法的过程就是将"自由的无意识的自然规律变成有意识的国家法律"②的过程。在网络法规的制定过程中,要以现实的网络技术为基础,以广大人民群众的意愿为支撑,以网络发展的规律为准绳。网络的管理和规范以技术为基础,体现出很大的技术依赖性,即使在法律规范上设计得非常完美,若不能获得技术支撑,也难以将法律规范落到实处。例如,传统媒体需要对稿件进行审核之后才能发布,但是在网络平台上,各种论坛、聊天室、QQ、微信和微博等的信息

---

① 《马克思恩格斯全集》第 1 卷,人民出版社 2002 年版,第 167 页。
② 同上书,第 176 页。

庞杂，进行事前审核的技术难度太大，绝大多数时候只能就已经发出来的信息进行事后审查，所以，即使希望能够更加严格地规定信息服务提供者的责任，也只能是事后的责任（在中国人肉搜索第一案中，海南天涯公司因在合理期限内及时删除了相关内容，被判免责）。在"自媒体"时代，意识形态传统的单方面灌输型宣传和传播方式越发失灵，因此，在网络法规制定的过程中要考虑到这些因素，而对那些针对马克思主义意识形态中的理论问题上的争论，还是要采取宽容态度，并通过法规制定鼓励马克思主义的研究以及研究成果的网上发布。

构建网络法规体系必须注重公众参与，坚持民主性原则。马克思主义认为人民群众是历史的缔造者，并把实现人的自由全面发展作为奋斗目标。在社会主义中国，《宪法》明确规定一切权力属于人民，各个国家机关只是代表人民来制定法律法规。我国《立法法》第4条明确规定："立法应当体现人民的意志，发扬社会主义民主，保障人民通过多种途径参与立法活动。"因此，民主立法是我国社会主义主权在民思想的体现。以马克思主义为指导的网络法规既不是"法学家法"，也不应该是"官僚法"，而是全社会广泛参与的民主法，要让广大公众参与到立法过程中来，让各种利益体能够充分表达意愿，进而进行协调和权衡，使法律法规具有更广泛的代表性。"从群众中来，到群众中去。一切依靠群众，一切为了群众"的群众路线是中国共产党长期革命和建设实践的制胜法宝，在立法工作中走群众路线，就是要深入到群众中去，倾听群众声音，吸收公众意见。2007年制定并在2008年和2011年进行了两次修订的《国务院法制办公室法律法规草案公开征求意见暂行办法》，对拓宽公众参与政府立法的渠道、提高政府立法的透明度和公众参与程度的具体办法进行了规定。从法律本身的合法性要求来看，只有真正地让人民参与进来，才能够制定具有合法性的"良法"，进而使民众能以内在的观点去接受法律，将法律的约束看做一种自我约束，而不是仅仅从外在的观点、从外在的利害得失和可预期的惩罚性来决定自己是否要遵守法律。公众参与网络立法也是网络法规的独特性所决定的。网络法规必须建立在一定的技术基础上，而且它所涉及的内容非常琐碎庞杂，有必要汇集公众的意见和智慧。另外，网络本身的快捷性和广泛性也为网络法规的民主讨论提供了便利和可能性。目前，已经有很多机构在制定网络法规时开始征求公众意见。例如，2015年，工商总局出台《网络商品和服务集中促销活动管理暂行规定》前，就向社会公开征求了意见，很多网站转发了该《规定》的征求意见稿。我们应该结合具体的网络发展状况，将对马克思主义意识形态的维护与日常的网络生活结合起来，做到润物细无声。

构建网络法规体系要坚持他律和自律相结合的原则。马克思主义意识形态本身属于意识层面的内容，具有宏观抽象性。网络法规既不能事无巨细，也不可对意识形态方面的问题不闻不问。网络法规是网络管理和网络自由的基础，又是网络管理和网络自由的保障，只有通过网络法规管理好网络，才能在无国界的互联网中凸显出正能量的声音，让人们自由地、客观地了解中国的生产和生活，消除对马克思主义的一些误解。马克思主义意识形态并不是空洞的、简单的理论说教，最终还要落实在具体的国民生产生活状况和精神状态上。美国学者 Lawrence Lessig 认为："他们（法律和政策的制定者）在塑造而不是发现网络空间的属性，在一定程度上，他们的选择将决定网络空间的发展。"① 这里要突出软硬兼施的策略，一方面鼓励自律，通过自律进行自我约束，比如鼓励行业协会和非政府组织依据网络法规，制定行业规范和自律制度。我国的互联网协会于 2001 年成立，它在行业自律方面的作用还有待进一步发掘。网络违法犯罪行为重在事后的惩治，要将违法犯罪行为的节点前移，在行业自律方面下功夫。美国计算机伦理协会制定的"网络伦理十戒"② 值得借鉴。另一方面，要强化法律法规，真正发挥法规的威慑力和震慑力，形成在网络上违法也一样受到应有的惩罚的理念。例如，涉及一些宣扬"法轮功"等邪教组织或攻击中国共产党等的垃圾邮件，往往具有隐蔽性，收件人不经意间会去打开看，而一旦了解了邮件的内容，再向外发送或抄送则需要承担责任。

2. 制定并完善网络基本法，熔铸马克思主义意识形态

马克思主义意识形态本身具有宏观性和意识性，转化为法律语言，更多地体现为一种宣示性、态度性的法律原则。这些原则性内容需要体现在

---

① Lawrence Lessig, "Reading the Constitution in Cyberspace", 45 EMORY L. J. (1996).

② （1）你不应该用计算机去伤害别人；（2）你不应该去影响别人的计算机工作；（3）你不应该偷窥别人的计算机文件；（4）你不应该用计算机去偷窃；（5）你不应该用计算机作伪证；（6）你不应该使用或拷贝你没有付钱的软件；（7）你不应该使用他人的计算机资源，除非你得到了准许或做出了补偿；（8）你不应该剽窃别人的智力成果；（9）你应该考虑你正在编制的程序和你正在设计的系统的社会后果；（10）你应该以深思熟虑和慎重的态度来使用计算机。参见颜祥林、朱庆华《网络信息政策法规导论》，南京大学出版社 2009 年版，第 8—9 页。

基本法当中，作为统领其他网络法规的旗帜和标准。大陆法系以成文法为主，各个部门法之间彼此协调。而英美法系则以判例法为主，独立的立法较多。以法律传统为基础，在网络立法中，初步形成了两种立法模式①，一种是以日本为代表的统一立法模式：用一个网络基本法来统领有关网络的所有网络法规，指导网络法规的立改废；另一种是以美国为代表的独立立法模式：针对不同的社会问题，进行单独立法。前一种模式在法律体系的统一性和融贯性上收到较好的效果，但立法难度较大；后一种模式在解决具体问题方面，见效快，立法难度小，但缺乏统一性，各个法规之间容易相互打架。从法律传统上看，我们国家可以归于大陆法系，但当前我们已经就网络中的某些问题制定了大量的单独立法，涉及法律、法规、规章等各个层面。选择立法模式既要兼顾立法传统，又要根据现有的立法实际，再加上目前我国网络法规中存在着的交叉管理问题，我国应该综合利用这两种立法模式的优势，制定并完善网络基本法，用来统一指导和规范网络部门立法，然后再就具体的网络问题单独立法。

网络基本法应由全国人民代表大会通过，应具有最高的法律地位和法律效力。它是网络法律体系中的母法和核心，是其他一切网络立法的上位法，是统领、指导和协调各单行网络法律、法规、规章的基本网络法律。其内容将会涉及网络中的一般和共同的法律问题，例如，网络立法的原则、网络法的解释原则、网络法执法原则、网络管理机构的组织及其权利义务、网络管辖权等问题。在网络基本法的立法结构上，针对网络违法犯罪行为中已经达成共识的，进行较为细致的规定，保持法律的确定性；对尚未达成共识的，进行一些原则性的规定，保持法律的弹性。网络基本法不仅要有强制性，更应具有激励性。如今的立法，更多地考虑了如何防范消极的法律后果，而没能充分地重视通过激励措施来肯定积极的法律后果。针对于此，我们一方面要细化管理，鼓励马克思主义在网络上的传播；另一方面要规范社会意识形态的传播空间。正是在这个意义上，李殿仁认为针对网络上的舆论内容应区别对待：针对红色主流正能量内容，给予鼓励和支持；对灰色非主流意识形态内容，给予积极引导；对黑色负能量内容，加强限制和管控②。

---

① 林凌：《网络立法模式探析》，《编辑之友》2014 年第 1 期。
② 李殿仁：《高度重视网络意识形态安全》，《中国社会科学报》2014 年 6 月 13 日。

3. 填补网络法规空白，巩固马克思主义意识形态阵地

尽管我国网络法规已经达到了一定的规模，但依然存在着不少法规空白需要填补。这些法规空白地带，正是各种反马克思主义、非马克思主义和各种违法犯罪行为自由通行的区域，为攻击和削弱马克思主义意识形态的行为提供了可乘之机。因此，全国人民代表大会及其常务委员会、国务院、省级人大等有权制定网络法规的机关部门要尽快就这些法规空白进行立法，巩固马克思主义意识形态阵地。这些具体立法需要在网络基本法的指导下进行。针对具体的网络法规立法，也有人根据网络法规与传统法律的联系，将立法模式分为三种：直接适用现有法律；修订现有法律，增加相应的网络相关条款；单独立法。这些对网络立法模式的分歧根源在于对网络违法犯罪行为的认识。如果将网络仅仅理解为新的犯罪工具，如针对盗窃罪，只不过在网络上盗窃的是虚拟财产，在现实生活中盗窃的是真实财产，性质一样；网络诈骗，只不过借助网络的平台进行诈骗，其通过蒙蔽受害人进而让受害人主动交出财物的本质不变，因此，完全可以直接适用现有法律。但是，这些网络违法犯罪行为，只是其中的一个方面。由于网络自身的特殊性，还存在一些针对网络的违法犯罪行为，如制造网络谣言、用计算机病毒破坏数据或计算机的，需要专门进行法律规制。

美国等一些西方国家早就开始打起了网络战，想利用网络来实现他们诋毁和攻击马克思主义意识形态、对社会主义实行"和平演变"的目的。与此同时，他们为防止别国意识形态的渗透，先后制定了相应的法律。美国出台的《电信法》《通信内容端正法》规定，政府有权对涉及国家安全的内容进行审查，不得在互联网上传播威胁到总统和国家安全的言论，这里实际上包括宣传左翼思想特别是共产主义思想的言论。① 新加坡公布的"国际网络言论内容指导方针"规定：为保护国家安全，对于攻击政府、影响百姓的负面言论将予以禁止。② 德国的《多媒体法》规定："服务提供者根据一般法律对自己提供的内容负责；……若服务提供者在不违背电信法有关保守电信秘密规定的情况下了解这些内容、在技术上有可能阻止

---

① 李殿仁：《高度重视网络意识形态安全》，《中国社会科学报》2014年6月13日。
② 杨德明：《国外网络立法比较》，《国外科技动态》2000年第8期。

且进行阻止不超过其承受能力,则有义务按一般法律阻止利用违法的内容。"① 而在我们国家,由当时的信息产业化部起草的《电信法》从2006年开始就被列为国务院立法计划,截止到2016年1月仍未迎来该法的颁布。到目前为止,我国的网络法规体系尚不完善,还不能确保我国的网络信息安全和意识形态安全。因此,从技术标准和信息内容上,我们国家还没能在法律层面做好应对网络意识形态大战的准备,急需借鉴这些国家的立法经验,填补立法空白。

4. 清理现有网络法规,突出对马克思主义意识形态的保护

我国实行的是二元多级的立法体制,权力机关和行政机关都有立法权,从中央到地方立法机关有多个层级,这就让我们的立法呈现出复杂性。1994年以来,我们的网络法规都是在追赶网络发展,很多应急性的法规出台在所难免,上位法与下位法之间以及同位阶的法律规范之间的冲突立法或条款较多,法律法规中关于马克思主义意识形态的保护不够突出、不甚明确。相对于其他领域立法,网络法规更新换代的速度更快。网络技术的发展日新月异,相信以后各种网络行为样态和网络问题更会层出不穷,问题越积越多,处理起来越困难。因此,在网络基本法的指导和统领之下,对现有的网络法规进行清理和规范非常必要。网络法规的清理是指全国人民代表大会及其常务委员会、国务院、工业与信息化部、省级人大等有立法权的中央和地方机关依据网络基本法,对现有的自身制定的网络法规进行集中的审查,并确定法规的效力及变动情况,进而提高立法质量,维护法制统一。在清理的过程中,对现有网络法规该废的废,该改的改,使整个网络法律法规能在网络法的指导下系统化。在以后的法制建设中,应该建立常态化的网络法规清理机制,从立法的层面上明确各个层面的法律法规的清理主体、清理时间、清理标准和清理程序。马克思主义意识形态对于维护我国的政治稳定、凝聚民心民力具有重要意义,因此,在清理现有网络法规、完善网络法规体系时一定要提出对马克思主义意识形态的保护,自觉维护马克思主义意识形态的主导地位。

---

① 李欲晓:《国外网络立法扫描》,《光明日报》2001年8月1日。

第四节　创新与发展马克思主义意识形态
整合功能的实现机制与方式

　　马克思主义意识形态的整合功能是指马克思主义意识形态对社会思潮、社会心理的统率和统摄作用①。通过整合功能的发挥，全体社会成员养成与马克思主义意识形态相适应的政治信仰、政治理念、政治价值观，从而使马克思主义意识形态成为整个社会的思想共识、共同理想、精神支柱。马克思主义意识形态整合功能的发挥，离不开有效的途径和方式。针对这一问题，有学者提出了"发展整合""统摄整合""沟通整合"的研究构想②；还有学者提出了"分层整合""规范整合""强制整合"的研究构想③。这些观点不乏真知灼见，但是探讨马克思主义意识形态整合功能问题，离不开具体的时代背景和马克思主义意识形态面临的现实境遇。在网络时代，互联网已成为社会思潮的集散地和意识形态斗争的前沿阵地，充分发挥马克思主义意识形态的整合功能，必须在党和政府的领导下，依靠马克思主义意识形态网络阵地人才队伍，并充分发挥一切拥护马克思主义的个人、企业和社会团体的积极性，探索整合网上多样化意识形态的新方式。唯其如此，才能巩固党对网络意识形态的领导权，维护马克思主义意识形态在意识形态领域的主导地位。基于此，笔者从探索马克思主义意识形态网络传播的有效途径、融合传统媒体和新媒体、拓展国际话语权等方面阐述马克思主义意识形态整合功能问题。

一　探索马克思主义意识形态网络传播的有效途径

　　随着网络信息技术的发展，网络交往形式不断推陈出新。这些网络交往形式是网民交流思想、表达观念的重要载体，也是意识形态传播的重要介质。马克思主义意识形态网络阵地人才队伍要在认识和把握各种网络平台特征、功能、作用的基础上，有效利用各种网络平台传播马克思主义意

---

　　① 梁玉春：《关于提升我国主流意识形态整合功能的思考》，《学校党建与思想教育》2014年第8期。
　　② 朱庆成、赵勇：《社会主义意识形态思想整合的路径选择》，《理论前沿》2007年第21期。
　　③ 钟添生、邓彦：《社会主义意识形态的整合机制》，《江西社会科学》2006年第10期。

识形态，加强网络领域主流意识形态建设。同时，党和政府要有目的、有计划地整合各种网络载体，在各种网络平台之间形成合力，促使它们相互配合、相互补充，共同在网络上唱响主旋律，弘扬主流价值观。

1. 增强马克思主义意识形态在网络社区的辐射力

"社区"一词英文写作"community"，意指共同体。网络社区是指通过虚拟交往所形成的网民共同体，是基于计算机网络所形成的公共领域和公共空间。网络社区的构成要素包括联络方式（如论坛、电子邮件等）、讨论的主题、成员之间的情感归宿等。从外延上看，网络社区包括论坛（BBS）、贴吧、公告栏等。

在网络社区中，网民可以自由地发帖、回帖，交流思想观点。网络社区探讨的话题非常广泛，涉及社会生活的方方面面，国际国内的舆论焦点都可以在这里得到反映。但是，不同的网络社区探讨的焦点话题各有侧重。特别是，网络论坛出现了板块化特征，网民可以根据自己的兴趣加入不同的板块[①]。板块化有利于网民就各自熟知的话题进行深入讨论，促进了网民讨论的专业化，提高了网络协商的质量。同时，在网络社区中，网民观点影响力的高低不是由其现实地位决定的，而是由观点质量、网络技巧等因素决定的。草根阶层也可以在网络社区中建言献策，甚至可以左右网络社区的舆论导向。这一点凸显了网络社区的去精英化、平民化、平等性特征。这些特征使网络社区成为政治公共领域的重要组成部分。在那里，网民对生活领域中形成的问题加以感受、选择、浓缩，并根据特定议题集束而成公共意见或舆论[②]。因此，网络社区是重要的舆论策源地，是各种意识形态角逐主导权的重要阵地，必须善加利用。

首先，做好社会热点事件发生时的网络社区舆情引导工作，引导网络社区的"居民"用马克思主义观点、立场和方法分析社会重大事件，有针对性地传播马克思主义理论，巩固马克思主义意识形态的网络话语权。在社会结构分化、利益分化的背景下，网民容易根据社会焦点问题产生不

[①] 王嘉：《网络意见领袖研究——基于思想政治教育视域》，中国文史出版社 2014 年版，第 95 页。

[②] ［德］哈贝马斯：《在事实与规范之间》，童世骏译，生活·读书·新知三联书店 2003 年版，第 446—454 页。

同的价值观念和价值评价①。由于社会焦点问题具有突发性、多变性，社会思潮也因之具有波动性。网络社区上的"众声喧哗"，为我们理解社会思潮的本质提供了机会。我们要密切关注社会重大事件发生时的社会舆情动态，弄清各种社会思潮的阶层和地域分布范围，把握"潮起潮落"的规律性，在此基础上科学研判社会思潮的发展趋势。尤其是，把用马克思主义观点、立场和方法分析社会重大事件得出的科学结论及时传播到网络社区上。社会重大事件发生后，这些科学结论能否第一时间出现在网络社区上，关系到马克思主义意识形态能否占领先机，能否占领舆论制高点。因此，马克思主义的网络宣传队伍要在社会热点事件发生后快速做出反应，用马克思主义意识形态引导网络社区的舆情动态，积极引导网络社区的价值观与社会主义核心价值观相适应。

其次，准确把握重点网络社区的思想动态，充分发挥重点网络社区在思想形塑、政治传播中的作用，使重点网络社区总是发出"正确的声音"，使重点网络社区成为传播马克思主义意识形态的重要阵地。尽管互联网上的网络社区林立，五花八门，但是它们的影响力和权威性迥异。相对于普通网络社区来说，重点网络社区关注度高，点击率和信息流动量大，具备较高的社会公信力。这些特点决定了它们是网络意识形态斗争的必争之地。只有用马克思主义意识形态占领重点网络社区，使反马克思主义思潮在重点网络社区上失去市场，马克思主义意识形态的主导地位才不会动摇。像强国论坛、新浪论坛、天涯社区、凯迪社区等重点网络论坛，在政治信息传播中发挥着重要作用，吸引了大量网民的注意力。这些重点网络论坛如果成为传播马克思主义意识形态的"主流媒体"，就会起着积极的示范作用，就会为马克思主义意识形态的网络传播营造良好的网络环境。

最后，切实发挥网络社区版主、管理员的"把关人"作用，屏蔽错误言论，过滤非法信息，从源头上堵塞反马克思主义思潮传播的通道，不给反马克思主义思潮传播的机会。版主、管理员对于网络社区保持正确的政治方向负有重要责任。作为"网络警察""网络消防员"，他们应该及时发现并处理网络社区上的违规信息，尤其是过滤掉反党、反政府、反社

---

① 朱庆成、赵勇：《社会主义意识形态思想整合的路径选择》，《理论前沿》2007 年第 21 期。

会主义的错误言论,以弥补"防火墙"等过滤软件的不足。例如,网络"经典"社区 BBS(电子布告栏)大多实行版主负责制①。《互联网电子公告服务管理规定》(信息产业部 2000 年颁布)要求,任何人不得在 BBS 中发布违背宪法、危害国家安全、颠覆国家政权、损害国家荣誉和利益等方面的信息。BBS 的版主、管理员一旦发现上述信息,应立即删除,并保存有关信息,向有关国家机关报告。这些信息包括 BBS 用户登录时间、账号、IP 地址或域名、主叫电话号码等,以保证有关部门的事后追责有据可查。

2. 拓展马克思主义意识形态在网络博客中的传播空间

博客是"weblog"的中文译名,原意指在网页上呈现的个人日志。由于博客允许网民随时发表自己的所想所思所感,并允许浏览者发表评论,其逐渐成为网民交流思想的重要通道,甚至是实现思想自由、表达自由的前卫形式。博客在我国的流行始于 2002 年,当时我国博客的数量很少。此后,随着博客作为媒介传播家族新成员身份的确立,我国网民对博客的认同感不断提升。当前我国博客大众化的趋势非常明显,"博客化生存"已成为一种社会现象②。

博客的出现意味着信息传播方式的变革,"人人都是记者"成为现实。在传统媒体触及不到的舆论空间,博客可以发出自己的声音;对于官方媒体回避或忽视的舆论话题,博客可以开展深度讨论。在这种情况下,博客成为重要的舆论场和信息源。但是,由于博客的自由表达特征,导致其容易传播所谓的"新信息""事件真相",发出与主流媒体不一致的声音,从而成为主旋律的颠覆性力量。因此,必须把博客空间的意识形态引领问题摆在更加重要的位置。

如果说网络论坛是平民化的平台,那么博客则是精英化的平台。尽管当前博客的普及率很高,但是具有重要网络影响力的则是名人的博客。事实上,新浪、搜狐、腾讯等知名网站在推广博客时,都重视运用名人效应③。这里所说的"名人"包括娱乐明星、体育明星、商界成功人士、文

---

① 王爱玲:《中国网络媒介的主流意识形态建设研究》,人民出版社 2014 年版,第 143 页。
② 郭玉锦、王欢编著:《网络社会学》,中国人民大学出版社 2010 年版,第 206 页。
③ 王嘉:《网络意见领袖研究——基于思想政治教育视域》,中国文史出版社 2014 年版,第 96 页。

化精英等。社会名人的行为容易吸引公众的眼球，他们的博客也因此成为网民关注的对象。换而言之，他们的网络影响力得益于现实影响力。根据这一特点，要将社会名人正确的人生观、价值观在博客上展示出来，以名人的示范作用，引导社会公众向社会主义核心价值观靠拢。另一方面，对于少数挑战主流价值观、非议马克思主义意识形态的名人博客，要给予警告、责令改正或关停等处罚。因为普通博客的错误言论污染的仅是"河水"，但是名人博客的错误言论污染的是"水源"，社会危害性巨大。

政府（务）博客是提高公众对主流价值观认同度的重要工具。主要政府官员设立的个人博客、政府职能部门开通的政务博客，方便了政府与民众之间的交流，既有利于政府倾听公众的政策见解和百姓的心声，也有利于公众了解政府的政策意图。政府（务）博客在促进下情上传和上情下达的同时，实现了"草根精神"和"官方话语"的有机联结，改善了政府形象，有利于政府官员以自身人格的力量向社会公众推广马克思主义意识形态。因此，应大力推广政府（务）博客，为马克思主义意识形态网络传播提供推动力。

思政博客为马克思主义意识形态传播开辟了新路径。思想政治教育必须随着技术发展而与时俱进，才能提高有效性。博客的出现为师生互动交流提供了新载体，拓展了思想政治教育渠道。学校尤其是高等院校应建立以思想政治教育为宗旨的博客，实现师生之间"键对键"沟通，从而收到"春风化雨，润物无声"的效果。另一方面，思想政治工作者应积极创建个人博客，利用博客刊载有关马克思主义理论的学习资料，使之成为学生学习马克思主义理论的新园地。思想政治工作者还要与受教者平等对话，帮助他们"及时矫正偏离的思想方向"[①]，形成正确的政治立场和政治理想。

3. 在网络游戏中嵌入马克思主义意识形态

当前，网络媒体的娱乐化倾向明显[②]。有学者甚至认为，网络时代的阅读是"悦读"，网民阅读呈现出娱乐化、个性化特征，网络语言呈现出

---

① 王爱玲：《中国网络媒介的主流意识形态建设研究》，人民出版社2014年版，第129页。
② 吴虹飞：《娱乐至死》，江苏文艺出版社2008年版，第282页。

形象性、趣味性特征①。一种网络传播方式如果不能很好地引起受众的愉悦感，其传播效果就会打折扣。因此，马克思主义意识形态的网络传播必须坚持寓教于乐的原则。健康的网络游戏既能够满足网民的娱乐需求，又能为网民设置教育情境，使网民为教育情境所吸引，在愉悦的情境中实现价值观的升华，实现"玩"和"教"的有机结合。因此，健康的网络游戏是净化网民的心灵、传播先进文化的重要载体。针对青年（包括未成年人）喜爱网络游戏这一现实，可以创建出模拟道德情境，并把这些情境设计成游戏的形式②。这样做可以寓马克思主义意识形态于网络娱乐之中，从而达到用青年喜闻乐见的方式来隐性传播马克思主义意识形态的目的。

在我国，网络游戏多数属于"舶来品"，即我国网络游戏市场过度依赖海外产品③。一些西方国家凭借向我国输入具有意识形态色彩的网络游戏，向我国网民尤其是青年网民实施"洗脑术"、思维控制和精神破坏，企图对他们的身心进行大规模征服和奴役。从这个意义上说，某些网络游戏是西方国家通过技术手段从根本上改变他国网民信仰的重要手段。因此，要壮大我国网络游戏开发企业，鼓励它们开发和推广反映民族精神、弘扬主流意识形态的产品，使我国逐步摆脱对海外网络游戏产品的依赖。2015年10月，中共中央出台了《关于繁荣发展社会主义文艺的意见》。该文件要求大力发展网络文艺，推动网络动漫等新兴文艺类型繁荣有序发展。这说明我国政府已经开始重视发展包括网络游戏在内的网络文艺产品。同时，要明晰网络游戏经营者的责任内容、范围，明确网络游戏经营者违规行为的问责主体、程序，决不让与马克思主义意识形态相抵牾的网络游戏传播、蔓延。

4. 发挥微信、微博、微小说、微视频等"微产品"在马克思主义意识形态教育中的独特作用

随着移动互联网技术的快速发展，我国手机网民的数量剧增。在2012年，我国通过智能手机等移动终端接入互联网的网民数量已经超过

---

① 刘基、苏星鸿：《网络境遇中当代中国马克思主义大众化传播问题研究》，中国文史出版社2014年版，第142—144页。

② 李向国、李晓红：《主流意识形态建设新论——中国特色社会主义理论体系指导地位研究》，人民出版社2013年版，第328—329页。

③ 郭明飞：《网络发展与我国意识形态安全》，中国社会科学出版社2009年版，第186页。

台式电脑，智能手机已成为网民上网的最主要工具。截至 2018 年 6 月，我国手机网民数量达 7.88 亿，占网民总数的 98.3%①，我国已经进入了移动互联网时代。移动互联网的广泛使用为微信、微博、微小说、微电影等"微产品"的流行创造了条件，经由这些"微产品"形成的"微空间"也成为各种社会思潮力图占领的思想文化场域。面对这种形势，我们必须强化"微空间"的阵地意识，让马克思主义意识形态成为"微空间"的主流话语，绝不能将"微空间"的话语主导权拱手让给各种敌对势力。

移动互联网技术使网民自制的视频等"微产品"很容易传播开来。而网民随意的"关注""复制""转发""点赞""分享""评论""链接"等行为，则使"微产品"的影响力如滚雪球般扩大。这增加了政府对"微空间"舆论导向实施调控的难度。我们要在把握"微产品"传播规律的基础上，采取得力措施使"微空间"的舆论导向不偏离社会主义核心价值观。针对各种"段子"（故事或笑话）容易在手机网民中流行的现状，有关方面要组织人员主动编写"红段子"（内容积极健康向的段子），以消解调侃崇高、扭曲经典、颠覆历史、丑化英雄的各种"政治段子"的影响力。针对"微空间"流行的各种政治谣言（如一些手机网民散发"林彪事件"的错误信息，以达到借古讽今、批判现行政治体制的目的），要提高网民的媒介素养，提高网民的信息辨别能力和理性思考能力，防止网民被政治谣言所"裹挟"。针对"80 后""90 后"是手机网民主体的客观情况，要将"80 后""90 后"作为"微空间"舆论治理的重点人群。"80 后""90 后"知识化水平高、个性化特征明显，但是也面临压力大、负担重等现实问题。我们要在关心、爱护、帮助"80 后""90 后"的基础上，做好舆论引导工作，把解决他们关心的现实问题与马克思主义意识形态教育结合起来。习近平指出："各级领导干部要关注青年愿望、帮助青年发展、支持青年创业，做青年朋友的知心人，做青年工作的热心人"②。

5. 重视网络意见领袖在马克思主义意识形态传播中的作用

网络意见领袖是指在网络平台上十分活跃，"粉丝"众多，能得到网

---

① 《第 42 次〈中国互联网络发展状况统计报告〉（全文）》，中共中央网络安全和信息化委员会办公室，http：//www.cac.gov.cn/2018-08/20/c_1123296882.htm，2018 年 8 月 20 日。

② 《习近平谈治国理政》，外文出版社 2014 年版，第 54 页。

民普遍认可和引导网络舆论走向的公众人物，又被称为网络"大V"（意指网络平台上的贵宾用户）。有学者认为，"粉丝"在50万以上的称为网络"大V"①。这为我们识别网络意见领袖提供了可操作性的指标。由于"粉丝"众多，网络意见领袖具有"一呼百应"的舆论威力②。网络意见领袖既可以充当错误舆论的"放大器"，成为冲击主流意识形态的先锋和排头兵，也可以成为传播马克思主义意识形态的喉舌，助推马克思主义舆论阵地建设，关键在于如何引导和利用。

网络意见领袖具有较强的政策议程设置能力。换而言之，网络意见领袖虽然不能直接控制网民的思想观点，即要求"怎么想"，但是它可以引导网民"想什么"。有学者指出，网络意见领袖能够引导网民关注什么样的内容，使他的议程成为网民的议程③。这种政策议程设置能力是美国学者约瑟夫·奈所说的软实力的重要组成部分。为了发挥网络意见领袖所拥有的软权力（非强制型权力）在马克思主义意识形态网络传播中的作用，"政府应注重培养一批公信力强的'意见领袖'"④。这些意见领袖在网络平台上主动发帖，客观解读政策，理性分析热点焦点问题，框定网民关注的对象和话题，使之成为一支重要的虚拟舆论引导队伍。要鼓励网络意见领袖在网络上"晒出"自己的先进行为，"贴出"自己的先进思想动机，以榜样、模范力量推动更多的网民崇善向善。

另一方面，对于在网络上传播违背社会主义核心价值观的言论、公开否定社会主义制度、攻击马克思主义意识形态的网络意见领袖，政府要"该管就管，该关就关"⑤。对于一些反对主流意识形态的所谓"网络红人""网络达人"，政府要在掌握充分证据的基础上，将他们违背社会主

---

① 杨永志等：《互联网条件下维护我国意识形态安全研究》，南开大学出版社2015年版，第106页。
② 阿里巴巴集团创始人马云拥有1557万微博粉丝，地产商潘石屹拥有1698万微博粉丝。参见《专家谈传统媒体与新媒体融合发展的三个趋势》，光明网，http://news.gmw.cn/2014-08/09/content_12446580.htm，2014年8月9日。
③ 王嘉：《网络意见领袖研究——基于思想政治教育视域》，中国文史出版社2014年版，第102页。
④ 高桂云主编：《公众网络政治参与的引导与规范研究》，人民出版社2014年版，第209页。
⑤ 《陕西宣传部副部长：管理微博大V要敢于碰硬该关就关》，凤凰网，http://ifeng.com/rank/news?aid=58163153，2013年4月11日。

义道德的种种劣迹公布于众，以使他们丧失公信力，达到"连根拔起"的目的。例如，微博"大V"医生郝某性侵患者、"助学达人"王某诱奸女童的信息在网络上传播开后，他们的公信力立即降至冰点，网络意见领袖的身份自然丧失。当然，必要时还要追究违法网络意见领袖的法律责任。

多数网络意见领袖身份的获取靠的是自身实力，但极少数网络意见领袖是网络推手"病毒式营销"塑造出来的。"病毒式营销"的基本程序包括：触发起点（病原体）；第一代传播（传染）过程；第二代传播，即第一代被感染者的再传播；呈现几何级数的更大规模的传播；通过主流大众传播媒体放大器的作用在全社会扩散①。网络推手拥有自己的战斗群体即网络水军。网络推手负责网络营销和公关设计，挑起、炒作、制造网络舆论话题，网络水军负责发帖、顶帖。网络推手形同指挥员，网络水军形同战斗员，双方配合默契，"几乎控制了国内所有的主流论坛"②。在某些情况下，网络推手不惜用收买网络论坛管理员和版主的方式操纵舆论，企图左右网民的信仰、情感、思维、观念。对于一些网络推手蒙蔽民意、肆意炒作反党反政府话题的行为，政府不能坐视不管，必须坚决予以打击。当务之急是，完善有关网络推手的法律法规体系，及时堵塞法律漏洞，不给网络推手的"病毒式营销"留下模糊的灰色地带。

二　融合传统媒体和新媒体

当前，世界的媒体形态和舆论格局正在发生深刻调整。随着媒体形态的转型升级，传统媒体与新媒体的关系已经由传统媒体建设新兴媒体、传统媒体和新兴媒体互动发展进入传统媒体和新兴媒体融合发展③。在此背景下，各种通信设备的互通性明显增强。有学者指出："以国际互联网为枢纽，大量其他通信设备之间的互通性也一直在提高，如蜂窝电话技术可以访问互联网以及自动售货机，电话公司和电报娱乐公司可以提供互联网

---

① 吴玫、曹乘瑜：《网络推手运作揭秘——挑战互联网公共空间》，浙江大学出版社2011年版，第6—7页。

② 杨永志等：《互联网条件下维护我国意识形态安全研究》，南开大学出版社2015年版，第151页。

③ 刘奇葆：《加快推动传统媒体和新兴媒体融合发展》，《人民日报》2014年4月23日。

访问，电视和无线电广播可以通过互联网发送给广大受众。"①顺应传统媒体和新兴媒体融合发展的新趋势，西方国家在意识形态传播上采用了新措施。例如，"美国之音"于1994年开始在互联网上广播，到1998年，"美国之音"已用23种语言开展网络广播②。目前，"美国之音"通过其网站，日均向中国18万网民发送电子邮件③。显然，美国政府已将融合传统媒体和新媒体作为实施其海外意识形态战略的重要手段。

面对传统媒体和新媒体融合发展的时代潮流，我国不可置身事外。事实上，我国政府已将融合传统媒体和新兴媒体提上了重要议事日程。2013年，在全国宣传思想工作会议上，习近平站在巩固宣传思想文化阵地、壮大主流思想舆论的高度上，首次强调了媒体融合的重要性④。2014年，习近平在中央全面深化改革领导小组第四次会议上再次强调了媒体融合的重要性。该会议通过的《关于推动传统媒体和新兴媒体融合发展的指导意见》标志着传统媒体和新媒体融合发展成为国家的重大战略。在中央全面深化改革领导小组的推动下，各地相继出台了推动传统媒体和新媒体融合发展的实施细则，各级新闻单位积极探索传统媒体和新媒体融合发展之路，一些报纸、广播、电视、通讯社等传统媒体已在互联网上开发新闻传播等信息服务。因此，2014年也被我国传媒界称为"媒体融合元年"。此外，有关政府职能部门也积极跟进，先后出台了多个促进传统媒体和新媒体融合发展的政策规范。例如，2015年，新闻出版广电总局、财政部出台《关于推动传统出版和新兴出版融合发展的指导意见》。

笔者认为，促进传统媒体和新媒体融合发展，发挥马克思主义意识形态的价值引导力和精神推动力，必须做到以下几点。

坚持传统媒体和新媒体优势互补、一体发展的原则。传统媒体和新媒体融合发展不是"谁吃掉谁的问题"，而是双方发挥比较优势、规避缺点的问题。毋庸置疑，随着新媒体的崛起，传统媒体的读者在变少，发行量也日渐萎缩，面临着生存危机。一位都市报负责人坦称："传统媒体'牛

---

① 曾华锋、石海明：《制脑权：全球媒体时代的战争法则与国家安全战略》，解放军出版社2014年版，第105页。
② 钟添生：《社会主义意识形态整合与拓展探析》，《湘潮》2008年第10期。
③ 王爱玲：《中国网络媒介的主流意识形态建设研究》，人民出版社2014年版，第161页。
④ 《习近平关于全面深化改革论述摘编》，中央文献出版社2014年版，第84—85页。

市已过,熊市来临'"①。但是,传统媒体并非一无是处。报刊等纸质媒体易于保存、便于携带,广播、电视等媒体传播速度快、时效性强、感染力强。尤其是,传统媒体更受信任②。新媒体具备互动、满足个性需求等优势,在记者人数和信息资源渠道等方面也优于传统媒体。促进传统媒体和新兴媒体融合发展,就是要实现二者优势互补、一体发展。美国《纽约时报》网站利用报纸品牌的权威性,提高了网络报纸知名度③。这是传统媒体和新兴媒体优势互补的典型例子。实现传统媒体和新媒体优势互补,才能使传统媒体和新兴媒体更好地服务于马克思主义意识形态传播,更好地服务于党的意识形态工作。

坚持马克思主义新闻观。媒体融合发展与维护国家意识形态安全是内在统一的④。这就是说,在任何情况下,媒体融合发展都必须把坚定正确的政治方向摆在首位,把维护马克思主义意识形态的主导地位和提高我国的文化软实力摆在首位,绝不能为了一时的经济利益而损害马克思主义意识形态的引领能力。那种认为传统媒体和新媒体融合就是为了增强赢利能力和提高经济效益的看法是极其错误的,必然将媒体融合发展引向歧路、邪路。为了保证媒体融合发展的正确价值取向,必须坚持媒体的政治功能不含糊、为人民服务的宗旨不能丢、党管媒体的原则不动摇。"互联网自由""媒体自治"等口号是不切实际的幻想,只有坚持党管媒体的原则,媒体融合发展才能踏上良性发展的康庄大道。

培养具备全媒体眼光和技能的高素质新闻人才。平面媒体数字化、电子媒体移动化、交互式媒体普及化对媒介从业人员的素质提出了新的更高要求,即由仅熟悉单一新闻业务的"专才"向精通传统媒体、新媒体等多项新闻业务的"通才"转变。长期以来,我国新闻人才的培养目标定位于传统媒体的新闻工作者,导致他们"只熟悉传统的新闻采写编业

---

① 《全国28家省级晚报(都市报)伙伴齐聚郑州 持中知变再出发》,大河网,http://news.dahe.cn/2015/10-23/105853148.html,2015年10月23日。
② 《新报:调查显示中国大多数网民更相信传统媒体》,参考消息网,http://china.cankaoxiaoxi.com/2014/0319/362822.shtml,2014年3月19日。
③ 范雄:《新媒体与传统媒体的互动与融合》,《新闻研究导刊》2015年第15期。
④ 陈印昌:《传统媒体与新媒体融合发展的政治安全价值导向分析》,《中国广播电视学刊》2015年第4期。

务"①。近几年来,我国报网融合、台网融合开始进入实施阶段,但是,尚未实现深度融合。在一些媒体集团,尽管表面上传统媒体和新媒体实现了融合,但是传统媒体从业人员与新媒体从业人员仍然各干各的事、各忙各的活,很少来往②。这种状况制约了传统媒体从业人员与新媒体从业人员之间的知识交流,使复合型、创新型新闻人才难以在媒体融合实践中培养出来。因此,必须进一步优化我国新闻人才的培养目标。尤其是,作为培养新闻人才主渠道的高等院校,必须顺应媒体融合发展的大趋势,改革人才培养模式,调整课程设置,为社会输送合格的新型媒体人才。

整合传播内容和方式。政治、法律、宗教、伦理、哲学、艺术等人文社会科学的学说和观点具有一定的意识形态色彩。学术期刊、报纸杂志上发表的人文社会科学方面的权威文章(必须坚持马克思主义的基本原理;为了收到聚焦效应,每天精选数量不超过 10 篇),可将其基本观点浓缩为 200—300 字,由权威网站(如光明网)以及移动媒体每天推出,向专家学者和社会各界传播,实现信息传播向价值传播转变,增强马克思主义意识形态的影响力、辐射力。针对特定时期学生群体中存在的不良思想倾向,可以将上述权威性学术观点向学生点对点推送,促进权威性学术观点对象化、定制化、精准化传播。此外,可以在有线电视机顶盒、智能电视上预装软件,将网络上的红色文化推送到家庭客厅,拓展红色文化的传播渠道③。

培育规模化、品牌化的媒体集团。当前,我国的传统媒体和新媒体都存在功能重复、内容同质、力量分散等问题。为了解决上述问题,可以将具有同质性的媒体予以合并,成立大型的媒体集团。经过多年的发展,人民网、新华网、光明网等网站已进入了全球排名前 100 的行列④。应以这些知名网站为核心,培植媒体行业的龙头集团,使之成为媒体融合发展的模范,成为正确表达国家话语、体现社会主义核心价值观的品牌,在马克思主义意识形态传播中发挥中流砥柱作用。

---

① 刘政序:《传媒融合时代传统媒体的发展困境与破局》,《新媒体研究》2015 年第 7 期。
② 高亢:《传统媒体与新兴媒体融合发展的难点与对策》,《新闻爱好者》2012 年第 12 期。
③ 《光明日报社陆先高:融媒体产品设计的逻辑是什么》,新华网,http://news.xinhuanet.com/zgjx/2015-09/29/c_134669978.htm,2015 年 9 月 29 日。
④ 《光明日报陆先高:融媒体才是王道》,腾讯网,http://tech.qq.com/a/20141119/017554.htm,2014 年 11 月 19 日。

三 拓展马克思主义意识形态的国际话语权

"如今的作战武器包括电子邮件、黑莓（Blackberry）、即时信息、数字影像和 Web 日志或博客。美国的敌人已经巧妙地将这些武器运用于当今全球媒体时代的战争"①。针对美国等西方国家以互联网为技术手段发动的心理战、思想战、舆论战、媒体战、宣传战、心灵战、大脑战，影响我国个体思想、公众舆论、社会意识的霸权行为，我们不能仅仅消极防范，还必须主动出击，采取多种有效措施，增强马克思主义意识形态的对外传播力度，赢得和巩固马克思主义意识形态的国际话语权。

由于种种原因，西方国家民众对我国知之甚少，特别是对我国改革开放以来在政治、社会等领域发生的深刻变化、取得的伟大成就不太了解。例如，美国电视和中学教科书涉及中国的内容很少，"美国中学的历史教科书有关中国的内容不到十页"②。由于对中国了解不充分，导致西方国家的精英"总是误判中国"③。另一方面，出于意识形态斗争和反共的需要，西方国家经常向民众传送经过筛选、剪辑、重组的关于中国的信息，并操控信息发布的方式、时机，导致西方国家民众难以客观公正地了解中国的现实，对中国的文化、主流价值观和重大政策产生误解。一位英国议员认为，西方媒体关于西藏的许多报道都是由达赖喇嘛的"狂热追捧者"撰写的，对于近年来西藏人民生活水平的提高，西方民众并不真正理解④。2015 年 9 月 3 日，中国举行了声势浩大的"纪念中国人民抗日战争暨世界反法西斯战争胜利 70 周年阅兵式"，引起了全世界的关注。但是，美国媒体对中国阅兵进行了负面解读。"通过对美国媒体报道的议题选择、关键字统计、被引述专家背景调查等进行分析，得出结论：美国媒体对中国阅兵的负面解读程度超过预期"⑤。这种"过滤式宣传"严重影响

---

① ［美］帕特里克·艾伦：《信息作战计划》，夏文成等译，军事科学出版社 2007 年版，第 290 页。
② 刘慧、李艳：《当代中国意识形态安全现状与路径选择》，中国社会科学出版社 2015 年版，第 83 页。
③ 张维为：《请不要误判中国》，《中国青年》2015 年第 5 期。
④ 《英议员：西方关于西藏报道多由达赖追捧者撰写》，环球网，http://world.huanqiu.com/exclusive/2014-08/5106700.html，2014 年 8 月 15 日。
⑤ 《美媒负面解读中国阅兵 被指偏见超乎想象》，搜狐网，http://mil.sohu.com/20150905/n420439067.shtml，2015 年 9 月 5 日。

了中国的国家形象。《中国国家形象全球调查报告 2013》《中国国际传播发展报告 2014》的结果显示，国际社会对中国当代价值认可度低①。美国社会各个层面对中国的疑虑乃至敌意相当严重。"几乎所有美国大学生都对中国持防范和敌视态度"，有的甚至到了骇人听闻的地步。一位年轻的美国教授竟把他的课程目标定位为帮助美国学生学习如何对付中国②。这些事实说明，面对信息革命的浪潮，我国不能扮演全球信息高速公路旁边的"搭车人"角色，必须形成全方位、多层次、宽领域的网络平台体系，把逻辑的力量与事实结合起来，增强我国网络媒介的国际传播能力，增进国际社会对我国意识形态、社会制度、发展模式的了解，为我国和平崛起赢得有利的国际舆论环境。当前，可以从以下几个方面入手。

首先，参与国际互联网规则制定，分享国际互联网规则的制定权。在"规则制定权为王"的互联网时代，谁掌握了网络规则制定权，谁就获得了国际信息传播秩序和国际文化秩序的主导权。由于占有先发优势，"美国人为网络技术、信息技术制订了不争的标准"③。2015 年，美国总统奥巴马声称：中美网络战，美国想赢就一定能赢④。奥巴马之所以如此自信，主要原因是美国掌握着国际互联网规则的制定权。国际互联网规则由少数国家书写，是全球网络空间秩序不公正的根本原因。对此，我们应该积极有为，通过分享国际互联网规则的制定权，推动建立更加公正合理的国际信息传播秩序。2011 年，中国与俄罗斯等国向联合国提交了《信息安全国际行为准则》草案，这个"中国方案"的提出显示了中国参与网络空间国际规则制定的愿望⑤。但是，作为既得利益者，美国不希望中国参与网络空间国际规则制定。由此，中美战略竞争已拓展至一个新领域，

---

① 《报告显示：国际社会对当代中国形象认可度低》，360doc 个人图书馆，http：//www.360doc.com/content/14/0630/00/9165926_390860617.shtml，2014 年 6 月 30 日。
② 《美国大学生看中国：我想了解你，"敌人"》，凤凰网，http：//pit.ifeng.com/a/20151010/44807454_0.shtml，2015 年 10 月 10 日。
③ 李伦：《鼠标下的德性》，江西人民出版社 2002 年版，第 193 页。
④ 《奥巴马声称：中美网络战"美国想赢就一定能赢"》，凤凰网，http：//finance.ifeng.com/a/20150913/13970523_0.shtml，2015 年 9 月 13 日。
⑤ 刘慧、李艳：《当代中国意识形态安全现状与路径选择》，中国社会科学出版社 2015 年版，第 193 页。

在网络规则上展开竞争,并成为崛起大国和守成大国之间的主要战略矛盾①。我们不能因为美国的干扰而放弃参与网络空间国际规则制定的权利。2015 年 10 月,习近平在中共中央政治局第 27 次集体学习时强调,推进全球治理体制变革已是大势所趋,要推动建设新兴领域的新机制新规则,加强国际社会应对网络信息安全等全球性挑战的能力②。我国驻美国大使崔天凯在美国纽约也表示:当今世界任何一个国家都不可能包办制定国际规则,国际规则应由各国共同制定③。这些努力显示了我国政府参与网络空间国际规则制定的决心,对增强我国网络媒体战略传播能力的重视,对于马克思主义意识形态在认知空间赢得人心具有重要的意义。

其次,构建互联网国际交流合作制度化机制。如何管理互联网,规避互联网的负面功能,使互联网造福人类,是各国共同关注的话题。作为互联网的利益攸关方,中国与世界各国均具有扩大互联网国际交流合作的愿望。2014 年,全球互联网治理大会在巴西举办,包括中国在内的 80 多个国家第一次面对面交流互联网管理经验,寻求共同面临问题的解决方案④。在互联网名称和数字地址分配机构(ICANN)第 50 次大会上,中国部长级官员首次在全球互联网治理核心机构大会上发表主旨演讲,阐述了中国对互联网领域重大问题的原则立场⑤。尤其是,对于美国的意识形态渗透行为,我们要运用"斗争和对话"两手策略。一方面,我们要善于、敢于开展网络意识形态斗争,抵制美国旨在妖魔化中国的网络宣传,另一方面,要积极与美国展开对话,表达我国的利益关切,增进了解,通过对话解决分歧。毕竟,中美两国在打击网络黑客、网络犯罪、网络恐怖主义等方面具有共识。这些共识为中美两国管控互联网领域的分歧奠定了

---

① 《阎学通:网络竞争的重要性已超核竞争》,凤凰网,http://pit.ifeng.com/a/20151014/44834567_0.shtml,2015 年 10 月 14 日。

② 《积极有为,推进全球治理体制变革——解读习近平在中共中央政治局第二十七次集体学习时的讲话》,新华网,http://theory.people.com.cn/n/2015/1015/c40531-27701110.html,2015 年 10 月 15 日。

③ 《崔天凯指出:任何一个国家都不可能包办制定国际规则》,人民网,http://world.people.com.cn/n/2015/1016/c1002-27704001.html,2015 年 10 月 16 日。

④ 《外媒:巴西全球互联网大会 中国被奉为上宾》,新华网,http://news.xinhuanet.com/world/2014-05/05/c_1110545939.htm,2014 年 5 月 5 日。

⑤ 《鲁炜呼吁国际网络空间治理形成七点共识》,新华网,http://news.xinhuanet.com/world/2014-06/23/c_1111272960.htm,2014 年 6 月 23 日。

前提条件。近年来，中美两国利用双边、多边机制开展了多次网络安全对话，中美互联网产业高峰论坛、中国互联网安全大会暨中国互联网安全领袖峰会多次召开。在 2015 年中国互联网安全大会暨中国互联网安全领袖峰会上，美国国家安全局前局长、五角大楼首任网络司令部司令基思·亚历山大和美国国家发展与创新战略研究会副会长郝叶力与中国中央网信办、公安部、工信部的相关领导进行了公开对话①。2015 年，中央政法委书记孟建柱率公安、安全、司法、网信等部门负责人访问美国，同美国国务卿克里、总统国家安全事务助理赖斯等人就网络安全等问题举行会谈②。特别重要的是，2014 年以来，中美元首会晤不再回避互联网治理问题。中美之间就互联网治理、网络安全等问题开展坦率深入的交流，有利于美国了解中国的立场态度，增进中美双方网络互信，减少中美网络对抗的可能性。

再次，增强我国网络媒体的传播效果。传播不能改变事实，但可以改变人们对事实的看法。这启示我们，必须重视对外宣传的作用，提高我国媒体的对外传播能力。互联网的开放性决定了其利用主体的多元化，西方国家可以利用互联网对我国开展意识形态攻击，我国也可以利用互联网向西方社会传递中国声音、"讲好中国故事"，向国外用户展示中国的真实形象，改变西方国家民众对中国的错误看法，树立中国作为社会主义国家的良好形象，树立中国和平发展的大国形象。为此，第一，要构建健全的对外网络传播体系。本着资源整合、分工明确、特色突出的原则，将依托中央电视台、中国国际广播电台、中央人民广播电台等中央重点新闻单位形成的网站打造成叫得响的对外传播网站和国家级对外传播网络平台。同时，重视发挥重点地方新闻网站和驻外领事馆新闻网站在与西方进行舆论对抗、心理较量中的作用，构建由中央重点新闻网站—重点地方新闻网站—驻外领事馆新闻网站形成的对外网络传播体系。第二，要优化我国网络媒体对外传播内容。将执政党的政策方针路线、当代中国真实的经济社会情况、执政党和政府对国际重大问题的立场和原则、中国社会主义建设

---

① 《中美网安高层对话 2015 中国互联网安全大会》，环球网，http：//world. huanqiu. com/exclusive/2015 -09/7669577. html，2015 年 9 月 29 日。

② 《孟建柱访美就共同打击网络犯罪开展执法合作》，新华网，http：//news. xinhuanet. com/politics/2015 -09/12/c_1116543523. htm，2015 年 9 月 12 日。

的伟大成就、马克思主义中国化的最新理论成果作为向世界宣传中国的重点，让中国"主旋律"登上世界舞台。例如，由中共中央编译局创办的理论中国网将党和国家的重要政策性文件、党和国家重要领导人的著作和论述、当代中国哲学和社会科学的最新研究成果以及当代中国基本国情和国策介绍等作为对外宣传的重点，取得了较好的效果①。同时，要主动回应敏感问题和热点问题，增加我国网络媒体对外传播的现实性，满足国外受众获取相关信息的需求。第三，要坚持"内外有别、外外有别"的原则，改革我国网络媒体对外传播方式。摒弃"传播者本位"思维②，正视对内对外宣传的差异。在网页设计风格、栏目设置、报道风格等方面要符合国外受众的心理，选题、写稿等方面要符合国外受众的偏好。采用国际通用的语言体系和"网言网语"，避免在对内宣传中经常出现的政治化话语。另一方面，要充分考虑不同国家、不同地区受众之间的差异，使网络宣传尽量与当地的文化风格和思维习惯相一致。"应充分参考 bbc、德国之声、朝鲜日报等网站办中文网的模式和经验：虽然内容未达到极大丰富，但是非常贴近对象国受众，非常清楚对象国内部的矛盾所在，报道针对性很强，很易影响对象国受众对新闻的价值判断"③。第四，要遵循"平衡报道"的原则，提高我国网络媒体对外传播的公信力。"中国媒体在国际上的公信力远远低于其在国内的公信力"④。平衡报道有助于提高媒体的可信度。有学者指出："越是知识水平高，有独立思考能力的受众，越不容易接受'一边倒'的报道"⑤。平衡报道要求全面反映各方的意见和观点，有利于从思想层面影响国外受众尤其是受教育程度较高的受众。第五，要重视中文网站在对外宣传中的作用。国外的反华势力设立了众多的中文网站，进行反共反马克思主义宣传，企图摧毁、歪曲和改变中华民族精神，挖掘中华民族精神之根。对此，我们要有意识地开通国际中文网站，与之进行意识形态斗争。此外，汉语拥有世界上四分之一的人

---

① 《中共中央编译局正式开通重要理论外宣平台"理论中国网"》，中央编译局，http://www.cctb.net/news/201509/t20150930_329476.htm，2015年9月30日。

② 张昆：《国家形象传播》，复旦大学出版社2005年版，第78页。

③ 王东迎：《中国网络媒体对外传播研究》，中国书籍出版社2011年版，第158页。

④ 杨永志、吴佩芬等：《互联网条件下维护我国意识形态安全研究》，南开大学出版社2015年版，第159—160页。

⑤ 王东迎：《中国网络媒体对外传播研究》，中国书籍出版社2011年版，第171页。

口，遍布世界各地的华人华侨是宣传中国的重要载体①，把国际中文网站建设好，有利于增进华人华侨对祖国的了解，发挥他们在对外宣传中的桥梁和纽带作用。当然，在建设国际中文网站时，不可忽视多语种对外网络平台建设。第六，要注重我国网络媒体对外传播效果调查，明确我国网络媒体的境外点击率和受众分布，根据科学的调查结论，调整报道方式和策略。

最后，善于利用他国的主流网络媒体。拓展马克思主义意识形态的国际话语权，不仅需要我国网络媒体"走出去"，进入国际社会，也需要将他国的主流网络媒体"请进来"。西方网络媒体内部绝非铁板一块，其内部不乏对资本主义制度的弊端深恶痛绝、向往社会主义政治文明的代表人士。要将对华友好、对马克思主义持正面看法、具有国际影响力的主流网络媒体的负责人或栏目负责人请进来，与他们建立业务交流关系，邀请他们来华采访，让他们观察社会主义中国的生机和活力，体会马克思主义中国化带给中国的沧桑巨变，了解社会主义制度的优越性。毕竟，"不可否认的是，它们也需要内容"②。通过国外主流网络媒体以"第三者"的身份向国际社会传递中国声音，能够增强对外宣传的说服力，减弱国际上反共反马克思主义宣传的影响力，使一些敌对势力"抹黑"马克思主义意识形态的行径不攻自破。

第五节　兑现马克思主义的信念承诺

西方马克思主义的代表人物阿尔都塞认为意识形态是"神话"，即"以虚假的概念反映社会和历史的进程，歪曲事实，本质上不过是统治阶级为实现其统治，使人保持顺从而编造出来的神话"③。然而，马克思主义意识形态并不是这里所说的"神话"，而是具有科学性和真理性的理论体系，是指导劳动人民获得政治解放和社会解放的理论武器，是指导社会主义建设的行动指南。从这个意义上说，马克思主义意识形态具有鲜明的人民性和实践性。它必须反映人民群众的利益诉求，回应人民群众对美好

---

① 张骥等：《中国文化安全与意识形态战略》，人民出版社 2010 年版，第 412 页。
② [美] 约瑟夫·奈：《软实力》，马娟娟译，中信出版社 2013 年版，第 145 页。
③ 徐大同主编：《现代西方政治思想》，人民出版社 2003 年版，第 303 页。

生活的向往。同时，马克思主义意识形态代言人党和政府对其所宣扬的意识形态必须认真践行，领导干部必须真信、笃行马克思主义意识形态，切实把马克思主义意识形态反映和维护人民群众根本利益的信念承诺落到实处，只有这样，马克思主义意识形态才能在激烈的意识形态斗争中永远立于不败之地。否则，理论宣讲和政治实践"两张皮"，口惠而实不至，马克思主义意识形态就会失去吸引力，西方意识形态就会乘虚而入占领网络意识形态阵地。新制度经济学家诺思指出，个人经验与现存意识形态之间的矛盾积累到一定程度时，他便会发展一套与经验更加相符的意识形态。在他看来，"当个人的经验与他们的思想意识不一致时，他们便改变自己的思想观念"①。

　　历史上，一些政权为了赢得人心，以华丽辞藻宣传其意识形态，但由于实践反差太大，最终被人民所抛弃。比如，国民党政权曾宣称，仁爱是三民主义的基础，国民党正是基于仁爱才发动国民革命的，仁爱就是"处处以爱最受痛苦的农夫工人和没有工作的失业者为目的，要能够爱他们才是仁爱。不能够爱最大多数受痛苦的平民就是不仁，不仁就是反革命"②。但是，在国民党统治之下，腐败盛行、民不聊生、民怨沸腾。国民党政府的美好意识形态说教就像寓言故事中"狼来了"一样，最终失信于民，被扫进历史的垃圾堆。这种教训十分深刻。因此，遏制反马克思主义思潮在网络上滋生蔓延，不能单靠技巧应对网络舆情，不能单靠精神说教和理论宣传，而是把崇高的价值追求和满足人民群众的现实利益需求结合起来，认真兑现马克思主义的信念承诺，推动"四个全面"战略布局落地生根。换而言之，就是中国共产党（特别是党的领导干部）及其领导下的各级人民政府（特别是政府的领导干部），应着眼于现实社会问题的有效解决和民生改善，把马克思主义的信念承诺落实到每一项公共政策中，落实到每一个领导干部的具体行为中。

一　大力发展生产力，增强网民对马克思主义意识形态的自信心

　　"马克思主义最注重生产力的发展"③。马克思主义认为，革命本身不

---

　　① ［美］道格拉斯·C. 诺思：《经济史上的结构和变革》，厉以平译，商务印书馆1992年版，第58页。
　　② 张星久：《中国近现代思想史》，湖北人民出版社2000年版，第173页。
　　③ 《邓小平文选》第3卷，人民出版社1993年版，第63页。

是目的,"革命的最终目的是解放生产力"①。生产力的发展水平不仅关系到人们的物质生活水平,也关系到人们的精神生活水平。在生产力水平极低的情况下,处于贫困状态中的人们必须为了获取必需的物质生活资料而争斗,于是,"全部陈腐污浊的东西又要死灰复燃"②。当前,党和政府一定要紧紧抓住全面建成小康社会这个战略目标不动摇,大力发展生产力,增强网民对马克思主义意识形态的自信心。

马克思主义意识形态无往而不胜的"底气"最终来源于社会主义社会比资本主义社会创造出更高的生产力。要让人民群众从内心里真正拥护社会主义制度、拥护马克思主义意识形态,搞"空头政治"不行,搞"意识形态教育挂帅"也不行,必须通过大力发展生产力,体现出社会主义制度的优越性。唯其如此,才能真正在全社会坚持马克思主义意识形态的指导地位不动摇。邓小平指出:"最终说服不相信社会主义的人要靠我们的发展。"③

如前所述,当前我国面临着许多社会问题,这些社会问题的存在与网络错误思潮之间存在密切关系。解决我国目前存在的各种社会问题,当然需要一定的技巧和方法,但是关键"是要靠自己的发展"④。像地区差距问题、收入分配差距问题、公平正义问题、祖国统一问题等,如果没有一定的经济实力作为后盾,就不可能完全解决,即使解决了,还会出现反弹。党和政府只有通过经济发展的方式,全面建成小康社会,在提高生产力水平的基础上,妥善解决各种社会问题,才能提高人民群众的幸福感和满意度,使马克思主义意识形态被人民群众内化于心,外化于行,使人民群众能够自觉与各种反马克思主义言行做斗争。

在当今世界,西方国家的意识形态网络输出之所以有一定的市场,重要原因是西方国家在生产力发展水平上的优势。西方国家凭借先进的物质文明,到处推销其制度文明,企图造成资本主义意识形态的"一统天下"。而一些发展中国家,出于求强求富的目的,接受了英美的制度文明和价值观。同时,在美苏竞争中,苏联放弃了马克思主义意识形态的指导

---

① 王沪宁主编:《政治的逻辑:马克思主义政治学原理》,上海人民出版社2004年版,第416页。
② 《马克思恩格斯文集》第1卷,人民出版社2009年版,第538页。
③ 《邓小平文选》第3卷,人民出版社1993年版,第204页。
④ 同上书,第265页。

地位，这场竞争最终以苏联解体、美国胜利而告终。随着世界两极格局的终结，美国成为世界唯一的超级大国，世界社会主义运动暂时处于低潮。资本主义意识形态的全球化趋势，再加上美苏意识形态斗争中美国"完胜"，使美国一些学者大肆鼓吹"意识形态终结""历史终结"。例如，美国学者福山指出："当前的自由革命所特有的显著的世界性才具有特别的意义。它进一步证明，在所有社会的发展模式中，都有一个基本程序在发挥作用。"① 福山的意思是指自由民主意识形态已经独霸天下，世界历史在这个意义上已经"终结"。

各种版本的"终结论"实际上表明，西方国家凭借其雄厚的经济实力对社会主义国家打"心理战"，妄望社会主义国家自乱阵脚。从这个意义上说，党中央提出四个"自信"（道路自信、理论自信、制度自信、文化自信）是非常正确的。我们要有效对抗西方国家在意识形态上发动的"心理战"，真正坚持四个"自信"，就必须紧紧抓住经济建设这个中心，一心一意谋发展，千方百计把我国的综合国力搞上去。有人认为，把发生"颜色革命"的原因完全归咎于西方国家的意识形态进攻是不符合事实的。防范西方国家的意识形态进攻，"最好的应对策略就是把自己的事情做好，集中精力发展自己"②。这个观点是非常正确的。

全面建成小康社会，大力发展生产力，必须坚持以经济建设为中心不动摇，不搞"多中心"。以经济建设为中心，即是说经济建设是大局，其他一切工作都要服从和服务于这个大局。有人说，现在西方国家的网络意识形态渗透非常厉害，应该将网络意识形态渗透作为一项中心工作来抓，这是"多中心论"的一种表现。"多中心"必然冲淡经济建设这个中心，实际上是"无中心"，容易犯"两个拳头打人"的错误。即便在一段时期里，网络意识形态渗透成为严重的政治问题，也应该从经济的角度解决。邓小平指出："政治问题要从经济的角度来解决。"③ 因为经济不发展，诸如此类的问题"永远不能解决"④。有一种观点认为，经过30多年的改革开放，中国已成为世界上最大的经济体，已经扔掉了"发展中国家"的

---

① ［美］弗朗西斯·福山：《历史的终结及最后之人》，黄胜强等译，中国社会科学出版社2003年版，第54页。

② 《颜色革命为何行不通》，《人民日报》2015年6月14日。

③ 《邓小平文选》第2卷，人民出版社1994年版，第195页。

④ 同上。

帽子,没有必要再坚持以经济建设为中心。对此,李克强总理指出:"中国是实实在在的发展中国家"①,因此,"要时刻绷住发展这根弦"②。

全面建成小康社会,大力发展生产力,必须排除"左"、右干扰。意识形态影响经济建设进程是我国改革开放中的重要现象。为此,邓小平曾指出,要排除姓"资"、姓"社"争论的干扰,解放思想,坚持以"三个有利于"作为评判一切工作得失的根本标准。中国的经济改革必须在中国特色社会主义理论的指导下进行,"要警惕右,但主要是防止'左'"③。近年来,随着经济改革的深化,我国意识形态领域的"左"、右之争较为明显,分歧点越来越多。"左"、右都想利用网络舆论,兜售经济改革"蓝图",影响经济改革进程。因此,我国网络政治意识形态的冲突日显激烈,开始出现较为明显的派别划分。"目前网络政治讨论中大量出现的'小左''右愤'等语言标签也暗示了网民倾向于左右意识形态的派别划分方式"④。"左"、右均不利于我国经济改革的深入推进,必须"超越左右激进主义"⑤,把思想统一到中国特色社会主义理论上,才能保持经济持续快速健康发展。

全面建成小康社会,大力发展生产力,必须积极利用网络技术为经济发展服务。马克思主义以积极的态度对待科学技术的发展。马克思对每个科学成就,"都感到真正的喜悦"⑥。科学技术是生产力发展的突破口和生长点。我们要善于把网络技术这样的"突破口和生长点"尽快运用到生产领域,以更加积极的姿态迎接网络技术飞速发展对人类生产方式、交往方式、社会产业结构和企业组织形式的挑战,迎接经济生活的数字化、网络化、虚拟化、非物质化的挑战,把网络经济做大做强。网络经济已经成为我国经济的重要形式,而经济基础决定上层建筑,其对作为上层建筑的

---

① 《李克强:中国是实实在在的发展中国家》,新华网,http://news.xinhuanet.com/politics/2015lh/2015-03/15/c_134067886.htm,2015年3月15日。

② 《李克强:绷住发展这根弦 始终坚持发展是第一要务》,搜狐网,http://news.sohu.com/20150711/n416601966.shtml,2015年7月11日。

③ 《邓小平文选》第3卷,人民出版社1993年版,第375页。

④ 乐媛:《超越左与右:中国网络论坛的公共讨论与意识形态图景》,中国传媒大学出版社2014年版,第32页。

⑤ 萧功秦:《超越左右激进主义:走出中国转型的困境》,浙江大学出版社2012年版,第1页。

⑥ 《马克思恩格斯全集》第19卷,人民出版社1964年版,第372页。

马克思主义意识形态的影响是不可小觑的。我国的网络经济若能健康发展并与实体经济相得益彰，推动生产力的进步，更好地满足人民群众的物质文化需要，则有利于马克思主义意识形态主导地位的维护；反之，则会给马克思主义意识形态主导地位的巩固带来负面的影响。早在20世纪90年代，美国就认为自己进入了信息经济时代，以互联网为依托的信息产业成为主要的产业部分。但是，由于起步晚以及其他方面的原因，我国经济活动网络化和数字化步伐仍然缓慢，我国虚拟经济的总量、活力和竞争力仍有待提高。2014年以来，我国经济发展进入"新常态"，要素驱动、投资驱动经济增长已难以持续，经济结构优化升级势在必行。因此，党和政府必须把技术创新驱动经济发展摆在更加重要的位置，进一步强化互联网思维，实现互联网与传统行业的深度融合。

二 实现改革发展成果共享，防范和化解网络极端主义思潮

让发展成果更多、更公平地惠及全体人民，由全体人民共同分享经济发展的成果，是马克思主义的一个基本观点。马克思、恩格斯正是从资本主义制度下效率与公平的矛盾出发，揭示资本主义社会必然存在的两极分化现象，进而论证资本主义制度的不合理性。马克思认为，由于生产资料归资本家所有，通过榨取剩余价值，资本家拿走了国民财富的大部分，而广大工人阶级则处于贫困状态。因此，在资本主义私有制下，贫困是由于富裕造成的，"国民财富和人民贫困本来就是一回事"[①]。在改革开放过程中，邓小平多次强调了防止两极分化、实现改革成果共享的重要性。人们耳熟能详的邓小平关于社会主义本质的新概括就包括"共同富裕"。他还明确指出：两极分化就是邪路[②]。习近平总书记把保证人民群众都能享受改革发展的成果作为全面深化改革的落脚点。他指出：要保证人民平等参与、平等发展权利，让全体中国人共同享有人生出彩的机会[③]。

英国经济学家斯密虽然强调自由放任市场的重要性，认为人类具有利己本性，但是他同时强调，如果一个社会的经济发展成果不能真正分流到

---

① 《马克思恩格斯全集》第23卷，人民出版社1972年版，第841页。
② 《邓小平文选》第3卷，人民出版社1993年版，第111页。
③ 《习近平关于全面深化改革论述摘编》，中央文献出版社2014年版，第102页。

大众手中,那么它在道义上将是不得人心的。温家宝曾多次引用这句话①。事实上,在斯密之前,荷兰思想家斯宾诺莎就认为,政府的目的在于保障人民的生活,使人有保障地发展他们的心身。他说:"政府最终的目的不是用恐怖来统治或约束,也不是强制使人服从,恰恰相反,而是使人免于恐惧,这样他的生活才能极有保障;换句话说,加强他生存与工作的天赋之权,而于他个人或别人无损。"②

如果一个政府只注重维护少数人的利益,只为少数利益集团服务,它的统治注定是难以持久的。在当今世界上,一些国家之所以失败,主要原因是它们建立了汲取性制度。在这一制度下,统治精英阶层贪婪成性,"他们为了使自己致富并保持权力长久不变,不惜牺牲社会大多数人的利益"③。换而言之,掌握权力的阶层的富裕是人民致贫的根本原因。在中国近代史上,国民党政府的败亡,也与其自利、"自肥"有关系。有学者指出:"国民党政权并不在任何基本方面对这个或那个社会—经济的阶级负有责任,或者对它本身之外的任何力量负有责任。在许多方面,国民党政权就是它本身……大多数成员却利用这个政权的制度性质,来尽量扩大自己的权力、声誉和财富,而不是为国家的幸福奋斗。"④ 在这种情况下,国民党政权自然成为人民的敌人。

全面深化改革,实现改革发展成果共享,防止贫富两极分化,不仅有利于政治稳定,也有利于巩固主流意识形态的指导地位。很明显,政治环境不稳定,主流意识形态很难赢得群众的信赖感。另一方面,实现共享是防止极端主义思潮的重要举措。早在古希腊时期,亚里士多德就认为,两极分化及由此衍生的贫困问题,容易诱发极端主义,所以亚里士多德主张"中产阶级治国"⑤。亚里士多德的这一思想对后世思想家具有重要影响。李普塞特认为,收入低下与不满情绪和极端主义之间存在因果联系,"人们逐渐认识到,现代社会中的激进主义和偏执的运动,更有可能植根于下

---

① [英]亚当·斯密:《道德情操论》,何丽君编译,北京出版社2008年版,第15页。
② [荷兰]斯宾诺莎:《神学政治论》,商务印书馆1963年版,第272页。
③ [美]德隆·阿西莫格鲁、詹姆斯·A.罗宾逊:《国家为什么会失败》,湖南科学技术出版社2015年版,第296页。
④ [美]费正清、费维恺编:《剑桥中华民国史:1912—1949年》下卷,杨品泉等译,中国社会科学出版社1998年版,第160页。
⑤ [古希腊]亚里士多德:《政治学》,吴寿彭译,商务印书馆1965年版,第308页。

层阶级而不是中产阶级或者上层阶级之中"①。既然贫富两极分化是产生极端主义思潮的重要原因,要想铲除极端主义思潮的影响,党和政府就必须让社会财富尽可能平等分配,提高贫困群体的生活水平,减少贫困人口的数量,形成橄榄形社会结构。

网络是滋长极端主义思想的土壤。现实生活中点燃的极端主义情绪极容易在网络上放大和蔓延。有人指出:"网络对许多人而言,正是极端主义的温床。"② 随着网络技术的快速发展,每个网民可以根据自己的口味和兴趣浏览网站、搜集信息。另外许多网站为网民提供个性化服务,量身定制地为网民提供信息供给。例如,凡是到亚马逊网站购物过的网民都会发现,这个网站能预测你的偏好,根据你的偏好,向你推荐一些新的选项。其预测的依据是你过去的选择和与你共同选择的人的偏好。此类网站帮你过滤掉了许多信息,不断强化你的偏好。与购物经历一样,在网络社交活动中,网民总是喜欢与自己观点相同的人交往,与志同道合的人打交道,侧重于"圈内"商议,而对于"圈外"的争议性观点较少关注或者缺乏接触新观点和不同观点的机会。许多网站通过链接、超级链接功能强化自身观点的正确性。所以,有学者指出:"新科技,包括网络,让人们更容易听到志同道合的言论,却也让自己更孤立,听不到相反的意见。"③ 如果每个网民总是听到自己观点的"回声",自绝于他人的意见,造成网民意见分裂,那么不仅会形成"网络巴尔干化"现象④,还会形成群体极化现象。所谓群体极化"就是这样一种趋势,即志趣相投者彼此强化他们的观点以至达到极端"⑤。勒庞指出,专横和偏执是一切类型的群体的本性,"群体只知道简单而极端的感情;提供给他们的各种意见、想法和

---

① [美]西摩·马丁·李普塞特:《政治人:政治的社会基础》,郭为桂等译,江苏人民出版社2013年版,第69页。

② [美]凯斯·桑斯坦:《网络共和国:网络社会中的民主问题》,黄维明译,世纪出版集团2003年版,第51页。

③ 同上书,第48页。

④ [美]罗伯特·帕特南:《独自打保龄——美国社区的衰落与复兴》,刘波等译,北京大学出版社2011年版,第205页。

⑤ [美]凯斯·桑斯坦:《网络共和国:网络社会中的民主问题》,黄维明译,世纪出版集团2003年版,第151页。

信念,他们或者全盘接受,或者一概拒绝,将其视为绝对真理或绝对谬论"①。由于互联网的特性,勒庞所说的"专横和偏执"现象在网络群体中更容易形成。

全面深化改革,实现改革发展成果共享,必须妥善解决我国居民收入差距过大的问题。改革开放以来,我国居民收入逐渐拉开,其积极作用不可忽视,但是居民收入差距过大的问题逐渐显现,已经引起国内外的高度重视。美国密歇根大学的一项研究报告显示,中国的贫富差距已经超过美国,位居全球贫富差距最大的国家之列。② 国家统计局发表的报告称,2014年全国居民收入基尼系数为0.469,超过国际公认0.4的贫富差距警戒线,说明收入差距比较大。③ 另有数字表明,中国1%的家庭占有全国三分之一以上的财产④;中国收入最多的20%的家庭和收入最少的20%的家庭相差19倍左右⑤;中国城乡人均养老金水平相差24倍⑥。居民收入差距过大说明现阶段的分配政策尚不完全符合共享的要求,不完全符合包容性增长的要求。收入差距过大不仅是个经济问题,而且是个政治问题。它加大了社会底层的被剥夺感和不公平感,在某些情况下,甚至造成社会底层的绝望情绪,诱使它们产生"革命"冲动,使它们对社会主义信仰、马克思主义意识形态产生逆反心理,进而接受各种反社会、反政府的极端主义思潮。特别重要的是,收入差距过大加剧了高收入群体与社会底层之间的利益矛盾,使二者之间达成共识较为困难,引发二者之间的不信任感。而根据美国学者英格尔哈特的研究,人际信任感低容易滋生反体

---

① [法]古斯塔夫·勒庞:《乌合之众:大众心理研究》,冯克利译,中央编译出版社2005年版,第36页。
② 《美报告:中国贫富差距20年扩大一倍超过美国》,环球网,http://world.huanqiu.com/exclusive/2014-04/4983545.html,2014年4月30日。
③ 《中国基尼系数六连降 贫富差距仍超警戒线》,人民网,http://politics.people.com.cn/n/2015/0120/c70731-26417977.html,2015年1月20日。
④ 《北大中国社科调查中心发布民生报告:1%家庭占有全国三分之一以上财产》,《北京日报》2014年7月26日。
⑤ 《卫计委:中国家庭收入差距明显 最大差19倍》,搜狐网,http://business.sohu.com/20150513/n412986206.shtml,2015年5月13日。
⑥ 《社科院报告:中国城乡人均养老金水平相差24倍》,新浪网,http://finance.sina.com.cn/money/lczx/20140128/091918107216.shtml,2014年1月28日。

制文化和激进思想。① 因此,党和政府应该按照"提低、扩中、控高"的思路,积极推进收入分配政策改革,把我国居民收入差距限制在合理范围内。

全面深化改革,实现改革发展成果共享,必须正视我国阶层结构的变化,妥善协调各阶层之间的利益关系,防止阶层不公平感的滋长。改革开放以来,我国社会阶层分化日益明显。特别是,随着网络技术对经济社会生活的影响日益加深,以互联网为依托出现了不少新职业。例如,"美国作为信息业软硬件的最大生产国,目前职工中有三分之二以上直接从事信息产业的生产、促销和发售"②。在我国,网络技术的迅猛发展为人们的职业生活注入了新因素,新旧职业的更替势在必行。新职业的到来往往意味着新阶层的出现,从这个意义上说,互联网助推我国社会阶层分化。由于互联网是一种新的资源分配方式,互联网也加剧了阶层之间的利益差距。在美国,"最近5年,信息产业所创造的百万富翁比过去50年所有工业生产创造的百万富翁还要多。也就是说,在短短的几年里,通过因特网,美国的社会资源急剧地转移到一大批极富活力的年轻人和年轻的公司身上,使整个社会完成一次大规模的、深刻的新陈代谢"③。在我国,互联网的应用也加大了社会财富在阶层之间的转移,一些新阶层由于适应了经济活动网络化的趋势而聚集了大量资源。我们要正视互联网背景下出现的新阶层对社会阶层间关系的影响,缩小阶层之间的利益差距,防止社会对抗和撕裂,防止阶层不公平感的增长而致使部分阶层背离马克思主义意识形态而认同极端主义思潮。同时,要对新阶层的政治心理和政治态度进行实证研究,在此基础上对它们进行有针对性的思想疏导和政策疏导,并将它们的利益诉求反映到马克思主义意识形态中,避免它们游离于马克思主义意识形态之外。有学者指出:"成功的意识形态必须是灵活的,以便能赢得新团体的忠诚,或随着外部条件变化也得到老团体的忠诚。"④

---

① [美]罗纳德·英格尔哈特:《发达工业社会的文化转型》,张秀琴译,社会科学文献出版社2013年版,第33—39页。

② [美]奥托·纽曼:《信息时代的美国梦》,凯万等译,社会科学文献出版社2002年版,第191页。

③ 刘文富:《网络政治——网络社会与国家治理》,商务印书馆2002年版,第70页。

④ [美]道格拉斯·C.诺思:《经济史上的结构和变革》,厉以平译,商务印书馆1992年版,第61页。

2015年5月,习近平总书记在中央统战工作会议上强调,要加强和改善对新媒体中的代表性人士的工作,建立经常性联系渠道,加强线上互动、线下沟通①。将"新媒体中的代表性人士"列入统战对象,有利于团结他们,及时掌握他们的思想动态,是适应我国社会阶层变化的重要政策创新。

正常的社会流动有利于减少阶层不公平感的滋长。因此,一个社会要及时搭建一些"梯子",使地位较低的人能够爬过这些"梯子"向上流动。但是,在法国学者迪韦尔热看来,任何社会都存在减弱社会流动的阻力。他说:"所有的官僚阶层、领导阶层、比较富裕或有地位的阶层、特权集团和精英人物都企图让后代子承父业。要想不让他们得逞,就必须建立一些制度机制来阻止他们这样做。但这些机制也难以实施,因为执行者通常正是这些机构所要限制的对象。"②迪韦尔热同时认为,社会主义社会对这种现象也没有足够的免疫力。当前,我国社会流动的"梯子"有减少的趋势,社会流动面临着诸多障碍,存在阶层固化现象,例如,新生代农民工的出现就是明显的例子。其结果,就是贫困的代际传递,形成跨代贫穷③。面对这种生存状态,"底层沦陷"成为一种普遍现象④。底层堕落是底层人生观、价值观扭曲的表现,也是底层对极端主义认同的表现。因此,党和政府必须按照"共享"原则的要求,增加社会流动的机会和渠道,拓展社会流动的空间,逐步铲除极端主义思潮滋生的土壤,增强底层群体对马克思主义意识形态的认同感。

全面深化改革,实现改革发展成果共享,必须努力实现基本公共服务均等化。"增长是达到目的的手段,而不是目的本身"⑤。这里所说的"目的"主要指通过经济增长实现基本公共服务均等化,即满足全体居民的

---

① 《习近平:巩固发展最广泛的爱国统一战线》,新华网,http://news.xinhuanet.com/2015-05/20/c_1115351358.htm,2015年5月20日。

② [法]莫里斯·迪韦尔热:《政治社会学——政治学要素》,杨祖功、王大东译,东方出版社2007年版,第138—139页。

③ 《专家:中国贫富差距逐步扩大已有稳定性 形成跨代贫穷》,中国网,http://henan.china.com.cn/news/2015/0123/164592.shtml,2015年1月23日。

④ 孙立平:《重建社会——转型社会的秩序再造》,社会科学文献出版社2009年版,第171页。

⑤ [美]基思·格里芬:《可供选择的经济发展战略》,倪吉祥等译,经济科学出版社1992年版,第211页。

基本公共服务需求，逐步形成惠及全民的基本公共服务体系，切实保障每个居民的健康权、居住权、受教育权、工作权等基本权利。因此，"推进基本公共服务均等化与促进改革发展成果共享的价值意蕴是一致的"①。这就要求，公共资源向农村、欠发达地区倾斜，改变基本公共服务在地区之间、城乡之间、群体之间的非均衡配置。特别重要的是，要将网络服务纳入基本公共服务的范围，积极扭转因数字鸿沟所造成的社会不平等。2012年，我国城乡数字鸿沟指数为0.44（表明农村信息技术应用水平比城市落后44%），地区数字鸿沟指数为0.32（表明最落后地区的信息技术应用水平比全国平均水平落后32%）。②根据《中国信息社会发展报告2015》，我国东、中、西部地区信息社会指数分别为0.5489、0.3880、0.3729，中西部地区与东部的绝对差距仍然在扩大。③要从加强网络基础设施建设、加强网络技术培训等方面入手，逐步消除数字鸿沟。总之，党和政府通过实现基本公共服务均等化，切实保障每个公民的生存权和发展权，才能使马克思主义意识形态征服大众的心灵，才能维护马克思主义意识形态的权威性，增强马克思主义意识形态的说服力，使极端主义思潮失去"市场"。

三 认真践行全心全意为人民服务的根本宗旨，提高网民对马克思主义意识形态的认同感

全心全意为人民服务的是马克思主义政党的唯一宗旨。马克思主义政党奋斗和所争取的一切都是为了实现、维护和增进最广大人民群众的根本利益。马克思、恩格斯指出：无产阶级的运动是为绝大多数人谋利益的独立的运动④。服务人民、人民利益至上是马克思主义经典作家一以贯之的观点，也是马克思主义政党伦理的独特性所在。有学者甚至认为，马克思

---

① 张贤明、邵薪运：《改革发展成果共享与政府责任》，《政治学研究》2010年第6期。
② 《中国数字鸿沟报告2013》，国家信息中心，http://www.sic.gov.cn/News/287/2782.htm，2014年5月20日。
③ 《中国信息社会发展报告2015》，国家信息中心，http://www.sic.gov.cn/News/250/4620.htm，2015年5月16日。
④ 《马克思恩格斯选集》第1卷，人民出版社1995年版，第283页。

主义最本质的灵魂就是"为人民服务的精神"①。提高网民对马克思主义意识形态的认同感，必须紧紧抓住全面依法治国、全面从严治党的战略举措，认真践行全心全意为人民服务的根本宗旨。

我们党作为一个马克思主义政党，多年来一直将自身的宗旨定位为全心全意为人民服务，并号召全体党员干部将这一宗旨化为自己的实际行动。"中国共产党之所以成为先锋队，之所以能够领导人民群众，正因为而且仅仅因为它是人民群众的全心全意的服务者"②，但是，当前少数党员干部宗旨意识不强，为人民服务的意识淡薄，其"服务"行为不仅没有使人民群众受益，反而使人民群众利益受损。人民群众是通过身边党员干部的言行来评判党和政府的，少数党员干部违背党的宗旨的言行，不仅损坏了党和政府的形象，也损害了马克思主义意识形态的形象，容易激起部分群众对马克思主义意识形态的反感。一般来说，网络上的不良信息和错误思潮，在现实社会生活中都能找到"原型"。网络上的反马克思主义思潮之所以屡禁不止，主要原因之一就是少数党员干部服务意识不强、敷衍群众。因此，党员干部能否认真践行全心全意为人民服务的根本宗旨，直接关系到网络上的反马克思主义思潮的"涨落"。这启示我们，防范网络时代马克思主义意识形态被边缘化的风险，必须从严治党，弘扬我们党的优良传统，让广大党员干部急群众之所急，想群众之所想，成为全心全意为人民服务宗旨的代言人和践行者。

推进全面依法治国、全面从严治党，认真践行全心全意为人民服务的根本宗旨，必须使党员干部树立正确的权力观和政绩观。马克思主义权力观是唯一正确的权力观。马克思主义权力观正确地回答了"权力的来源是什么和权力的归宿是什么"这两个问题。根据马克思主义权力观，社会主义国家的一切权力来源于人民，即权为民所赋。党员干部代表人民掌握权力，是人民的代理人，而人民才是权力的委托者。因此，党员干部必须对人民负责，为人民谋利益，坚持权为民所用。党员干部手中的权力只能用来为人民造福，而不能用来为自己、为小集团和小圈子牟利，更不能用来与民争利。正确的权力观是正确的政绩观的基础。只有从正确的权力

---

① 钱逊：《"为人民服务"——马克思主义的灵魂》，《清华大学学报》（哲学社会科学版）1991年第2期。

② 中共中央宣传部理论局：《马克思主义哲学十讲》，学习出版社2013年版，第128页。

观出发，党员干部才能对政绩做出正确的理解，才能把政绩建立在国家富强、人民幸福的基础之上，而不是把政绩仅当做升官晋级的阶梯。应该清醒地看到，少数党员干部权力观和政绩观扭曲并带来严重后果①。他们认为自己的权力是上级给的，只"唯上"，漠视群众的利益；他们大搞"形象工程""面子工程"，致使部分群众苦不堪言。他们不仅成为网民声讨的对象，而且殃及马克思主义意识形态的形象。因此，只有党员干部树立正确的权力观和政绩观，人民群众才能成为党的宗旨的受益人，才能心情舒畅，马克思主义意识形态才能赢得人心。

认真践行全心全意为人民服务的根本宗旨，党员干部必须把人民利益放在心中最高位置，切实做到"群众利益无小事"。我们党除了为人民谋利益外从不谋取任何利益，因此，人民的利益与党的利益是一致的，除了人民利益外，党没有任何私利。从这个意义上说，人民的利益是检验党的一切执政活动的最高标准，执政为民是党一切工作的最高准则，党的一切工作就是为了人民群众的工作。每个党员干部都应该按照上述要求，把自己的利益置于党的利益之下，也就是人民的利益之下，自觉为人民利益的实现而努力工作。邓小平强调，人民利益是每一个党员的最高准绳②。2012 年，习近平总书记在深圳考察时指出："像爱自己的父母那样爱老百姓。"③ 2015 年，习近平总书记在中车长春轨道客车股份有限公司考察时指出："党的各级领导干部都是人民的勤务员，中央领导是人民的大勤务员。"④ 这是对"领导就是服务""干部就是公仆"思想的再次强调，也是对人民利益至上原则的再次肯定，包含着习近平总书记对提高干部服务意识的殷切希望。

在现实生活中，少数党员干部割裂党的利益与人民利益。例如，一位党员领导干部在面对记者提问时反问：你是准备替党说话，还是准备替老百姓说话？⑤ 这个"冷笑话"引起网民的热烈讨论，部分网民开始追问

---

① 《习近平总书记系列重要讲话读本》，学习出版社 2014 年版，第 85—87 页。

② 《邓小平文选》第 1 卷，人民出版社 1994 年版，第 257 页。

③ 《习近平谈治国理政》，外文出版社 2014 年版，第 428 页。

④ 《习近平：中央领导是人民的大勤务员》，搜狐网，http://news.sohu.com/20150717/n417009321.shtml，2015 年 7 月 17 日。

⑤ 《"替谁说话论"的政治警示》，新华网，http://news.xinhuanet.com/comments/2009-06/19/content_11562475.htm，2009 年 6 月 19 日。

"党为谁执政"的问题，从而损害了马克思主义意识形态的名声。其实，毛泽东早就指出，向人民负责和向党负责是一致的①。少数党员干部违背党的宗旨，割裂党的利益与人民利益，不过是将党的利益作为自己戕害人民利益的行为的挡箭牌而已。还有一些党员干部忘记自己的职业操守，不把群众的安危冷暖放在心上，不关心、不落实群众的合理服务诉求。比如，一位女士为开未婚证明奔波8个月，各个部门互相"踢皮球"。经媒体曝光后，尽管云南省处理了18名工作人员②，但是此事还是带来较大的负面影响。少数党员干部不作为、履职不到位，必然使群众的正当利益得不到维护，利益受损投诉无门。这会恶化干群关系，破坏干群之间的信任关系。一项研究报告宣称，中国官民不信任度正在加大③。在这种情况下，网民对马克思主义意识形态的信赖感就会打折扣，一些网民就会相信网络上传播的反马克思主义思潮。

推进全面依法治国、全面从严治党，认真践行全心全意为人民服务的根本宗旨，必须增强党员干部尤其是基层党员干部有效执行公共政策的能力。我国公共政策是党的主张和人民群众的利益诉求结合，体现了执政党对社会利益格局的认可，是人民群众维护自身利益的重要工具。但是，公共政策是观念形态的。如果执行环节出了问题，公共政策就是"纸上谈兵"，人民群众的切实利益就不能得到有效维护。近年来，中央政府出台了许多符合民心、富民惠民的政策，但是由于"政令不出中南海"④，其政策效果并未真正显现。一些基层党员干部搞"上有政策，下有对策"，从而形成"政令堰湖"。比如，中央10年连发11道禁令，高尔夫球场不减反而增343家⑤。又如，在反"四风"过程中，多地办公室整改现形式

---

① 《毛泽东选集》第3卷，人民出版社1991年版，第1094—1095页。
② 《女子为开未婚证明奔波8个月 云南18名工作人员被处理》，新华网，http://www.zj.xinhuanet.com/newscenter/rb/2015-07/11/c_1115891033.htm，2015年7月11日。
③ 《报告称中国官民间不信任度扩大 社会冲突增加》，中国网，http://news.china.com.cn/2013-01/07/content_27611303.htm，2013年1月7日。
④ 《国务院7月组织大督察 除政令不出中南海之弊》，人民网，http://politics.people.com.cn/n/2014/0812/c1001-25447826.html，2014年8月12日。
⑤ 《中央10年连发11道禁令 高尔夫球场不减反增343家》，新华网，http://news.xinhuanet.com/fortune/2015-01/19/c_127397350.htm，2015年1月19日。

主义,打隔断仍局长专用①,多地存在更加隐蔽的"吃喝风"②。甚至许多惠民的公共政策,由于执行偏差,反而成为"祸民"的根由。随着人民群众权利意识的增强,因政策执行不力而引发的矛盾冲突在网络上时有表现,甚至酿成网络群体性事件。事实上,网民的利益诉求是"反应性大于进取性,具有明显的被动性"③。也就是说,多数网民是据法维权,当政策规定的利益落空时,才进行网络维权。如果网络理性维权无效,网民的非理性情绪就会占上风,此时马克思主义意识形态就会成为被攻击的对象。

基层党员干部政策执行不力还会产生"干部角色的距离悖论"现象,即许多群众认为中央政府(干部)是亲民、可信的,但是基层政府(干部)是不可信的。民谣"中央干部是恩人、县干部是仇人、乡干部是敌人"正是这种看法的写照。在西方国家,情况正好相反。居民一般认为中央干部是麻木不仁的官僚,而基层官员则是可亲可敬的服务提供者。例如,在美国,"人们相信或者崇敬离他们近的政府官员,而认为离他们远的政府官员则是懒惰、不称职和不诚实的。一个人可能认为附近学校的校长或住在街角的警官是一个例外,但同时可能相信教育和法律执行系统是一团混乱"④。美国学者帕特南的研究也证实了这一点。他指出:"在大多数意大利人看来,三级政府形成了一个逐渐上升的阶梯,从最遥远和最不信任的一级(中央政府)上升到最接近和最信任的一级(地方政府)。"⑤"干部角色的距离悖论"使我国基层党员干部"污名化",使群众对干部的不满情绪容易迁移至马克思主义意识形态。因此,必须增强基层党员干部有效执行公共政策的能力。尤其是,要增强县域党员干部的政策执行能力,因为"郡县治,天下安"。

---

① 《各地办公室整改现形式主义:打隔断仍局长专用》,人民网,http://leaders.people.com.cn/n/2014/0122/c58278-24189200.html,2014年1月22日。

② 《官场饭局一年曾吃掉3000亿 八项规定后开辟"新战场"》,新华网,http://news.xinhuanet.com/politics/2014-05/14/c_126497206_2.htm,2014年5月14日。

③ 张海波:《当前我国社会矛盾的总体特征生成逻辑与化解之道》,《学海》2012年第1期。

④ [美] H. 乔治·弗雷德里克森:《公共行政的精神》,张成福等译,中国人民大学出版社2013年版,第126页。

⑤ [美] 罗伯特·D. 帕特南:《使民主运转起来:现代意大利的公民传统》,王列等译,中国人民大学出版社2015年版,第56页。

县在我国政治体系中起着承上启下的作用，县域党员干部的政策执行力提高了，政策执行"中梗阻"就会有效化解，公共政策才不会"放空炮"，政府公信力才不会被侵蚀，马克思主义意识形态在网络中的"人气"和影响力就会大幅度提高。

四 走好网上群众路线，增强网民对马克思主义意识形态的归宿感

群众路线表明党和人民之间"种子与土地""鱼水"式的密切关系，"被看作中国共产党民主传统的精髓，也是毛泽东伟大的创造性贡献之一"①。我们党之所以在 90 多年的风风雨雨中"稳坐钓鱼台"，之所以在革命、建设过程中带领人民群众取得一个又一个胜利，靠的就是群众路线这个法宝。习近平总书记指出：群众路线是传家宝，要把群众路线贯彻到治国理政全部活动之中②。在网络时代，我们党要适应网络民主发展的新形势，要适应数字化生存对政治生态的改变，积极拓展群众路线的新领域，将群众路线延伸到网络虚拟空间，创新网络时代群众工作的方式方法，即要走好网上群众路线。从长远来看，巩固马克思主义在网络意识形态中的指导地位，靠的不是马克思主义的强势、优势，而是党员领导干部认真践行网上群众路线，"从网民中来，到网民中去"③。积极回应网民关切，使网上意见线下解决，才能增强网民对马克思主义意识形态的归宿感，才能使马克思主义在激烈的网络意识形态竞争中永远立于不败之地。

走好网上群众路线，领导干部要敢于、善于"触网"。网络是沟通政府与民众的重要渠道，是干部与群众进行人性化交流的重要载体，是树立和宣传党、政府亲民、爱民形象的重要媒介，是展示马克思主义意识形态亲和力的重要途径。习近平总书记指出，群众呼声是第一信号。④"触网"是现代版的"微服私访"，是领导干部真实、直接、及时了解"群众呼声"的重要方法。在国外的政治竞选中，各个政党普遍重视互联网在吸引选民、吸纳选票方面的不可替代的作用，甚至选择那

---

① [美] 斯图尔特·R. 施拉姆：《毛泽东的思想》，田松年等译，中国人民大学出版社 2005 年版，第 229 页。
② 《习近平谈治国理政》，外文出版社 2014 年版，第 27 页。
③ 卿立新：《网上群众路线是新时期群众工作的重要方法》，《求索》2012 年第 12 期。
④ 习近平：《之江新语》，浙江人民出版社 2007 年版，第 263 页。

些善于与互联网打交道的人担任政党领袖。有人认为，2012年美国总统选举实际上就是互联网的竞选。① 一些西方政党甚至宣称建成"网络党"②。因此，各级领导干部一定要顺应时代潮流，敢于、善于"触网"。当前，一些担任领导职务的公职人员对互联网有偏见③，他们认为"电子民主"会使政府工作陷入被动，网络监督、网络批评会给政府形象"抹黑"。各级领导干部要克服这种偏见，以健康的心态看待网络参与，以虚怀若谷、闻过则喜的精神看待网络问政，敢于利用网络媒体为自己的施政行为服务。同时，各级领导干部要克服"本领恐慌"，不断提高应用计算机和网络的技能，如发邮件、看微博、上QQ、网络回复、视频对话等方面的技能。领导干部敢于、善于"触网"，才能为执政党调控网络政治社会化进程、占领网络意识形态斗争的制高点打下坚实基础。

走好网上群众路线，党和政府要将网络民意作为制定政策的主要依据之一，积极回应网民的利益诉求，及时解决网民反映的社会问题。网民不是天外来客，繁纷复杂的网络舆论也不是空穴来风，它反映了网民的利益诉求。马克思主义认为利益是人类社会生活的主旋律。马克思、恩格斯指出，正确理解的个人利益是整个道德的基础④。恩格斯指出："每一既定社会的经济关系首先表现为利益"⑤。因此，我们不能离开利益问题谈论意识形态。事实上，利益是意识形态的本源，意识形态是观念表达的利益诉求。马克思指出，"思想"离开"利益"，就一定会使自己出丑⑥。列宁指出，那些认为意识形态能脱离利益而存在的人，是"自己欺骗自己的愚蠢的牺牲品"⑦。西方马克思主义的代表人物、法国学者阿尔都塞认为，意识形态完全受到利益支配⑧。正是从这个意义上，有学者指出："解决意识形态领域的问题，不能仅从思想领域入手，

---

① 孙会岩：《互联网时代的海外政党认同：挑战与应对》，《理论导刊》2015年第5期。
② 齐先朴：《西方"网络党"的网上党建》，《中共中央党校学报》2007年第3期。
③ 《领导干部要掌握"触网"的本领》，光明网，http://www.gmw.cn/media/2012-07/12/content_4535563.htm，2012年7月12日。
④ 《马克思恩格斯全集》第2卷，人民出版社1957年版，第166页。
⑤ 《马克思恩格斯选集》第3卷，人民出版社1995年版，第209页。
⑥ 《马克思恩格斯全集》第2卷，人民出版社1957年版，第103页。
⑦ 《列宁选集》第2卷，人民出版社1995年版，第314页。
⑧ 徐大同主编：《现代西方政治思想》，人民出版社2003年版，第304页。

还必须着眼于现实利益关系。"① 马克思主义意识形态要在网络上"生根发芽",就不能只重视理论灌输,而轻视网民的利益表达和利益诉求的满足。党和政府要善于通过网络舆情发现民众的心声,建立网络舆情反映、监测和研判机制,及时采纳网民的合理要求,将网络民意吸纳进政策体系之中,自觉接受网络民意对政策过程的监督。列宁指出,事实是我们政策的基础②。网络民意就是这里所说的"事实"之一。公共政策及时回应网络民意,才能增强网络意识形态宣传的现实性和针对性,才能不断提高网民的生活满足感。而生活满足感比政治满足感更有利于政治体系的稳定③。"政治满足感主要涉及对当前在位者的支持,而生活满意度涉及对政治体系或政权类型的支持"④。作为一种政治情感,政治满足感经常随着国家政治状况的变动而变动,但是生活满足感更为稳定,是网民持久的满意度。"意识形态的作用机理是情感认同"⑤,马克思主义在网络意识形态中的主导地位如果构筑在坚实的生活满足感基础上,它就一定能够对各种网络社会思潮发挥引领作用。

走好网上群众路线,党和政府要构建协商民主的网络平台。西方国家广泛实行的选举民主容易带来"多数人暴政"、党争等问题。协商民主是对选举民主的超越,具有明显的优越性,也是适合我国国情的民主形式。2015 年,中共中央印发的《关于加强社会主义协商民主建设的意见》规定,要推进协商民主广泛多层制度化发展,并规定网络是协商方式之一。因此,党和政府要将网络作为加强协商民主建设的重要渠道,善于发挥网络在协商民主建设中的作用。首先,要将重要决策事项、政策选项在网络上公开,主动征询网民的意见。其次,要鼓励网民理性表达意见,使多样化利益诉求都能得到表达。最后,要鼓励网民就各自观点展开理性对话、讨论、辩论,鼓励网民与政府进行理性沟通,以便达成共识、整合思想。

---

① 张骥等:《马克思主义意识形态引领多样化社会思潮若干问题研究》,人民出版社 2013 年版,第 433 页。

② 《列宁全集》第 32 卷,人民出版社 1985 年版,第 120 页。

③ [美] 罗纳德·英格尔哈特:《发达工业社会的文化转型》,张秀琴译,社会科学文献出版社 2013 年版,第 32—33 页。

④ [美] 罗纳德·英格尔哈特:《现代化与后现代化:43 个国家的文化、经济与政治变迁》,严挺译,社会科学文献出版社 2013 年版,第 202 页。

⑤ 王习胜:《思想政治教育如何应对"淡化意识形态"思潮》,《马克思主义研究》2012 年第 3 期。

通过公开—表达—对话—共识等程序，有效化解网民之间、网民与政府之间的分歧，避免利益冲突演化为价值冲突，塑造良好的社会心态，使马克思主义意识形态成为网民的思想归属和价值依托。在此过程中，最重要的是要培养网民的公共理性精神。当前，社会上、网络上的意见分歧已是不争的事实。有学者指出："尽管看起来是团结一致的，但是中国政府容纳了多个利益群体，它们的目的和理念都带着竞争性和冲突性。他们在中国的网络中争作主导。"① 唯有秉持哈贝马斯意义上的交往理性②，协商民主才能有序进行，意见分歧经历碰撞后才能转化为共识。

走好网上群众路线，必须重视青年政治信仰的网络引领。青年是祖国的未来，也是我国主流意识形态建设的生力军，"青年的价值取向决定了未来整个社会的价值取向"③。如果青年的价值观、人生观被"西化"，马克思主义意识形态的主导地位就会动摇。正因为如此，青年一直是西方敌对势力进行网络意识形态渗透的重点人群。"任何技术，特别是因特网技术更是如此——都受其功能和使用者影响"④，如果网络被青年用来反对马克思主义思潮，后果将不堪设想。所以，必须重视青年政治信仰的网络引领。在我国，青年是网民的主体。"中国网民的主体仍旧是30岁以下的年轻群体，这一网民群众占到中国网民的68.6%，超过网民总数的2/3"⑤。作为在电子网络中成长起来的新一代，他们偏爱扁平化、无中心的平等参与模式⑥。在几乎所有的网络草根参与活动中，都可以看到青年的影子。党和政府要从青年的这一特点出发，正确引导网络时代的青年民意。有学者指出："想要有效控制年轻人就要控制其关注结构。在共同体中，重复当前的任何政治符号模式，其效力都是为了使该模式永存，其途

---

① 邱林川：《中国的因特网：中央集权社会中的科技自由》，[美] 曼纽尔·卡斯特主编《网络社会——跨文化的视角》，周凯译，社会科学文献出版社2009年版，第111页。
② [德] 尤尔根·哈贝马斯：《交往行动理论》第1卷，洪佩斯等译，重庆出版社1994年版，第25页。
③ 《习近平谈治国理政》，外文出版社2014年版，第172页。
④ [美] 曼纽尔·卡斯特主编：《网络社会——跨文化的视角》，周凯译，社会科学文献出版社2009年版，第400页。
⑤ 郭玉锦、王欢编著：《网络社会学》，中国人民大学出版社2010年版，第40页。
⑥ 本书编写组：《西方民主怎么了》，学习出版社2014年版，第146页。

径是限制崛起一代的情感选择。"① 这启示我们,应该从满足青年的权利诉求入手,关心青年、爱护青年,使马克思主义意识形态成为青年的"关注结构"和"情感选择"。

走好网上群众路线,必须重视教育网民,不断提高网民的思想认识水平。网民的意见未必都是合理的、正确的,比如有些偏重于自身利益而否定整体利益,偏重于眼前利益而否定长远利益。这凸显了教育网民的重要性。事实上,在践行群众路线过程中,毛泽东也提出了教育群众的必要性②。因此,那种认为"走好网上群众路线,就是网民要怎么办就怎么办"的看法是极其错误的。领导干部要成为群众的"灯塔"③,而不是成为群众的"尾巴"。另一方面,如果网络上的错误言论造成了恶劣影响和严重后果,党和政府要果断出手,坚决不让错误言论在网络上自由泛滥,比如说对"毕福剑事件"④ 的果断处理。桑斯坦虽然高度评价了网络对于民主政治建设的积极作用,认为它是"民主自治的大引擎""民主的大同盟者",但是他明确肯定了政府规范网络言论、管制网络言论的必要性。他指出:"政府在因特网上的言论管制不会比它们在其他地方的言论管制要少"⑤,"大多数政府将禁止并正在禁止因特网上的某些形式的言论;他们禁止这些形式的言论是由于它们的内容"⑥。因此,对于网络上的反马克思主义言论,不能一味听之任之,党和政府要依法采取制裁措施,"该出手时就出手"。并将之作为反面教材和负面典型,教育广大网民,让网络空间"晴朗"起来,让马克思主义在网络空间中的指导地位坚如磐石。

---

① [美]哈罗德·D. 拉斯韦尔、亚伯拉罕·卡普兰:《权力与社会:一项政治研究的框架》,王菲易译,上海世纪出版集团2012年版,第34页。
② 《毛泽东选集》第4卷,人民出版社1991年版,第1310页。
③ 《列宁全集》第11卷,人民出版社1987年版,第96页。
④ 2015年4月6日在网上流传的一段视频显示:央视著名主持人毕福剑在一场具有外事性质的宴会上,当着很多中外来宾的面大骂毛泽东把他们害苦了,还调侃历史上的解放军打不过土匪,说历史上的共产党只不过是在吹牛。此事在网络上掀起了轩然大波,影响极为恶劣。国家新闻出版广电总局临时机关党委、机关纪委予以高度重视,认为这不是一般的违纪问题,而是严重违反政治纪律的行为,责成中央电视台机关纪委依据有关规定严肃处理,并在全局开展警示教育。毕福剑黯然离开《星光大道》的舞台。
⑤ [美]凯斯·桑斯坦:《网络共和国:网络社会中的民主问题》,黄维明译,世纪出版集团2003年版,第153页。
⑥ 同上。

结　　语

互联网为马克思主义意识形态主导地位的维护提供了重要的机遇，也带来了严峻的挑战。面对这样的机遇和挑战，笔者认为，不能盲目地悲观和乐观，因为任何技术从来都不是能独立发挥作用的，都是与引起经济和社会变化的各种因素共同起作用的。此外，技术本身还受到各种复杂因素的影响，其中经济关系决定了技术的特性，而政治和社会的力量则决定了技术的方向。因此，面对网络环境下的马克思主义意识形态，我们只能去建设、去创造。网络时代马克思主义意识形态主导地位的维护，绝不是仅仅靠建立一批马克思主义网站就万事大吉了，还要从以下几个方面下足功夫。

第一，不仅要"务虚"，更要"务实"。正如马克思、恩格斯所说："'思想'一旦离开'利益'，就一定会使自己出丑。"① 网络时代维护马克思主义意识形态的主导地位，既要重视"务虚"的上层建筑建设，做好网上宣传、引导工作，也要重视而且应该更加重视"务实"的国家经济基础建设，尤其是关系人民福祉的民生工程建设，使群众能够感受到马克思主义带来的利益。马克思主义意识形态主导地位能否得到巩固，关键在于民心向背，而民生连着民心，做好保障和改善民生工作、让人民过上幸福生活才能够赢得民心。正因为民生连着民心，而"离开经济发展谈改善民生是无源之水、无本之木"②，所以，网络时代马克思主义意识形态主导地位的维护，依然需要仰仗生产力的发展，需要以经济发展做后盾来兑现马克思主义信念承诺，从而使马克思主义意识形态真正深入人心。

第二，不能"蛮干"，要讲"谋略"。网络内容泥沙俱下，对其进行

---

① 《马克思恩格斯全集》第2卷，人民出版社1957年版，第103页。
② 《习近平总书记系列重要讲话读本》，学习出版社、人民出版社2014年版，第110页。

必要的监管本无可厚非，但切忌"过犹不及"。如果过分倚重强制性的"灌""堵""惩"方法，可能会引起一些人的反感，反而不利于马克思主义意识形态主导地位的维护。做好网络时代的意识形态工作，要"善用谋略，以智取胜、以巧见长"①，例如，畅通民意表达渠道，积极回应网民关切；及时澄清网络谣言，选准舆论引导时机；巧妙转移负面话题，真抓实干解决问题；公开信息实话实说，迅速及时完整客观；定性定论一定谨慎，切勿随意上纲上线；舆论高地急需占领，微博微信大有作为；培养核心网宣队伍，网络"大V"为我所用；闻过即改善莫大焉，沟通合作巧用媒体；等等。网络时代马克思主义意识形态主导地位的维护，应当疏堵结合、标本兼治，使人们对马克思主义意识形态内在价值主张高度认同并自觉践行。

第三，不但要"喜新"，还要"念旧"。我们要善于运用网络手段、网络语言维护马克思主义意识形态主导地位，但对于传统的马克思主义意识形态维护办法以及标志性的马克思主义话语不能轻易放弃。虽然我国"网民数量世界第一"②，查看智能手机、使用云计算、登录社交网站、搜索热点信息、浏览微博和微信朋友圈等已经成为人们的家常便饭，但中国的网络普及率远未达到100%，也就是说，还有几亿人不是网民，尤其在中西部农村地区，还有相当一部分人没有使用过互联网，即便是标准化的网民，每天也有大量时间是生活在现实世界里的（个别网虫除外），还有很多人依然会进行"有纸"阅读，依然会受到传统媒体、传统教育的影响。所以，网络时代马克思主义意识形态主导地位的维护，依然需要借鉴传统的意识形态维护办法和经验，而不是"全盘否定过去"。

---

① 曾胜泉：《网络舆情应对技巧》，广东人民出版社2015年版，第89页。
② 《习近平谈治国理政》，外文出版社2014年版，第197页。

参考文献

一 中文著作

《马克思恩格斯选集》第1—4卷，人民出版社1995年版。
《马克思恩格斯全集》第1卷，人民出版社1956年版。
《马克思恩格斯全集》第2卷，人民出版社1957年版。
《马克思恩格斯全集》第19卷，人民出版社1963年版。
《马克思恩格斯全集》第23卷，人民出版社1972年版。
《马克思恩格斯文集》第1卷，人民出版社2009年版。
《列宁选集》第1—4卷，人民出版社1995年版。
《列宁全集》第11卷，人民出版社1987年版。
《列宁全集》第32卷，人民出版社1985年版。
《列宁全集》第39卷，人民出版社1986年版。
《斯大林全集》第13卷，人民出版社1956年版。
《毛泽东选集》第1—4卷，人民出版社1991年版。
《毛泽东文集》第1卷，人民出版社1993年版。
《毛泽东文集》第7卷，人民出版社1999年版。
《邓小平文选》第2卷，人民出版社1994年版。
《邓小平文选》第3卷，人民出版社1993年版。
《江泽民文选》第1—3卷，人民出版社2006年版。
《胡锦涛〈在全党深入学习实践科学发展观活动动员大会暨省部级主要领导干部专题研讨班上的讲话〉学习读本》，人民出版社2009年版。
《之江新语》，浙江人民出版社2007年版。
《习近平关于全面深化改革论述摘编》，中央文献出版社2014年版。
《习近平谈治国理政》，外文出版社2014年版。

《习近平总书记系列重要讲话读本》，学习出版社、人民出版社 2014 年版。

《培育和践行社会主义核心价值观》编写组编著：《培育和践行社会主义核心价值观》，人民出版社 2014 年版。

侯惠勤主编：《马克思、恩格斯、列宁、斯大林论意识形态》，中国社会科学出版社 2012 年版。

侯惠勤等：《马克思主义意识形态论》，南京大学出版社 2011 年版。

艾四林、王明初主编：《社会主义主流意识形态与当今中国社会思潮》，人民出版社 2014 年版。

宋惠昌：《当代意识形态研究》，中共中央党校出版社 1993 年版。

严耕等：《网络伦理》，北京出版社 1998 年版。

谢海光主编：《互联网与思想政治工作概论》，复旦大学出版社 2001 年版。

郑永廷等：《社会主义意识形态发展研究》，人民出版社 2002 年版。

李伦：《鼠标下的德性》，江西人民出版社 2002 年版。

曹长盛、张捷、樊建新主编：《苏联演变进程中的意识形态研究》，人民出版社 2004 年版。

朱兆中：《中国社会主义意识形态建设纵论》，上海人民出版社 2003 年版。

孟威：《网络互动：意义诠释与规则探讨》，经济管理出版社 2004 年版。

刘文富：《网络政治——网络社会与国家治理》，商务印书馆 2004 年版。

刘跃进主编：《国家安全学》，中国政法大学出版社 2004 年版。

童世骏主编：《意识形态新论》，上海人民出版社 2006 年版。

杨立英、曾盛聪：《全球化、网络化境遇与社会主义意识形态建设研究》，人民出版社 2007 年版。

檀江林：《高校网络思想政治教育研究》，合肥工业大学出版社 2007 年版。

颜祥林、朱庆华：《网络信息政策法规导论》，南京大学出版社 2009 年版。

王晓升等：《西方马克思主义意识形态理论》，社会科学文献出版社 2009 年版。

俞吾金：《意识形态论》，人民出版社 2009 年版。

罗艳华等：《美国输出民主的历史与现实》，世界知识出版社2009年版。

莫茜：《大众文化与网络文化》，北京邮电大学出版社2009年版。

张再兴：《网络思想政治教育研究》，经济科学出版社2009年版。

刘品新：《网络法学》，中国人民大学出版社2009年版。

郭明飞：《网络发展与我国意识形态安全》，中国社会科学出版社2009年版。

姜国峰：《网络思想政治教育理想模式的构建研究》，云南大学出版社2009年版。

聂立清：《我国当代主流意识形态认同研究》，人民出版社2010年版。

郭玉锦、王欢编著：《网络社会学》，中国人民大学出版社2010年版。

夏晓红主编：《高校网络思想政治教育》，泰山出版社2010年版。

徐建军：《大学生网络思想政治教育理论与方法》，人民出版社2010年版。

张骥等：《中国文化安全与意识形态战略》，人民出版社2010年版。

吴玫、曹乘瑜：《网络推手运作揭秘——挑战互联网公共空间》，浙江大学出版社2011年版。

周民锋：《当代中国意识形态观研究》，人民出版社2012年版。

余一凡：《从马克思到列宁："社会主义意识形态"的确立》，人民出版社2012年版。

黄超：《高校网络思想政治教育研究》，世界图书出版广东有限公司2012年版。

孙民：《哲学视阈中的"意识形态领导权"：从葛兰西到拉克劳、墨菲》，人民出版社2012年版。

宋元林：《网络思想政治教育》，人民出版社2012年版。

赵惜群主编：《网络思想政治教育理论与实践研究》，湖南大学出版社2012年版。

徐海龙：《好莱坞电影的意识形态与文化（1967—1983）》，首都师范大学出版社2013年版。

方文、黄荣华：《网络环境下高校思想政治教育研究》，中国水利水电出版社2013年版。

李向国、李晓红：《主流意识形态建设新论——中国特色社会主义理论体系指导地位研究》，人民出版社2013年版。

王永贵等：《马克思主义意识形态理论与当代中国实践研究》，人民出版社 2013 年版。

张骥等：《马克思主义意识形态引领多样化社会思潮若干问题研究》，人民出版社 2013 年版。

张瑜：《高校网络思想政治教育发展与创新研究》，人民出版社 2014 年版。

郑珠仙：《国家意识形态安全与大学生社会主义核心价值观教育研究》，人民出版社 2014 年版。

曾华锋、石海明：《制脑权：全球媒体时代的战争法则与国家安全战略》，解放军出版社 2014 年版。

刘基、苏星鸿：《网络境遇中当代中国马克思主义大众化传播问题研究》，中国文史出版社 2014 年版。

王爱玲：《中国网络媒介的主流意识形态建设研究》，人民出版社 2014 年版。

吴学琴等：《当代中国日常生活纬度的意识形态研究》，人民出版社 2014 年版。

刘洋：《当代中西文化交流中的意识形态问题》，社会科学文献出版社 2014 年版。

高桂云主编：《公众网络政治参与的引导与规范研究》，人民出版社 2014 年版。

冯刚主编：《意识形态相关问题研究》，光明日报出版社 2014 年版。

乐媛：《超越左与右：中国网络论坛的公共讨论与意识形态图景》，中国传媒大学出版社 2014 年版。

李才俊主编：《网络视角下的思想政治教育方法新探》，西南交通大学出版社 2014 年版。

王嘉：《网络意见领袖研究：基于思想政治教育视域》，中国文史出版社 2014 年版。

陈少平：《高校网络思想政治教育研究》，中国书籍出版社 2015 年版。

曾胜泉：《网络舆情应对技巧》，广东人民出版社 2015 年版。

李忠军：《意识形态安全与大学生政治价值观研究》，东北师范大学出版社 2015 年版。

刘慧、李艳：《当代中国意识形态安全现状与路径选择》，中国社会科学出版社 2015 年版。

魏进平：《高校网络思想政治教育研究》，中国书籍出版社 2015 年版。

杨庆山主编：《大学生网络思想政治工作研究与实践》，中国书籍出版社 2015 年版。

李美玲：《中国共产党意识形态观研究》，湖南人民出版社 2015 年版。

陈先达等：《坚持马克思主义在意识形态领域指导地位研究》，经济科学出版社 2015 年版。

刘志明主编：《中国舆情指数报告（2014—2015）》，社会科学文献出版社 2015 年版。

杨永志、吴佩芬等：《互联网条件下维护我国意识形态安全研究》，南开大学出版社 2015 年版。

［美］理查德·尼克松：《1999：不战而胜》，杨鲁军等译，生活·读书·新知三联书店 1989 年版。

［美］迈克尔·沙利文－特雷纳：《信息高速公路透视》，程时端等译，科学技术文献出版社 1995 年版。

［美］尼葛洛庞帝：《数字化生存》，胡泳、范海燕译，海南出版社 1997 年版。

［美］塞缪尔·亨廷顿：《第三波：20 世纪后期民主化浪潮》，刘军宁译，上海三联书店 1998 年版。

［俄］瓦列里·博尔金：《震撼世界的十年：苏联解体与戈尔巴乔夫》，甄西等译，昆仑出版社 1998 年版。

［美］埃瑟·戴森：《2.0 版：数字化时代的生活设计》，胡泳、范海燕译，海南出版社 1998 年版。

［意］安东尼奥·葛兰西：《狱中札记》，曹雷雨等译，中国社会科学出版社 2000 年版。

［美］丹·希勒：《数字资本主义》，杨立平译，江西人民出版社 2001 年版。

［美］爱德华·赫尔曼、罗伯特·麦克切斯尼：《全球媒体：全球资本主义的新传教士》，甄春亮等译，天津人民出版社 2001 年版。

［英］J. 诺顿：《互联网：从神话到现实》，朱萍等译，江苏人民出版社 2001 年版。

［美］奥托·纽曼：《信息时代的美国梦》，凯万等译，社会科学文献出版

社 2002 年版。

［德］卡尔·曼海姆：《意识形态与乌托邦》，黎鸣、李书崇译，商务印书馆 2002 年版。

［俄］B. A. 利西奇金，Л. A. 谢列平：《第三次世界大战——信息心理战》，徐昌翰等译，社会科学文献出版社 2003 年版。

［美］曼纽尔·卡斯特：《信息时代三部曲：经济、社会与文化》（包括《网络时代的崛起》《认同的力量》《千年终结》），夏铸九等译，社会科学文献出版社 2003 年版。

［德］尤哈根·哈贝马斯：《在事实与规范之间》，童世骏译，生活·读书·新知三联书店 2003 年版。

［美］弗朗西斯·福山：《历史的终结及最后之人》，黄胜强等译，中国社会科学出版社 2003 年版。

［美］凯斯·桑斯坦：《网络共和国：网络社会中的民主问题》，黄维明译，世纪出版集团 2003 年版。

［美］简·芳汀：《构建虚拟政府：信息技术与制度创新》，邵国松译，中国人民大学出版社 2004 年版。

［法］古斯塔夫·勒庞：《乌合之众：大众心理研究》，冯克利译，中央编译出版社 2005 年版。

［美］阿尔温·托夫勒：《权力的转移》，吴迎春等译，中信出版社 2006 年版。

［美］托马斯·弗里德曼：《世界是平的：21 世纪简史》，何帆等译，湖南科学技术出版社 2006 年版。

［美］詹姆斯·E. 凯茨、罗纳德·E. 莱斯：《互联网使用的社会影响》，郝芳、刘长江译，商务印书馆 2007 年版。

［美］帕特里克·艾伦：《信息作战计划》，夏文成等译，军事科学出版社 2007 年版。

［美］理查德·斯皮内罗：《铁笼，还是乌托邦——网络空间的道德与法律》，李伦等译，北京大学出版社 2007 年版。

［澳］安德鲁·文森特：《现代意识形态》，袁久红等译，江苏人民出版社 2008 年版。

［美］曼纽尔·卡斯特主编：《网络社会——跨文化的视角》，周凯译，社会科学文献出版社 2009 年版。

［美］奈森·嘉戴尔斯、迈克·麦德沃：《全球媒体时代的软实力之争》，何明智译，中信出版社 2010 年版。

［加拿大］文森特·莫斯可：《数字化崇拜：迷思、权力与赛博空间》，黄典林译，北京大学出版社 2010 年版。

［英］安德鲁·查德威克：《互联网政治学：国家、公民与新传播技术》，任孟山译，华夏出版社 2010 年版。

［英］约翰·B. 汤普森：《意识形态与现代文化》，高铦等译，译林出版社 2012 年版。

［美］约瑟夫·S. 奈：《美国注定领导世界？——美国权力性质的变迁》，刘华译，中国人民大学出版社 2012 年版。

［美］约瑟夫·S. 奈：《软实力》，马娟娟译，中信出版社 2013 年版。

［俄］罗伊·麦德维杰夫：《苏联的最后一年》，王晓玉、姚强译，社会科学文献出版社 2013 年版。

［英］维克托·迈尔·舍恩伯格、肯尼斯·库克耶：《大数据时代：生活、工作与思维的大变革》，周涛等译，浙江人民出版社 2013 年版。

［俄］尼古拉·伊万诺维奇·雷日科夫：《大国悲剧：苏联解体的前因后果》，徐昌翰等译，新华出版社 2013 年版。

［英］乔治·拉雷恩：《马克思主义意识形态论研究》，张秀琴译，北京师范大学出版社 2013 年版。

［荷］简·梵·迪克：《网络社会：新媒体的社会层面》，蔡静译，清华大学出版社 2014 年版。

［美］弗拉季斯拉夫·祖博克：《失败的帝国：从斯大林到戈尔巴乔夫》，李晓江译，社会科学文献出版社 2014 年版。

［法］雷吉斯·迪布瓦：《好莱坞：电影与意识形态》，李丹丹等译，商务印书馆 2014 年版。

［加拿大］凯·尼尔森：《马克思主义与道德观念：道德、意识形态与历史唯物主义》，李义天译，人民出版社 2014 年版。

［美］弥尔顿·L. 穆勒：《网络与国家：互联网治理的全球政治学》，周程等译，上海交通大学出版社 2015 年版。

［美］P. W. 辛、艾伦·弗里德曼：《网络安全：输不起的互联网战争》，中国信息通信研究院译，电子工业出版社 2015 年版。

二　中文论文

侯惠勤：《意识形态的变革与话语权——再论马克思主义在当代的话语权》，《马克思主义研究》2006 年第 1 期。

侯惠勤等：《关于"四信"问题的调查分析》，《淮阴师范学院学报》（哲学社会科学版）2003 年第 6 期。

刘守芬、孙晓芳：《论网络犯罪》，《北京大学学报》（哲学社会科学版）2001 年第 3 期。

殷晓蓉：《国际互联网的发展对主流意识形态的影响及其对策》，《上海社会科学院学术季刊》2001 年第 1 期。

彭前卫：《面向信息网络空间的国家主权探析》，《情报杂志》2002 年第 5 期。

吴玉荣：《互联网与社会主义意识形态建设研究》，博士学位论文，中共中央党校，2004 年。

卓翔：《网络犯罪若干问题研究》，博士学位论文，中国政法大学，2004 年。

安虎生：《从因特网到因陀罗网　从佛教网络到网络佛教——中文佛教网络发展历程和现实意义浅谈》，《佛教文化》2005 年第 1 期。

钟添生、邓彦：《社会主义意识形态的整合机制》，《江西社会科学》2006 年第 10 期。

朱庆成、赵勇：《社会主义意识形态思想整合的路径选择》，《理论前沿》2007 年第 21 期。

何林：《论全球化背景下我国社会主义意识形态安全》，《玉林师范学院学报》2007 年第 1 期。

黄少华、武玉鹏：《网络行为研究现状：一个文献综述》，《兰州大学学报》（社会科学版）2007 年第 2 期。

刘少杰：《制度变迁中的意识形态分化与整合》，《江海学刊》2007 年第 1 期。

齐先朴：《西方"网络党"的网上党建》，《中共中央党校学报》2007 年第 3 期。

王雪飞等：《国外互联网管理经验分析》，《现代电信科技》2007 年第 5 期。

钟添生：《社会主义意识形态整合与拓展探析》，《湘潮》2008 年第 10 期。

姜地忠：《当前我国主流意识形态认同问题研究》，博士学位论文，吉林大学，2009 年。

冯宏良：《意识形态安全与马克思主义大众化》，《探索》2010 年第 4 期。

莫岳云：《抵御境外宗教渗透与构建我国意识形态安全战略》，《湖湘论坛》2010 年第 4 期。

余保刚：《网络论坛环境下的社会主义主流意识形态认同研究》，《长白学刊》2010 年第 3 期。

张贤明、邵薪运：《改革发展成果共享与政府责任》，《政治学研究》2010 年第 6 期。

朱小玲：《关注民生与党的执政理念新发展》，《理论探讨》2010 年第 6 期。

于志刚：《网络犯罪与中国刑法应对》，《中国社会科学》2010 年第 3 期。

张东：《中国互联网信息治理模式研究》，博士学位论文，中国人民大学，2010 年。

王玉荣：《意识形态领导权面临网络文化革命挑战及其回应》，《前沿》2011 第 22 期。

杨文华：《网络挑战意识形态领导权》，《党政论坛》2011 年第 2 期。

张海波：《当前我国社会矛盾的总体特征生成逻辑与化解之道》，《学海》2012 年第 1 期。

高亢：《传统媒体与新兴媒体融合发展的难点与对策》，《新闻爱好者》2012 年第 12 期。

郑志龙、余丽：《互联网在国际政治中的"非中性"作用》，《政治学研究》2012 年第 4 期。

孔德永：《当代我国主流意识形态认同建构的有效途径》，《马克思主义研究》2012 年第 6 期。

王习胜：《思想政治教育如何应对"淡化意识形态"思潮》，《马克思主义研究》2012 年第 3 期。

卿立新：《网上群众路线是新时期群众工作的重要方法》，《求索》2012 年第 12 期。

高建华：《互联网时代我国意识形态面临的机遇与挑战研究》，博士学位论文，南开大学，2012年。

王彦：《互联网环境下我国意识形态安全问题研究》，硕士学位论文，内蒙古大学，2012年。

杨蓉：《加强马克思主义意识形态在网络领域中的指导地位研究》，硕士学位论文，安徽工业大学，2012年。

张蕊：《网络时代坚持马克思主义意识形态领导权的研究》，硕士学位论文，燕山大学，2012年。

于志刚、邢飞龙：《中国网络法律体系的现状分析和未来建构——以2012年12月31日为截止时间点的分析》，《辽宁大学学报》（哲学社会科学版）2013年第4期。

阚道远：《美国对社会主义国家的网络战略》，《理论学习》2013年第9期。

杨昕：《中国共产党意识形态话语权研究》，博士学位论文，天津师范大学，2013年。

林凌：《网络立法模式探析》，《编辑之友》2014年第1期。

梁玉春：《关于提升我国主流意识形态整合功能的思考》，《学校党建与思想教育》2014年第8期。

张维为：《西方民主的三大"基因缺陷"》，《中国社会科学报》2014年4月15日。

李殿仁：《高度重视网络意识形态安全》，《中国社会科学报》2014年6月13日。

《国信办发布〈恐怖主义的网上推手〉电视专题片》，《光明日报》2014年6月25日。

刘静静：《浅析网络舆情对我国主流意识形态的影响》，硕士学位论文，中北大学，2014年。

杨蝶均：《论网络虚拟空间的意识形态安全治理策略》，《马克思主义研究》2015年第1期。

梅荣政：《对当前意识形态领域几种错误观点的评析》，《红旗文稿》2015年第13期。

陈印昌：《传统媒体与新媒体融合发展的政治安全价值导向分析》，《中国广播电视学刊》2015年第4期。

范雄：《新媒体与传统媒体的互动与融合》，《新闻研究导刊》2015年第

15 期。

宋丽丹：《维护移动网络时代国家意识形态安全》，《红旗文稿》2015 第 6 期。

李艳艳：《如何看待当前网络意识形态安全的形势》，《红旗文稿》2015 年第 14 期。

孙会岩：《互联网时代的海外政党认同：挑战与应对》，《理论导刊》2015 年第 5 期。

《颜色革命为何行不通》，《人民日报》2015 年 6 月 14 日。

赵家祥：《完整准确解读马克思主义经典著作》，《人民日报》2015 年 6 月 8 日。

三　网络文献

《希拉里〈互联网自由〉讲话美国官方译文》，立方网，http：//www.l99.com/EditText_view.action?textId=67582。

《领导干部要掌握"触网"的本领》，光明网，http://www.gmw.cn/media/2012-07/12/content_4535563.htm。

《2012 年苹果谷歌将占移动市场 98% 的份额》，搜狐网，http：//it.sohu.com/20120915/n353215952.shtml。

《中国数字鸿沟报告 2013》，国家信息中心，http：//www.sic.gov.cn/News/287/2782.htm。

《近四成网民选择移动终端上网　移动互联全面超 PC》，新华网，http：//news.xinhuanet.com/tech/2013-03/12/c_124443346.htm。

周小平：《美国对华冷战的九大绝招》，光明网，http：//cq.qq.com/a/20140714/057134.htm。

《中国互联网遭袭　全球 13 台根服务器均在美日》，网易网，http：//war.163.com/14/0122/07/9J65SROM00014OMD.html。

《国信办召开视频会议部署打击网络暴恐音视频专项行动》，新华网，http：//news.xinhuanet.com/politics/2014-05/28/c_1110893193.htm。

《360：黑客攻陷北大官网　植入假淘宝网页》，中国新闻网，http：//www.chinanews.com/it/2014/06-05/6248193.shtml。

《美媒：截止 2014 占领华尔街运动已有近 8000 抗议者被捕》，凤凰网，http：//news.ifeng.com/a/20141119/42515714_0.shtml。

《光明日报陆先高：融媒体才是王道》，腾讯网，http：//tech.qq.com/a/20141119/017554.htm。

《微信如何做到6亿用户？腾讯员工揭秘》，腾讯网，http://henan.qq.com/a/20150216/024567.htm。

《CNNIC发布第36次〈中国互联网络发展状况统计报告〉》，新华网，http://news.xinhuanet.com/politics/2015-07/23/c_128051909.htm。

《奥巴马声称：中美网络战"美国想赢就一定能赢"》，中华网，http://news.china.com/international/1000/20150913/20382694.html。

《阎学通：网络竞争的重要性已超核竞争》，凤凰网，http://pit.ifeng.com/a/20151014/44834567_0.shtml。

《两会微辩论》，腾讯网，http：//z.t.qq.com/weibozt/lianghui/weibianlun3.htm?pgv_ref=aio。

《斯诺登揭露美国监听项目》，凤凰网，http：//news.ifeng.com/world/special/sndxiemi/。

周国平：《网络信息化时代的意识形态安全》，爱思想网，http://www.aisixiang.com/data/29836.html。

《中国信息社会发展报告2015》，国家信息中心，http：//www.sic.gov.cn/News/250/4620.htm。

四　英文文献

Christopher R. Hughes, *China and the Internet：politics of the digital leap forward*, Routledge Curzon, 2003.

Françoise Mengin, *Cyber China：reshaping national identities in the age of information*, Palgrave Macmillan, 2004.

Tai Zixue, *The Internet in China：cyberspace and civil society*, Routledge, 2006.

Jens. Damm, *Chinese cyberspaces：technological changes and political effects*, Routledge, 2006.

Wu Xu, *Chinese cyber nationalism：evolution, characteristics, and implications*, Lexington Books, 2007.

Ashley Lavelle, *The death of social democracy：political consequences in the 21st century*, Ashgate Pub. Company, 2008.

Zheng Yongnian, *Technological empowerment: the Internet, state, and society in China*, Stanford University Press, 2008.

Guobin Yang, *The power of the Internet in China: citizen activism online*, Columbia University Press, 2009.

Zhang Xiaoling, Dr. *China's information and communications technology revolution: social changes and state responses*, Routledge, 2009.

Mark W. Frazier, *Socialist insecurity: pensions and the politics of uneven development in China*, Cornell University Press, 2010.

Johan Lagerkvist, *After the Internet, before democracy: competing norms in Chinese media and society*, Peter Lang, 2010.

Shao Guosong, *Internet law in China*, Chandos Pub, 2012.

Josef Gregory, "Ideology, Telos, and the 'Communist Vanguard' from Mao Zedong to Hu Jintao", *Journal of Chinese Political Science*, Vol. 14, No. 2 (June, 2009), pp. 135 – 166.

Charles Burton, "China's post – Mao transition: the role of the Party and Ideology in the 'new period'", *Pacific Affairs*, Vol. 60, No. 3 (Autumn, 1987), pp. 431 – 446.

[15] Lowell Dittmer, "China's 'opening to the outside world': The cultural dimension", *Journal of Northeast Asian Studies*, Vol. 6, No. 2 (June 1987), pp. 3 – 23.

附 录

关于当前我国马克思主义意识形态认同状况的问卷调查

尊敬的朋友：

您好！

为了更好地了解当前我国马克思主义意识形态的认同状况，我们开展此项调查。调查问卷采取无记名形式，唯求真实。请按要求在符合您意见的选项序号上打"√"。谢谢合作！

国家社科基金项目"网络时代我国马克思主义意识形态被边缘化的风险及对策研究"课题组

被调研者的基本情况

您的性别： A. 男　B. 女

您的民族： A. 汉族　B. 少数民族

您的年龄： A.18 岁以下　B.18—44 岁　C.45—59 岁　D.60 岁及以上

您的文化程度： A. 初中及以下　B. 高中、中专　C. 大专、本科　D. 研究生及以上

您所在的地区： A. 东南沿海地区　B. 中部内陆地区　C. 西部边远地区　D. 其他

您来自： A. 直辖市或省会城市　B. 地级市、县级市或县城　C. 农村　D. 其他

您的家庭年收入： A.25 万元以上　B.8 万—25 万元　C.3 万—8 万元　D.3 万元以下

您每天的上网时间：A.1 小时以下　B.1—4 小时　C.4—8 小时

D. 8 小时以上

调查问题

1. 您愿意信仰什么？
   - A. 信仰马克思主义
   - B. 信仰宗教
   - C. 信仰民主社会主义
   - D. 其他
2. 您浏览过宣传马克思主义的网站吗？
   - A. 经常浏览
   - B. 偶尔浏览
   - C. 从不浏览此类网站
   - D. 其他
3. 您接触马克思主义最主要的途径是什么？
   - A. 学校的思想政治教育
   - B. 家庭影响
   - C. 阅读相关的报刊书籍
   - D. 网络、电视等媒体途径
   - E. 红色旅游等实践活动
   - F. 其他
4. 下面是马克思主义传播的主要途径，您最喜欢的是什么？
   - A. 学校的思想政治教育
   - B. 家庭影响
   - C. 阅读相关的报刊书籍
   - D. 网络、电视等媒体途径
   - E. 红色旅游等实践活动
   - F. 其他
5. 您对马克思主义的产生背景、基本原理等内容了解多少？
   - A. 非常了解
   - B. 比较了解
   - C. 不太了解
   - D. 非常不了解
6. 您认为马克思主义的基本原理是什么？
   - A. 揭示了人类社会历史发展的规律，具有强大生命力
   - B. 基本正确，但对当今现实不再具有巨大指导意义
   - C. 过时了，已经被新的历史现实和科学发现所超越
   - D. 是错误的
7. 您如何看待"坚持马克思主义在意识形态领域的主导地位"？
   - A. 中国是社会主义国家，应当坚持马克思主义在意识形态领域的主导地位
   - B. 顺应新的呼唤，实行指导思想多元化
   - C. 应当放弃马克思主义意识形态
   - D. 根据现实发展情况再做决定
8. 您认为当前马克思主义受到的最主要的冲击来自哪里？
   - A. 西方国家的"和平演变"图谋

B. 改革开放以来人们更多地追求物质生活，忽略了内心的信仰

C. 多元思想文化交织激荡

D. 党自身的建设出现问题，连累马克思主义意识形态失去吸引力

E. 信息网络技术及传播手段发生巨大变化

F. 其他（请注明）

9. 您是否考虑加入中国共产党？

A. 已经入党

B. 已经递交或打算递交入党申请书

C. 暂时没打算入党

D. 绝不入党

10. 您认为当前中国的共产党员入党的最大动机是什么？

A. 信仰马克思主义

B. 把它当成是一种荣誉的标志

C. 更好地为人民服务

D. 为个人发展获取资本

11. 您赞成当前的中国走什么样的道路？

A. 社会主义道路　　　　B. 资本主义道路

C. 民主社会主义　　　　D. 其他（请注明）

后　　记

　　工作之后，我一直努力将自己的学术研究与国家利益和人民需求密切结合在一起。研究网络时代马克思主义意识形态主导地位的维护问题，有助于拓展马克思主义理论研究的范围，有助于形成本土化的马克思主义理论研究成果，有助于落实党和政府关于做好网络意识形态工作的战略部署，有助于增强国家凝聚力，有助于巩固社会主义制度的意识形态基础，有助于兑现马克思主义意识形态反映和维护人民群众根本利益的信念承诺，这恰恰满足了我在学术上和精神上的追求。

　　本书源自我所主持的国家社科基金项目"网络时代我国马克思主义意识形态被边缘化的风险及对策研究"（11CKS027）的最终研究成果，也是我自2006年以来从事网络与意识形态安全问题研究与探索的一个阶段性的总结。在本课题的研究阶段，由本人提出研究思路、制订写作大纲并撰写了最终成果，课题组成员齐建英、孙发锋、石文彦、刘路路、于峰参与了资料收集和调研工作，齐建英为第二章的第一节和第二节以及第五章的第三节提供了建设性意见和宝贵资料，石文彦为第四章的第五节和第五章的第二节提供了有价值的素材。随后，我在国家社科基金项目最终成果的基础上做了进一步的修改，呈献给读者这部著作。

　　衷心感谢我的父母公婆，感谢我的丈夫，感谢我的儿子，感谢所有帮助过我的师长亲友，为我的研究工作提供了很多的支持与鼓励。

　　本课题研究获得了郑州大学马克思主义学院、河南省高端智库——郑州大学意识形态安全研究中心领导和专家们的大力支持和帮助。同时，感谢出版社的编辑同志为本书的出版所付出的辛勤劳动。此外，本书参阅了大量的著作和论文，谨在此向相关著作和论文的作者致以衷心的感谢！